그리스도는
믿는 자의

몸으로
부활
하신다

주종철
주성대
지음

JESUS † CHRIST

그리스도는 믿는 자의 / 몸으로 부활 하신다

성도를 이단으로부터 100% 지켜주는 책

"그 날에는 내가 아버지 안에, 너희가 내 안에,
내가 너희 안에 있는 것을 너희가 알리라"

바른북스

하나님이 주신 사람

작사/작곡 주종철목사

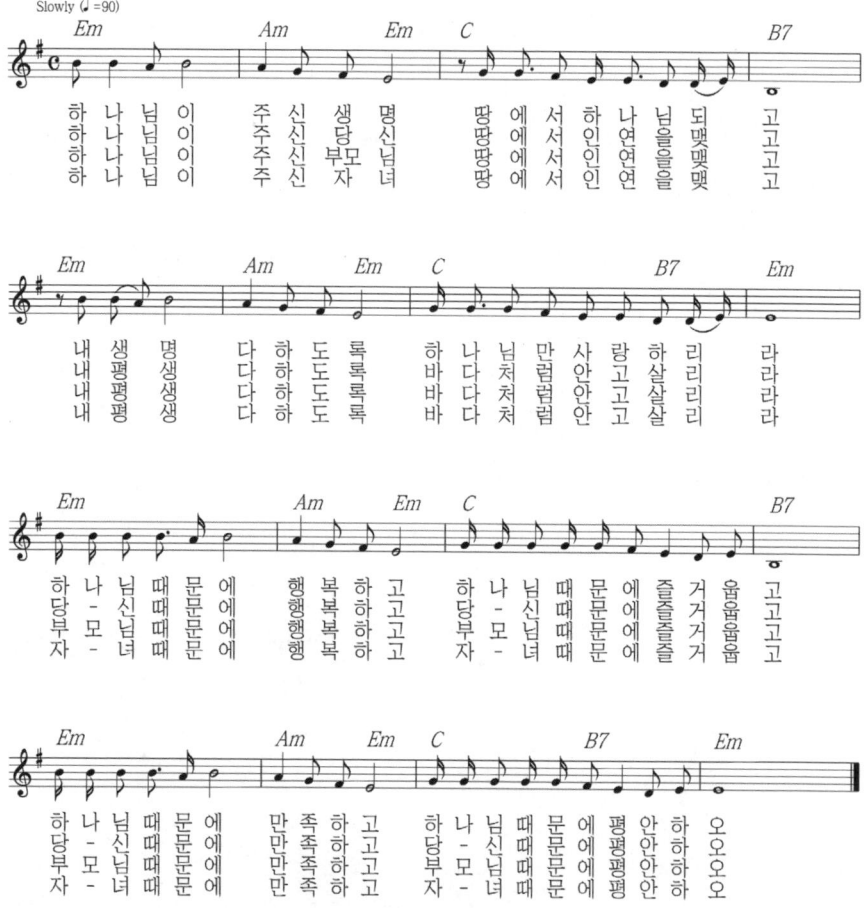

주 예수님을 바로 아는 신앙고백

예수님은 누구십니까?
하나님은 한 분이시며 사람의 형상(형체)을 하고 계시고 전능하셔서 천지 만물을 창조하신 분입니다.
그러므로 예수님은 여호와 하나님 아버지 전체가 다 하늘에서 이 땅에 내려오시어
마리아의 배 속에서 사람이 되신 분이기 때문에 곧 아들이요, 영존하신 아버지요, 성령이십니다.

예수님이 하나님이시면서 사람이신 이유는 여호와 하나님이 직접 오셔서 사람이 되셨기 때문에 예수님과 아버지는 하나이시고 하나이신 예수 안에서 아버지는 하나님이시고 예수님은 하나님의 아들이십니다.

하나님이 사람이 되셔서 전 인류의 죄를 담당하시기 위해 십자가에 못 박혀 죽으시고 삼일 만에 부활하셨기 때문에 내가 예수님과 함께 죽었다고 믿는 자들의 죄가 깨끗하게 되는 것이요.
그 깨끗하게 된 자들에게 승천하시어 보좌에 앉으신 그리스도께서 그리스도의 영으로 믿는 자들 속에 들어오시어 믿는 자를 대신하여 사시므로 믿는 자들로 믿는 자 속에 계시는 그리스도의 영 때문에 하나님의 아들들이 되게 하시는 분이 예수 그리스도입니다.
아멘

기독교란

    한 분 하나님이 하나님의 아들이 되고 아내가 되고 또 아들들이 되시는 것이다.

하나님의 경륜

    하나님의 경륜이란?
    하나님의 행정과 경영하심인데 하나님이 자신의 형상과 모양대로 지으신 사람들에게 자신의 생명을 주어 분배하심으로 경영하신다.

주 예수로 부요하게 되는 법

    주 예수님을 찬양합니다. 나는 주 예수님으로 말미암아 주 예수님의 생명을 받고 재림예수가 된 하나님의 아들이라고 항상 부르고 고백하는 것이다.

하나님의 아들이 되는 믿음의 5대 원칙

1. 하나님은 사람의 형체로 계신다.

2. 하나님은 한 분이시다.

3. 일위일체로 계신 하나님께서 하나님의 한 본질 곧 생명을 분배하시기 위해 삼위로 일하신다. 그러므로 예수님은 여호와 하나님 아버지 전체가 다 하늘에서 이 땅에 내려오시어 마리아의 배 속에서 사람이 되신 하나님의 아들이시다.

4. 이 사람이신 예수님이 십자가에서 죽으실 때 나도 함께 죽었다고 믿어야 한다.

5. 이상에서 언급한 하나님을 시인하고 믿음으로 그리스도가 두 번째 오셔서 내 안에 들어와 사시므로 내 안에 사시는 예수 그리스도로 말미암아 나는 주 예수가 되었다.

하나님을 쉽게 알 수 있는 용어에 대한 정의

1. 하나님의 정의

하나님이란? – 영계와 우주를 포함한 물질의 세계를 창조하시고 영체로서 사람의 형체로 계시는 분으로서 영원 전부터 스스로 계시는 단 하나밖에 없는 지존자의 생명을 하나님이라고 합니다.

2. 아버지 하나님의 정의

아버지란? – 사람의 형체를 하고 계시며 창조되지 않고 스스로 계시면서 속에 생명과 생각을 가지고 계신 분을 아버지라고 합니다.

3. 믿음의 정의

믿음이란? – 나에게 없는 하나님을 믿음으로 나에게 실재가 되게 하는 것입니다.

4. 무엇이 성령인가?

사람의 형체(형상)를 하고 있는 아버지 하나님의 생명이 활동을 하면 성령입니다.

5. 무엇이 말씀인가?

사람의 형체(형상)를 하고 있는 아버지 속에 있는 생명이 생명 안에 있는 생각을 통하여 입으로 말하면 이것을 말씀이라고 합니다.(창1:26, 겔 1:26-28)

6. 영생의 정의

영생이란? - 창조되지 않은 아버지 하나님의 생명을 영생이라고 합니다.

[참고] 천사도 영원히 살지만 피조되었기 때문에 영생이라고 하지 않고, 사람도 영원히 살지만 피조되었기 때문에 영생이라고 하지 않습니다.

7. 교회의 정의

교회란? - 한 분 하나님 아버지의 생명의 성분으로만 채워진 사람들이 모인 곳이 교회입니다.

8. 예배의 정의

신령한 예배란? - 하나님 아버지의 친아들 주 예수가 되어 예배하는 것입니다.

[참고] 하나님을 최고로 기쁘게 해드리는 것이 예배입니다.

9. 그리스도의 정의

그리스도란? - 아버지의 생명이신 성령이 동정녀 마리아에게서 나신 예수라는 사람 속에 들어가 사람이신 예수의 생명과 하나된 생명으로 예수님께서 십자가에서 죽으실 때 아버지 속으로 가셨다가 "내가 그리스도와 함께 십자가에서 죽었다"고 믿는 자들 속으로 두 번째 오셔서 믿는 자들로 하나님의 아들들이 되게 하는 아버지의 생명(영)입니다.

10. 아버지와 아들의 관계

아버지와 아들은 ① 형체(형상)가 같고 ② 피가 같고 ③ 생명이 같고 ④ 본질이 같고 ⑤ 속성이 같아야 합니다.

[참고] 모든 것이 아버지와 똑같은 것이 아들입니다.

11. 예수 그리스도와 그리스도 예수의 차이

① 예수 그리스도 : 마리아가 낳은 원조 예수 그리스도를 지칭할 때

② 그리스도 예수 : 부활하신 예수 그리스도께서 믿는 사람들 속에 들어와 그 사람의 존재가 되고, 실재가 되고, 내용이 된 그 그리스도를 지칭할 때

12. 구원의 정의

구원이란? - 첫 사람 아담이 두 번째 아담인 예수 그리스도로 존재가 바뀌는 것이 구원입니다.

[참고] 구원에 이르게 하기 위해 그리스도가 두 번째 오셔서 믿는 사람 속으로 오시는 것입니다.(히9:28, 갈2:20, 골3:3-4)

13. 세례에 대한 정의

세례란? - 그 존재 안으로 잠기는 것입니다.

14. 여호와 하나님의 아내가 누구입니까?

하나님의 영이 들어가 있는 땅이 여호와 하나님의 아내입니다.(사 62:4, 고후11:2)

[참고] 첫 사람 아담은 하나님의 영이 들어가 있지 않으므로 하나님의 아내가 아닙니다.

15. 복음의 정의

복음이란? - 첫 사람 아담이 둘째 사람 예수 그리스도로 존재가 바뀌어 믿는 자들이 주 예수가 되는 것입니다.

16. 주 예수의 정의

하나님의 형상대로 지음 받고 살아 있는 육체를 가진 사람 속에 아버지의 생명이 있는 사람이 주 예수입니다.

17. 영의 정의

영이란? - 영체로 사람의 형체를 하고 있으며 영원히 죽지 않고 사는 존재입니다.

| 목차 | 하나님이 주신 사람(악보) • 4
주 예수님을 바로 아는 신앙고백 • 5
기독교란, 하나님의 경륜, 주 예수로 부요하게 되는 법 • 6
하나님의 아들이 되는 믿음의 5대 원칙 • 7
하나님을 쉽게 알 수 있는 용어에 대한 정의 • 8

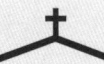

제1장
예수님의 영혼과 육체가 다 죽었습니다

1. 십자가에서 예수님의 영혼과 육체가 다 죽었습니다 ……… 18
2. 아담이 선악과를 먹은 일은
   예수님이 세상에 오시기 위해 꼭 필요한 사건입니다 ……… 23
3. 예수님은 죄인을 구원하시려고 세상에 오셨습니다 ……… 30

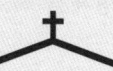

제2장
예수님은 육체로는 죽임을 당하시고 영으로는 살리심을 받았습니다

1. 예수님은 십자가에서 육체로는 죽임을 당하시고
   영으로는 살리심을 받았습니다 ……… 38
2. 예수님은 십자가에서 자기 몸을 버리셨습니다 ……… 40
3. 믿는 자 안으로 들어오시기 위해
   그리스도는 아버지 안으로 가셨습니다 ……… 44

제3장

아버지께로 가신 예수님은 다시는 볼 수 없습니다

1. 아버지께로 가신 예수님은 영원히 아버지 안에 계십니다 ……… 52
2. 부활하신 예수님은 아버지로 계십니다 ……… 57
3. 하나님 아버지 안으로 가신 그리스도가 많은 열매를 맺었습니다 ……… 61

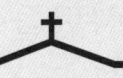

제4장

그리스도가 두 번째 믿는 자들 안으로 오시는 것이 구원입니다

1. 초림(初臨) 예수님만 믿는 자들은 절대로 구원받을 수 없습니다 ……… 68
2. 아버지 안으로 가신 그리스도는 다시 볼 수 없고
   두 번째 믿는 자들 안으로 오시는 그리스도는 볼 수 있습니다 ……… 72
3. 믿는 자들 안에 빛으로 오시는 그리스도 ……… 75
4. 믿는 자들 안으로 오시는 그리스도는 믿는 자의 생명이 되십니다 ……… 85

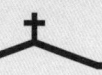

제5장

예수님은 사흘 만에 살아나신 것이 아니라 그날 낙원으로 가셨습니다

1. 예수님은 우편 강도와 함께 그날 낙원으로 가셨습니다 ········· 94
2. 성경의 숫자는 상태이므로
   삼일은 날이 아니라 상태를 말하는 것입니다 ················ 100
3. 예수님은 제 삼일에 믿는 자 안에서 살아나십니다 ············· 122
4. 예수님이 사흘 동안에 일으키신다고 말씀하신
   성전은 육체가 있는 믿는 자들입니다 ······················· 130

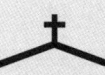

제6장

부활 후에 나타나신 예수님은 천사가 나타나서 사람들에게 보인 것입니다

1. 부활 후에 예수님은 영원히 아버지 안에 계십니다 ············· 142
2. 아버지로 계신 부활하신 예수님을 볼 수 없는 이유 ············ 147
3. 영원한 때와 영원한 때 전(前) ··························· 151
4. 여호와 하나님을 대행(代行)하는 천사들이 나타난 구약 성경의 기록 ··· 184
5. 부활 후에 나타나신 예수님은 초림(初臨) 예수가 아니라
   천사가 나타나서 보인 것입니다 ··························· 200

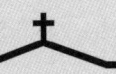

제7장
그리스도는 믿는 자의 몸으로 부활하십니다

1. 자기 몸을 버리신 하나님의 아들을 믿어야 구원받을 수 있습니다 — 214
2. 그리스도가 믿는 자의 몸을 얻으시려고 두 번째 믿는 자 안으로 오십니다 — 217
3. 그리스도께서 믿는 자의 영에 들어오시면 영의 구원, 몸에 사시면 몸의 구원입니다 — 221
4. 그리스도는 믿는 자의 몸으로 부활하십니다 — 227

제8장
믿는 자들을 통해서 하나님의 모든 말씀이 이루어집니다

1. 하나님이 지으신 천지가 사람입니다 — 234
2. 사람이 만유(萬有)이고 사람이 만물(萬物)입니다 — 246
3. 믿는 자들을 통해서 하나님의 모든 말씀이 이루어집니다 — 250

부록

아타나시우스의 삼위일체 신조 44 · 264
미석(微石) 주종철 목사의 사람이 하나님이 되는 신조 68 · 268
주 예수님으로 말미암아 믿는 자들이 주 예수들이 되는 집회안내 · 274
사단법인 영원한복음총회 설립목적 · 276
법인설립허가증 · 277
후원계좌 안내 · 278

제1장

예수님의 영혼과 육체가 다 죽었습니다

1.
십자가에서 예수님의
영혼과 육체가 다 죽었습니다

　예수님이 십자가에서 온 세상의 죄를 다 짊어지고 죽었다가 사흘 만에 다시 살아나셨다고 믿는 것이 지금 거의 모든 교회에서 전해지는 예수님의 부활입니다. 그리고 십자가에서 예수님의 육체가 죽었으므로 다시 살아나신 것은 당연히 예수님의 육체라고 전하고 있습니다. 예수님의 부활이 육체의 부활로 잘못 전해진 이유는 예수님의 죽음을 성경대로 알지 못하기 때문입니다. 부활(復活)은 말 그대로 다시 사는 것입니다. 부활이 다시 사는 것이므로 부활은 먼저 죽는 일이 있어야 일어날 수 있습니다. 곧 부활에는 죽음이 전제(前提)되어 있다는 뜻입니다. 죽음이 없이는 부활도 없습니다. 십자가에서 피를 흘리고 돌아가신 예수님의 죽음을 육체의 죽음으로만 아는 사람들은 부활도 육체의 부활로만 알고 믿게 되어버립니다. 이렇게 믿는 자들은 한 사람도 구원을 받을 수가 없습니다. 성경대로 예수님을 믿지 않기 때문입니다. 성경은 예수님의 죽음이 육체뿐 아니라 영혼까지도 죽었다고 말씀하고 있는데 이것을 믿지 않기 때문입니다.

> "10 여호와께서 그로 상함을 받게 하시기를 원하사 질고를 당케 하셨은즉 **그 영혼을 속건제물로** 드리기에 이르면 그가 그 씨를 보게 되며 그 날은 길 것이요 또 그의 손으로 여호와의 뜻을 성취하리로다 11 가라사대 그가 자기 영혼의 수고한 것을 보고 만족히 여길 것이라 나의 의로운 종이 자기 지식으로 많은 사람을 의롭게 하며 또 그들의 죄악을 친히 담당하리라 12 이러므로 내가 그로 존귀한 자와 함께 분깃을 얻게 하며 강한 자와 함께 탈취한 것을 나누게 하리니 이는 **그가 자기 영혼을 버려 사망에 이르게 하며** 범죄자 중 하나로 헤아림을 입었음이라 그러나 실상은 그가 많은 사람의 죄를 지며 범죄자를 위하여 기도하였느니라 하시니라" (사53:10-12)

예수님의 영혼이 속건제물이 되셨고 "그가 자기 영혼을 버려 사망에 이르게 했다"고 말씀하고 있습니다. 예수님의 영혼이 속건제물이 되어야 씨를 보게 되며 여호와의 뜻이 성취된다고 했습니다. 예수님의 영혼이 속건제물이 되신 것은 범죄한 영혼들을 살리기 위함입니다. 사람이 죄를 범하면 그 영혼이 죽습니다.

> "15 여호와 하나님이 그 사람을 이끌어 에덴동산에 두사 그것을 다스리며 지키게 하시고 16 여호와 하나님이 그 사람에게 명하여 가라사대 동산 각종 나무의 실과는 네가 임의로 먹되 17 선악을 알게 하는 나무의 실과는 먹지 말라 **네가 먹는 날에는 정녕 죽으리라** 하시니라" (창2:15-17)

아담이 하나님이 주신 계명을 범하여 선악을 알게 하는 나무의 실과를 먹었는데 이때 아담의 육체가 아니라 영혼이 죽었습니다. 하나님은 범죄하는 영혼이 죽는다고 하셨지 육체가 죽는다고 하지 않으셨습니다.

"모든 영혼이 다 내게 속한지라 아비의 영혼이 내게 속함같이 아들의 영혼도 내게 속하였나니 **범죄하는 그 영혼이 죽으리라**"(겔18:4)

"19 그런데 너희는 이르기를 아들이 어찌 아비의 죄를 담당치 않겠느뇨 하는도다 아들이 법과 의를 행하며 내 모든 율례를 지켜 행하였으면 그는 정녕 살려니와 20 **범죄하는 그 영혼은 죽을지라** 아들은 아비의 죄악을 담당치 아니할 것이요 아비는 아들의 죄악을 담당치 아니하리니 의인의 의도 자기에게로 돌아가고 악인의 악도 자기에게로 돌아가리라"(겔18:19-20)

범죄하는 그 영혼이 죽는다고 말씀하고 있습니다. 영혼이 죽는다는 말씀의 의미를 알아야 영혼이 산다는 의미도 알 수 있습니다. 육체가 흙으로 돌아가 없어져 버리는 것이 육체의 죽음인데 영혼의 죽음은 영혼이 없어져 버리는 것이 아닙니다. 영혼의 죽음은 하나님과의 교통이 끊어져 버린 상태를 말합니다. 이 상태는 첫 사람 아담이 선악과를 따 먹고 범죄한 후에 어떤 상태였는가를 보면 알 수 있습니다. 죄를 범하기 전에 아담은 하나님과 교통하며 함께 동산을 거닐기도 하고 대화도 했을 것입니다. 그러나 죄를 범한 후에는 하나님이 찾아오셨을 때 그 낯을 피하여 동산 나무 사이에 숨어서 두려워했다는 것을 알 수 있습니다.

"8 그들이 날이 서늘할 때에 동산에 거니시는 여호와 하나님의 음성을 듣고 아담과 그 아내가 여호와 하나님의 낯을 피하여 동산 나무 사이에 숨은지라 9 여호와 하나님이 아담을 부르시며 그에게 이르시되 네가 어디 있느냐 10 가로되 내가 동산에서 하나님의 소리를 듣고 내가 벗었으므로 두려워하여 숨었나이다"(창3:8-10)

아담에게 계명을 주실 때 "선악을 알게 하는 나무의 실과는 먹지 말라 네가 먹는 날에는 정녕 죽으리라"라고 말씀하셨는데 먼저 선악과를 먹은 여자도 죽지 않았고 여자가 준 선악과를 먹은 아담도 죽지 않았습니다. 그러나 아담과 아담에게서 나온 여자가 다 죽었습니다. 여기서 죽지 않은 것은 아담과 여자의 육체이고 죽은 것은 그들의 영혼입니다. 사람의 생명은 영에 있습니다. 그래서 육체가 살아 있어도 영이 죽은 사람은 죽은 것입니다.

> "일락을 좋아하는 이는 **살았으나 죽었느니라**" (딤전5:6)
> "사데 교회의 사자에게 편지하기를 하나님의 일곱 영과 일곱 별을 가진 이가 가라사대 내가 네 행위를 아노니 **네가 살았다 하는 이름은 가졌으나 죽은 자로다**" (계3:1)
> "화 있을진저 외식하는 서기관들과 바리새인들이여 회칠한 무덤 같으니 겉으로는 아름답게 보이나 그 안에는 **죽은 사람의 뼈와 모든 더러운 것이 가득하도다**" (마23:27)

살았으나 죽은 자들이 있습니다. 겉으로 보이는 육체는 살아서 움직이지만 속에는 죄가 가득하고 하나님 아버지의 생명(영생)은 없는 자들입니다. 하나님이 보시기에 이와 같은 자들은 살아 있으나 죽은 자들입니다.

> "8 예수를 너희가 보지 못하였으나 사랑하는도다 이제도 보지 못하나 믿고 말할 수 없는 영광스러운 즐거움으로 기뻐하니 9 믿음의 결국 곧 영혼의 구원을 받음이라" (벧전1:8-9)

믿음의 결국은 영혼이 구원을 받는 것입니다. 예수님은 믿는 자들의 영혼을 구원하려고 오셨습니다. 곧 영혼이 죽은 자들을 살리려고 오셨습니다. 영혼이 죽은 자들을 살리시려면 예수님의 영혼이 속건제물로 드려져야 합니다. 그래야 죄의 대속(代贖)이 이루어질 수 있습니다. 예수님의 육체 또한 반드시 드려져야 합니다. 피 흘림이 없은즉 죄 사함이 없다고 했기 때문입니다.

> "율법을 좇아 거의 모든 물건이 피로써 정결케 되나니 **피 흘림이 없은즉 사함이 없느니라**" (히9:22)
>
> "1 나의 자녀들아 내가 이것을 너희에게 씀은 너희로 죄를 범치 않게 하려 함이라 만일 누가 죄를 범하면 아버지 앞에서 우리에게 대언자가 있으니 곧 의로우신 예수 그리스도시라 2 저는 **우리 죄를 위한 화목제물이니 우리만 위할 뿐 아니요 온 세상의 죄를 위하심이라**" (요일2:1-2)

예수님이 십자가에서 피를 흘리시고 죽으실 때 예수님의 영혼은 하나님 아버지의 뜻을 이루시기 위한 씨를 얻기 위해(사53:10) 속건제물이 되어 드려졌고 육체는 온 세상의 죄를 위한 화목제물이 되셨습니다. 예수님의 영혼과 육체가 다 제물이 되어 드려졌으므로 믿는 자들이 죄 사함을 받고 구원을 얻을 수 있는 것입니다.

2.
아담이 선악과를 먹은 일은 예수님이 세상에 오시기 위해 꼭 필요한 사건입니다

죄를 범한 아담을 하나님이 에덴동산에서 쫓아내셨는데 "이 사람이 선악을 아는 일에 우리 중 하나같이 되었으니 그가 그 손을 들어 생명나무 실과도 따 먹고 영생할까 하노라"라고 말씀하시고 아담을 에덴동산에서 내어보내셨습니다.

> "22 여호와 하나님이 가라사대 보라 이 사람이 선악을 아는 일에 우리 중 하나같이 되었으니 그가 그 손을 들어 **생명나무 실과도 따 먹고 영생할까 하노라** 하시고 23 여호와 하나님이 에덴동산에서 그 사람을 내어보내어 그의 근본된 토지를 갈게 하시니라 24 이같이 하나님이 그 사람을 쫓아내시고 에덴동산 동편에 그룹들과 두루 도는 화염검을 두어 생명나무의 길을 지키게 하시니라" (창3:22-24)

아담을 에덴동산에서 쫓아내신 이유가 "생명나무 실과도 따 먹고 영생할까 하노라"라고 하셨기 때문에 아담이 영생할 수 없게 하시려고 아담을 에덴동산에서 내어보내셨다고 생각할 수도 있습니다. 그러나 이 말씀은 그렇게 단순하게 생각하고 이해해서는 안 되는 말씀입니다. 예수님이 요한복음 6장 40절에 "내 아버지의 뜻은 아들을 보고 믿는 자마다 영생을 얻는 것이라"고 했습니다. 아버지의 뜻은 믿는 자마다 영생을 얻는 것인데 아담은 영생할까 봐 에덴동산에서 쫓아내셨다? 아무리 생각해도 쉽게 이해할 수 없는 말씀입니다. 그래서 우리는 아담이 선악과를 따 먹은 사건을 하나님의 경륜(經綸) 안에서 살펴보아야 합니다.

> "3 찬송하리로다 하나님 곧 우리 주 예수 그리스도의 아버지께서 그리스도 안에서 하늘에 속한 모든 신령한 복으로 우리에게 복 주시되 4 곧 창세 전에 그리스도 안에서 우리를 택하사 우리로 사랑 안에서 그 앞에 거룩하고 흠이 없게 하시려고 5 그 기쁘신 뜻대로 우리를 예정하사 **예수 그리스도로 말미암아 자기의 아들들이 되게 하셨으니** 6 이는 그의 사랑하시는 자 안에서 우리에게 거저 주시는 바 그의 은혜의 영광을 찬미하게 하려는 것이라"
> (엡1:3-6)

창세 전에 그리스도 안에서 우리를 택하시고 예수 그리스도로 말미암아 자기의 아들들이 되게 하시는 것이 하나님의 경륜(經綸)입니다. 여기서 가장 중요한 것은 하나님의 아들들을 예수 그리스도로 말미암아 얻으신다고 말씀하신 것입니다. 다시 말하자면 예수 그리스도께서 오지 않으시면 하나님의 아들들을 얻을 수 없다는 것입니다. 예수 그리스도께서 왜 세상에 오셨습니까? 세상 모든 죄를 위한 화목제물이 되려고 오셨습니다.(요1:29, 요일2:2) 만약 세상에 죄가 없다면 예수 그리스도께서 십자가에 달려 죽을 필요도 없었을 것이며 이 세상에 육신을 입고 오실 일도 없었을 것입니다. 그래서 아담이 선악과를 따 먹은 사건은 구속사(救贖史)에서 아주 중요한 사건입니다.

만약 아담이 선악과를 따 먹지 않았더라면 지금 세상에는 죄가 하나도 없을 것이고 에덴동산에서 아담과 여자가 행복하게 살던 것처럼 우리도 행복하게 살고 있을 것이라고 설교하는 목사들을 많이 보았습니다. 과연 그들의 설교처럼 아담이 선악과를 따 먹지 않았다면 하나님이 하나님의 아들들을 얻을 수 있을까요? 아담이 선악과를 따 먹지 않았다면 예수 그리스도께서 오실 필요가 없고 예수 그리스도께서 오시지 않는다면 예수 그리스도로 말미암아 하나님의 아들들을 얻으시는 하나님의 경륜도 이루어질 수가 없게 됩니다.

> **구속사(救贖史, salvation history, history of Redemption)**
>
> '구원역사(救援歷史)', '구원사'라고도 하며, 성경에 나타난 하나님의 모든 행위가 인간 구속의 역사들을 전개한 것이라고 본다. 이 용어를 처음 사용한 사람은 독일의 벵겔(J.A. Bengel, 1687-1752년)이며 동시대에 미국의 조나단 에드워즈(Jonathan Edwards, 1703-1758년)도 같은 맥락의 견해를 폈다. 즉, 성경은 단순한 연대기적 사건 나열이 아니라 목적론적 원칙에 의해(구속사적 관점에서) 기록된 책으로 보아야 한다는 것이다. 한편, 예수 그리스도는 구속사의 중심이요 정점이시다.
>
> 출처: 교회용어사전

"1 여호와 하나님의 지으신 들짐승 중에 뱀이 가장 간교하더라 뱀이 여자에게 물어 가로되 하나님이 참으로 너희더러 동산 모든 나무의 실과를 먹지 말라 하시더냐 2 여자가 뱀에게 말하되 동산 나무의 실과를 우리가 먹을 수 있으나 3 동산 중앙에 있는 나무의 실과는 하나님의 말씀에 너희는 먹지도 말고 만지지도 말라 너희가 죽을까 하노라 하셨느니라 4 뱀이 여자에게 이르되 너희가 결코 죽지 아니하리라 5 너희가 그것을 먹는 날에는 너희 눈이 밝아 하나님과 같이 되어 선악을 알 줄을 하나님이 아심이니라 6 여자가 그 나무를 본즉 먹음직도 하고 보암직도 하고 지혜롭게 할 만큼 탐스럽기도 한 나무인지라 여자가 그 실과를 따먹고 자기와 함께한 남편에게도 주매 그도 먹은지라" (창3:1-6)

뱀이 여자를 유혹하여 선악과를 따 먹게 하고 여자가 아담에게도 주어 선악과를 먹었는데 하나님이 아담이 선악과를 따 먹지 못하도록 할 수는 없었을까요? 그전에 사단 마귀가 아예 에덴동산에 접근할 수 없도록 막을 수는 없었을까요? 믿는 자들은 모두 하나님이 전지전능(全知全能)하신 분이라고 말들을 합니다. 그럼 전지전능(全知全能)하신 하나님이 마귀가 여자를 유혹해서 선악과를 따 먹게 할 것을 모르셨을까요? 그렇다면 하나님은 마귀에게 뒤통수를 맞은 것일까요? 생각지도 못한 일을 당했을 때 사람들이 쓰는 이런 표현을 죄송스럽게도 하나님께 굳이 적용하는 이유는 하나님은 절대 피조물인 마귀에게 뒤통수를 맞을 분이 아니기 때문입니다. 하나님은 모든 것을 아시는 분이기 때문에 그분의 계획은 절대로 잘못될 수가 없습니다. 사람의 계획에는 예상치 못한 일들이 일어나고 여러 가지 변수들이 상존(常存)하기 때문에 중요한 계획일수록 그 계획이 원안대로 실행되지 못할 때를 대비해서 Plan B를 세워놓습니다. 사람은 앞으로 일어날 일들을 알 수 없기 때문입니다. 그러나 하나님께서는 모든 것을 아시고 계획을 세우시는 분이시라 하나님의 계획은 절대로 잘못될 수가 없고 바뀌는 일도 없습니다. 아담이 마귀의 유혹을 받아 선악과를 따 먹는 것은 이미 하나님의 계획 속에 있는 일입니다. 그렇다고 해서 하나님이 선악과를 따 먹도록 하셨다는 뜻은 아닙니다. 하나님이 미리 알고 계셨다는 뜻입니다. 혹자들은 하나님이 미리 모든 것을 예정(豫定)하시고 예정(豫定)하신 대로 이루시기 때문에 구원받을 자도 미리 정해놓으셨고 버림받을 자도 미리 정해놓으셨다고 합니다. 만약 그렇다면 하나님은 공의(公義)의 하나님이 아니십니다. 정해놓으신 분이 하나님이시므로 책임도 하나님이 지셔야 합니다. 버림받아 지옥에 가는 사람들이 "나도 구원받도록 정해주지 왜 나는 버리셨느냐"고 한다면 하나님께서는 그들에게 뭐라고 말씀하실 수 있을까요? 이것이 너희의 운명이라고 해야 할까요? 성경에는 목숨이 끊어졌다는 뜻의 운명(殞命)은 있어도 미리 정해졌다는 뜻의 운명(運命)은 없습니다.

> "9 내가 문이니 누구든지 나로 말미암아 들어가면 구원을 얻고 또는 들어가며 나오며 꼴을 얻으리라 10 도적이 오는 것은 도적질하고 죽이고 멸망시키려는 것뿐이요 **내가 온 것은 양으로 생명을 얻게 하고 더 풍성히 얻게 하려는 것이라**" (요10:9-10)

믿는 자들에게 생명을 주시려고 예수님은 세상에 오셨습니다.

> "이제 이 세상의 심판이 이르렀으니 **이 세상 임금이 쫓겨나리라**" (요12:31)
> "심판에 대하여라 함은 **이 세상 임금이 심판을 받았음이니라**" (요16:11)

세상 임금 마귀를 심판하시고 양들에게 생명을 주시려고 예수님이 세상에 오셨습니다. 마귀를 심판하시는 일과 생명을 주시는 일이 따로 있지 않습니다. 왜냐하면 세상 임금 마귀가 사람 속에서 역사하기 때문에 사람이 아버지 하나님의 생명을 받으면 세상 임금 마귀가 심판을 받고 쫓겨나는 것입니다. 예수님은 마귀의 일을 멸하려고 세상에 오셨습니다.

> "죄를 짓는 자는 마귀에게 속하나니 마귀는 처음부터 범죄함이니라 하나님의 아들이 나타나신 것은 **마귀의 일을 멸하려 하심이니라**" (요일3:8)

죄를 짓는 자는 마귀에게 속하여 죄를 짓는다고 했습니다. 그렇다면 죄는 마귀로부터 온 것이고 마귀의 일을 멸하는 것은 믿는 자 속에서 죄가 사라지는 것입니다. 하나님께 속한 자, 곧 하나님께로서 난 자는 죄를 짓지 않는다고 했습니다.

> "9 하나님께로서 난 자마다 죄를 짓지 아니하나니 이는 **하나님의 씨가 그의 속에 거함이요** 저도 범죄치 못하는 것은 하나님께로서 났음이라 10 이러므로 하나님의 자녀들과 마귀의 자녀들이 나타나나니 무릇 의를 행치 아니하는 자나 또는 그 형제를 사랑치 아니하는 자는 하나님께 속하지 아니하니라" (요일3:9-10)

하나님의 씨가 믿는 자 속에 거한다고 했습니다. 하나님의 씨는 하나님의 살아 있고 항상 있는 말씀입니다. 하나님의 살아 있고 항상 있는 말씀이 육신이 되어 오신 분이 예수 그리스도입니다. 이 예수님이 하나님의 씨로 믿는 자 안에 들어오셔서 생명을 주시려고 십자가에 못 박혀 죽었습니다.

> "너희가 거듭난 것이 썩어질 씨로 된 것이 아니요 썩지 아니할 씨로 된 것
> 이니 **하나님의 살아 있고 항상 있는 말씀으로 되었느니라**" (벧전1:23)
>
> "**말씀이 육신이 되어** 우리 가운데 거하시매 우리가 그 영광을 보니 아버지
> 의 독생자의 영광이요 은혜와 진리가 충만하더라" (요1:14)
>
> "1 **태초부터 있는 생명의 말씀**에 관하여는 우리가 들은 바요 눈으로 본 바
> 요 주목하고 우리 손으로 만진 바라 2 이 생명이 나타내신 바 된지라 이 영
> 원한 생명을 우리가 보았고 증거하여 너희에게 전하노니 이는 아버지와 함
> 께 계시다가 우리에게 나타내신 바 된 자니라" (요일1:1-2)

예수님은 태초부터 있는 생명의 말씀으로 하나님 아버지와 함께 계시다가 우리에게 나타내신 분입니다. 이 말씀이 하나님의 씨가 되어 믿는 자 안으로 들어오시면 믿는 자 속에서 마귀의 일이 멸해진다고 했습니다.

3.
예수님은 죄인을 구원하시려고 세상에 오셨습니다

예수님은 의인을 부르러 오신 것이 아니라 죄인을 불러 구원하시려고 세상에 오셨습니다.

> "12 예수께서 들으시고 이르시되 건강한 자에게는 의원이 쓸데없고 병든 자에게라야 쓸데 있느니라 13 너희는 가서 내가 긍휼을 원하고 제사를 원치 아니하노라 하신 뜻이 무엇인지 배우라 **내가 의인을 부르러 온 것이 아니요 죄인을 부르러 왔노라** 하시니라" (마9:12-13)
>
> "예수께서 들으시고 저희에게 이르시되 건강한 자에게는 의원이 쓸데없고 병든 자에게라야 쓸데 있느니라 **내가 의인을 부르러 온 것이 아니요 죄인을 부르러 왔노라** 하시니라" (막2:17)
>
> "31 예수께서 대답하여 가라사대 건강한 자에게는 의원이 쓸데없고 병든 자에게라야 쓸데 있느니 32 **내가 의인을 부르러 온 것이 아니요 죄인을 불러 회개시키러 왔노라** (눅5:31-32)

마태, 마가, 누가복음에 같은 내용으로 기록된 말씀 가운데 하나가 바로 예수님이 죄인을 부르러 오셨다는 것입니다. 곧 죄인을 구원하시려고 오셨다는 말씀입니다.

> "**미쁘다 모든 사람이 받을 만한 이 말이여 그리스도 예수께서 죄인을 구원하시려고 세상에 임하셨다** 하였도다 죄인 중에 내가 괴수니라" (딤전1:15)

그리스도 예수께서 죄인을 구원하시려고 세상에 임하셨다고 말씀하고 있습니다. 예수님이 세상에 오신 목적은 죄인을 구원하기 위함입니다. 죄인이 아닌 사람이 한 사람도 없습니다. 모든 사람이 죄인이므로 모든 사람이 구원을 받아야 합니다. 하나님께서는 모든 사람이 구원을 받으며 진리를 아는 데 이르기를 원하신다고 했습니다. 그러나 모든 사람이 구원을 받지 못하는 이유는 하나님의 말씀대로 믿지 않기 때문입니다.

> "하나님은 **모든 사람이 구원을 받으며 진리를 아는 데 이르기를** 원하시느니라" (딤전2:4)

모든 사람이 구원을 받고 진리를 아는 데 이르는 것이 하나님의 원하심입니다. 그런데 하나님이 원하셔도 모든 사람이 구원을 받지 못하는 이유는 믿음의 법으로만 구원을 받을 수 있기 때문입니다. 하나님이 전능하시지만 하지 않으시는 일이 있는데 그것은 믿지 않는 자를 하나님의 능력으로 구원하시는 일입니다. 구원은 철저하게 믿음의 법으로만 받을 수 있습니다.

> "21 이제는 율법 외에 하나님의 한 의가 나타났으니 율법과 선지자들에게 증거를 받은 것이라 22 곧 예수 그리스도를 믿음으로 말미암아 모든 믿는 자에게 미치는 하나님의 의니 차별이 없느니라 23 모든 사람이 죄를 범하였으매 하나님의 영광에 이르지 못하더니 24 그리스도 예수 안에 있는 구속으로 말미암아 하나님의 은혜로 값없이 의롭다 하심을 얻은 자 되었느니라 25 이 예수를 하나님이 그의 피로 인하여 믿음으로 말미암는 화목제물로 세우셨으니 이는 하나님께서 길이 참으시는 중에 전에 지은 죄를 간과하심으로 자기의 의로우심을 나타내려 하심이니 26 곧 이때에 자기의 의로우심을 나타내사 자기도 의로우시며 또한 예수 믿는 자를 의롭다 하려 하심이니라 27 그런즉 자랑할 데가 어디뇨 있을 수가 없느니라 무슨 법으로냐 행위로냐 아니라 **오직 믿음의 법으로니라**" (롬3:21-27)

자기가 죄인임을 깨닫지 못하는 자들도 구원을 받을 수 없습니다. 바리새인과 같이 죄인임에도 불구하고 자기를 의롭게 여기는 자들은 구원을 받을 수 없습니다.

> "13 화 있을진저 외식하는 서기관들과 바리새인들이여 너희는 천국 문을 사람들 앞에서 닫고 너희도 들어가지 않고 들어가려 하는 자도 들어가지 못하게 하는도다 14 (없음) 15 화 있을진저 외식하는 서기관들과 바리새인들이여 너희는 교인 하나를 얻기 위하여 바다와 육지를 두루 다니다가 생기면 너희보다 배나 더 지옥 자식이 되게 하는도다 16 화 있을진저 소경 된 인도자여 너희가 말하되 누구든지 성전으로 맹세하면 아무 일 없거니와 성전의 금으로 맹세하면 지킬지라 하는도다 17 우맹이요 소경들이여 어느 것이 크뇨 그 금이냐 금을 거룩하게 하는 성전이냐 18 너희가 또 이르

되 누구든지 제단으로 맹세하면 아무 일 없거니와 그 위에 있는 예물로 맹세하면 지킬지라 하는도다 19 소경들이여 어느 것이 크뇨 그 예물이냐 예물을 거룩하게 하는 제단이냐 20 그러므로 제단으로 맹세하는 자는 제단과 그 위에 있는 모든 것으로 맹세함이요 21 또 성전으로 맹세하는 자는 성전과 그 안에 계신 이로 맹세함이요 22 또 하늘로 맹세하는 자는 하나님의 보좌와 그 위에 앉으신 이로 맹세함이니라 23 화 있을진저 외식하는 서기관들과 바리새인들이여 너희가 박하와 회향과 근채의 십일조를 드리되 율법의 더 중한 바 의와 인과 신은 버렸도다 그러나 이것도 행하고 저것도 버리지 말아야 할지니라 24 소경된 인도자여 하루살이는 걸러내고 약대는 삼키는도다 25 화 있을진저 외식하는 서기관들과 바리새인들이여 잔과 대접의 겉은 깨끗이 하되 그 안에는 탐욕과 방탕으로 가득하게 하는도다 26 소경된 바리새인아 너는 먼저 안을 깨끗이 하라 그리하면 겉도 깨끗하리라 27 화 있을진저 외식하는 서기관들과 바리새인들이여 회칠한 무덤 같으니 겉으로는 아름답게 보이나 그 안에는 죽은 사람의 뼈와 모든 더러운 것이 가득하도다 28 이와 같이 너희도 겉으로는 사람에게 옳게 보이되 안으로는 외식과 불법이 가득하도다 29 화 있을진저 외식하는 서기관들과 바리새인들이여 너희는 선지자들의 무덤을 쌓고 의인들의 비석을 꾸미며 가로되 30 만일 우리가 조상 때에 있었더면 우리는 저희가 선지자의 피를 흘리는데 참예하지 아니하였으리라 하니 31 그러면 너희가 선지자를 죽인 자의 자손 됨을 스스로 증거함이로다 32 너희가 너희 조상의 양을 채우라 33 **뱀들아 독사의 새끼들아 너희가 어떻게 지옥의 판결을 피하겠느냐**" (마 23:13-33)

성경에는 죄인임에도 자기를 의롭게 여기는 자들의 표본이 있습니다.

바로 서기관들과 바리새인들입니다. 예수님은 서기관들과 바리새인들에게 일곱 번이나 "화 있을진저"라고 저주하셨습니다. 또 그들에게 "뱀들아 독사의 새끼들아 너희가 어떻게 지옥의 판결을 피하겠느냐"라고 말씀하시면서 그들이 마귀의 자식이라고 말씀하셨습니다. 서기관들과 바리새인들처럼 외식(外飾)하는 자들은 절대로 구원받을 수 없습니다.

> "9 또 자기를 의롭다고 믿고 다른 사람을 멸시하는 자들에게 이 비유로 말씀하시되 10 두 사람이 기도하러 성전에 올라가니 하나는 바리새인이요 하나는 세리라 11 바리새인은 서서 따로 기도하여 가로되 하나님이여 나는 다른 사람들 곧 토색, 불의, 간음을 하는 자들과 같지 아니하고 이 세리와도 같지 아니함을 감사하나이다 12 나는 이레에 두 번씩 금식하고 또 소득의 십일조를 드리나이다 하고 13 세리는 멀리 서서 감히 눈을 들어 하늘을 우러러보지도 못하고 다만 가슴을 치며 가로되 하나님이여 불쌍히 여기옵소서 나는 죄인이로소이다 하였느니라 14 내가 너희에게 이르노니 이 사람이 저보다 의롭다 하심을 받고 집에 내려갔느니라 **무릇 자기를 높이는 자는 낮아지고 자기를 낮추는 자는 높아지리라 하시니라**" (눅18:9-14)

예수님이 바리새인과 세리에 대한 비유를 말씀하시면서 "하나님이여 불쌍히 여기옵소서 나는 죄인이로소이다"라고 하나님 앞에서 자기가 죄인 임을 고백한 세리가 의롭다 하심을 받는다고 말씀하셨습니다.

> "시몬 베드로가 이를 보고 예수의 무릎 아래 엎드려 가로되 주여 나를 떠나소서 **나는 죄인이로소이다** 하니" (눅5:8)

예수님 앞에서 "주여 나를 떠나소서 나는 죄인이로소이다"라고 고백한 베드로를 불러 제자를 삼으시고 사도로 세우셔서 복음 전하는 일을 맡기셨습니다. 예수님은 죄인을 불러 회개케 하려고 오셨는데 진심으로 자기가 죄인임을 깨달아 아는 자들을 부르시고 구원하십니다. 그러면 누가 구원을 받을 수 있습니까? 죄로 말미암아 죽을 수밖에 없는 죄인이라는 것을 깨달아 아는 자들만 구원을 받을 수 있습니다.

> "39 달린 행악자 중 하나는 비방하여 가로되 네가 그리스도가 아니냐 너와 우리를 구원하라 하되 40 하나는 그 사람을 꾸짖어 가로되 네가 동일한 정죄를 받고서도 하나님을 두려워 아니하느냐 41 우리는 우리의 행한 일에 상당한 보응을 받는 것이니 이에 당연하거니와 이 사람의 행한 것은 옳지 않은 것이 없느니라 하고 42 가로되 예수여 **당신의 나라에 임하실 때에 나를 생각하소서** 하니 43 예수께서 이르시되 내가 진실로 네게 이르노니 오늘 네가 나와 함께 낙원에 있으리라 하시니라" (눅23:39-43)

예수님과 함께 십자가에 못 박힌 두 강도 중에 한 강도가 "예수여 당신의 나라에 임하실 때에 나를 생각하소서"라는 한마디 고백으로 구원을 받았습니다. 구원받은 강도가 십자가형을 받았다는 것은 많은 죄를 지었다는 것입니다. 예수님과 함께 십자가에 달리기 전까지 많은 죄를 짓고 살다가 종국에는 십자가형을 받게 된 강도가 아무것도 한 것 없이 오직 믿음으로 구원을 받았습니다. 구원은 오직 믿음으로 받을 수 있다는 것을 말씀하고 있습니다.

> "26 너희가 다 믿음으로 말미암아 **그리스도 예수 안에서 하나님의 아들이**

> **되었으니** 27 누구든지 그리스도와 합하여 세례를 받은 자는 그리스도로 옷 입었느니라"(갈3:26-27)
>
> "너희가 그 은혜를 인하여 믿음으로 말미암아 구원을 얻었나니 이것이 너희에게서 난 것이 아니요 하나님의 선물이라"(엡2:8)

오직 믿음으로 그리스도 예수 안에서 하나님의 아들이 될 수 있습니다. 구원은 오직 믿음으로 하나님께 받는 하나님의 선물입니다.

제2장

예수님은 육체로는 죽임을 당하시고 영으로는 살리심을 받았습니다

1.
예수님은 십자가에서
육체로는 죽임을 당하시고
영으로는 살리심을 받았습니다

십자가에서 예수님의 영혼과 육체가 다 죽었다는 것을 기록된 말씀을 통해서 확인했습니다. 그렇다면 예수님의 영혼과 육체가 다 다시 살아났을까요? 성경은 그렇게 말씀하지 않았습니다.

> "그리스도께서도 한 번 죄를 위하여 죽으사 의인으로서 불의한 자를 대신하셨으니 이는 우리를 하나님 앞으로 인도하려 하심이라 **육체로는 죽임을 당하시고 영으로는 살리심을 받으셨으니**" (벧전3:18)

그리스도께서 한 번 죄를 위하여 죽었는데 육체는 그대로 죽임을 당하시고 영으로는 살리심을 받았습니다. 예수님의 육체만 죽었고 영은 죽지 않았다는 말이 아닙니다. 많은 기독교인들이 십자가에서 예수님의 육체만 죽었고 영은 죽지 않았다고 믿고 있습니다. 만약 예수님의 영이 죽지 않았다면 한 사람도 구원을 받을 수가 없습니다. 죄를 범한 영혼은 죄가 하나도 없는 예수님의 영혼이 제물로 드려져야 대속함을 얻을 수 있기 때문입니다. 예수님은 십자가에서 영혼과 육체가 다 죽었는데 육체는 그대로 죽임을 당하시고 영으로는 살리심을 받았습니다. 영이 산 것이 아니라 살리심을 받았습니다. 영으로 살리심을 받았다고 말씀하신 것은 예수님의 영이 죽었는데 살리신 분이 있다는 뜻입니다. 예수님이 십자가에서 스스로 죽은 것이 아닌 것처럼 스스로 살아나신 것이 아닙니다. 하나님 아버지께서 그리스도를 죽은 자 가운데서 살리셨습니다.

> "22 이스라엘 사람들아 이 말을 들으라 너희도 아는 바에 하나님께서 나사렛 예수로 큰 권능과 기사와 표적을 너희 가운데서 베푸사 너희 앞에서 그를 증거하셨느니라 23 그가 하나님의 정하신 뜻과 미리 아신 대로 내어 준 바 되었거늘 너희가 법 없는 자들의 손을 빌어 못 박아 죽였으나 24 **하나님께서 사망의 고통을 풀어 살리셨으니 이는 그가 사망에게 매여 있을 수 없었음이라**" (행2:22-24)

유대인들이 예수님을 로마의 총독 빌라도에게 넘겨주어 십자가에 못 박아 죽였는데 하나님께서 예수님을 사망의 고통에서 풀어 살리셨습니다. 이때 하나님 아버지께서 예수님의 영을 살리셨습니다.

2.
예수님은 십자가에서
자기 몸을 버리셨습니다

예수님의 영이 다시 살아나셨다고 믿는 자들은 구원을 받을 수 있고 육체가 살아나셨다고 믿는 자들은 구원을 받을 수 없습니다. 그리스도의 영이 믿는 자 안으로 오시는 것이 구원이기 때문입니다. 만약 예수님이 육체로 다시 살아나셨다면 예수님의 육체는 하나인데 하나밖에 없는 육체를 가진 예수님은 절대로 사람 속에 들어오실 수가 없습니다. 그리스도께서 믿는 자의 마음에 계시는 것이 믿음입니다.

"17 **믿음으로 말미암아 그리스도께서 너희 마음에 계시게 하옵시고** 너희가 사랑 가운데서 뿌리가 박히고 터가 굳어져서 18 능히 모든 성도와 함께 지식에 넘치는 그리스도의 사랑을 알아 19 그 넓이와 길이와 높이와 깊이가 어떠함을 깨달아 **하나님의 모든 충만하신 것으로 너희에게 충만하게 하시기를 구하노라**" (엡3:17-19)

"너희가 믿음에 있는가 너희 자신을 시험하고 너희 자신을 확증하라 **예수 그리스도께서 너희 안에 계신 줄을 너희가 스스로 알지 못하느냐 그렇지 않으면 너희가 버리운 자니라**" (고후13:5)

성경대로 예수님을 믿었다면 그리스도가 마음에 계신다고 했습니다. 또한 예수 그리스도께서 너희 안에 계신 것을 너희가 스스로 알지 못하면 버리운 자라고 했습니다. 어떻게 믿는 자의 마음에 그리스도께서 들어오십니까? 방법은 한 가지, 성경대로 믿으면 됩니다.

> "내가 그리스도와 함께 십자가에 못 박혔나니 그런즉 이제는 내가 산 것이 아니요 오직 내 안에 그리스도께서 사신 것이라 이제 내가 육체 가운데 사는 것은 나를 사랑하사 나를 위하여 자기 몸을 버리신 하나님의 아들을 믿는 믿음 안에서 사는 것이라"(갈2:20)

예수님이 십자가에 못 박혀 죽으실 때 내가 함께 못 박혔다고 믿어야 합니다. 곧 예수님의 죽음이 내 죽음이라고 믿음으로 받아들이는 것입니다. 원래는 죄를 지은 내가 죽어야 하지만 나 대신 예수님이 죽으셨으므로 그 죽음이 바로 내 죽음이라고 받아들이고 믿으라는 것입니다. 거의 모든 기독교인들이 예수님이 십자가에 달려 죽으실 때 내 죄를 담당하고 죽으셨다고 믿으면 죄 사함을 얻고 구원을 받는다고 전하고 믿고 있습니다. 이렇게 믿는 자들은 한 사람도 구원을 받을 수 없습니다. 그리스도께서 믿는 자 안으로 들어오실 수가 없기 때문입니다. 예수님만 십자가에 못 박혀 돌아가신 것이 아니라 믿는 내가 그리스도와 함께 십자가에 못 박혔다고 했습니다. 이렇게 믿는 자들 속에만 그리스도께서 들어오실 수가 있습니다. 그리고 예수님이 나를 위하여 자기 몸을 버리셨다고 믿어야 합니다. 예수님이 자기 몸을 버리셨다고 믿는 것은 육체로는 죽임을 당하시고 영으로는 살리심을 받았다고 믿는 것입니다. 이렇게 믿어야 그리스도께서 믿는 자 안에 영으로 들어오실 수가 있습니다.

> "9 만일 너희 속에 하나님의 영이 거하시면 너희가 육신에 있지 아니하고 영에 있나니 누구든지 **그리스도의 영이 없으면 그리스도의 사람이 아니라** 10 또 그리스도께서 너희 안에 계시면 몸은 죄로 인하여 죽은 것이나 영은 의를 인하여 산 것이니라" (롬8:9-10)

누구든지 그리스도의 영이 없으면 그리스도의 사람이 아니라고 했습니다. 믿는 자가 처음 구원받았을 때 몸은 죄로 인하여 죽어 있지만 영은 하나님의 의이신 그리스도로 말미암아 살았다고 했습니다. 곧 믿는 자의 영에만 그리스도가 들어와 계신 것입니다. 믿는 자의 영에 들어오시는 그리스도는 그리스도의 영으로 들어오십니다. 그리스도는 영으로 믿는 자 안에 들어오시기 위해 자기 몸을 버리셨습니다. 믿을 때 반드시 자기 몸을 버리신 하나님의 아들을 믿어야 합니다. 아버지께서 예수님을 살리실 때 영으로 살리셨고 예수님은 자기의 몸을 버리셨습니다. 그래야 믿는 자의 몸이 그리스도의 몸이 될 수 있습니다. 예수님의 몸이 있는데 믿는 자들이 또 그리스도의 몸이 될 수는 없습니다.

> "너희는 **그리스도의 몸이요** 지체의 각 부분이라" (고전12:27)

믿는 자들이 그리스도의 몸이요, 지체의 각 부분이라고 했습니다. 어떻게 믿는 자의 몸이 그리스도의 몸이 될 수 있습니까? 믿는 자의 영에 들어오신 그리스도께서 믿는 자의 몸에 사시면 그때 믿는 자의 몸이 그리스도의 몸이 될 수 있습니다. 그래서 먼저 그리스도께서 영으로 믿는 자의 영에 들어오시고 그 영으로 믿는 자의 죽은 몸을 살리시는데 몸이 죄로 인하여 죽었기 때문에 몸을 살리는 방법은 죄를 없이 하는 것입니다. 곧 그리스도께서 믿는 자의 몸에까지 사시므로 믿는 자의 몸에서 죄가 사라지는 것입니다.

> "20 나의 간절한 기대와 소망을 따라 아무 일에든지 부끄럽지 아니하고 오직 전과 같이 이제도 온전히 담대하여 살든지 죽든지 **내 몸에서 그리스도가 존귀히 되게 하려 하나니** 21 이는 내게 사는 것이 그리스도니 죽는 것도 유익함이니라" (빌1:20-21)

사도바울이 내 몸에서 그리스도가 존귀히 되게 하려 한다고 했는데 그 이유는 "내게 사는 것이 그리스도니"라고 했습니다. 그리스도가 믿는 자의 몸에서 존귀하게 되려면 믿는 자의 몸에 사셔야 하는 것은 너무나 당연합니다. 믿는 자의 몸이 그리스도의 몸이 되려면 그리스도는 반드시 믿는 자 안에 계시고 또 믿는 자의 몸에 사셔야 합니다.

3.
믿는 자 안으로 들어오시기 위해 그리스도는 아버지 안으로 가셨습니다

그리스도께서 믿는 자 안에 들어오시는 것이 믿음입니다. 그래서 예수님은 육체로는 죽임을 당하시고 영으로는 살리심을 받았습니다. 예수님이 육체로는 죽임을 당하시고 영으로는 살리심을 받은 이유는 육체를 가지고 믿는 자 안에 들어오실 수가 없기 때문입니다. 그래서 믿는 자 속에 예수가 오신다고 말씀하지 않고 그리스도가 오신다고 말씀했습니다.(엡3:17) 예수는 우리와 똑같은 육체를 가진 사람의 이름이고 그리스도는 예수 안에 있는 생명, 곧 영혼입니다. 예수님이 십자가에서 죽으실 때 많은 열매를 맺었다고 했는데 이때 맺어진 열매가 바로 그리스도입니다.(요12:24) 하나님 아버지께서 예수님을 낳았을 때는 아들이 하나이고 씨도 하나였지만 예수님이 십자가에서 죽으실 때 그리스도가 많은 열매를 맺었고 이 일에 대하여 이사야 선지자가 "그 영혼을 속건제물로 드리기에 이르면 그가 그 씨를 보게 되며 그의 손으로 여호와의 뜻을 성취한다"고 말씀한 것입니다. (사53:10)

"내가 진실로 진실로 너희에게 이르노니 한 알의 밀이 땅에 떨어져 죽지 아

> 니하면 한 알 그대로 있고 **죽으면 많은 열매를 맺느니라**" (요12:24)
>
> "여호와께서 그로 상함을 받게 하시기를 원하사 질고를 당케 하셨은즉 **그 영혼을 속건제물로 드리기에 이르면 그가 그 씨를 보게 되며** 그 날은 길 것이요 또 그의 손으로 여호와의 뜻을 성취하리로다" (사53:10)

예수님의 영혼이 십자가에서 속건제물이 되시면 아버지의 뜻을 이루어 드릴 수 있는 많은 씨를 보게 되고 또 예수님이 아버지의 뜻을 성취하신다는 말씀입니다.

> "내 아버지의 뜻은 **아들을 보고 믿는 자마다 영생을 얻는 이것이니** 마지막 날에 내가 이를 다시 살리리라 하시니라" (요6:40)

하나님 아버지의 뜻은 아들을 보고 믿는 자마다 영생을 얻는 것이라고 했습니다. 영생을 얻은 자들이 바로 하나님의 아들들이 되어 구원을 받은 자들입니다. 영생은 죽지 않고 영원히 사는 것이 아닙니다. 영원하신 하나님 아버지의 생명입니다. 믿는 자가 영생을 얻었다는 것은 그리스도께서 믿는 자 안에 들어오셨다는 뜻입니다. 영생이 곧 예수 그리스도이기 때문입니다.

> "내가 진실로 진실로 너희에게 이르노니 내 말을 듣고 또 나 보내신 이를 믿는 자는 영생을 얻었고 심판에 이르지 아니하나니 **사망에서 생명으로 옮겼느니라**" (요5:24)
>
> "또 아는 것은 하나님의 아들이 이르러 우리에게 지각을 주사 우리로 참된 자를 알게 하신 것과 또한 우리가 참된 자 곧 그의 아들 예수 그리스도 안

에 있는 것이니 **그는 참 하나님이시요 영생이시라**" (요일5:20)

하나님 아버지께서 예수님을 세상에 보내신 것은 믿는 자들에게 영생을 주시기 위함입니다. 아버지께서 믿는 자들에게 주시는 영생이 곧 그리스도이시므로 그리스도가 아버지께로 가셨다가 다시 믿는 자들에게 오셔야 영생을 아버지께서 주시는 것이 되고 믿는 자들이 아버지의 생명을 받는 것이 됩니다. 이와 같은 과정을 반드시 거쳐야 하는 이유는 아버지와 아들은 생명의 관계이기 때문입니다. 곧 아버지는 생명을 주시는 분이고 아들은 그 생명을 받은 자들입니다. 아버지가 아들에게 주시는 생명이 바로 그리스도입니다. 그래서 예수님은 "내가 아버지께로 갔다가 다시 너희에게로 오리라"고 말씀하셨습니다.

> "예수께서 가라사대 하나님이 너희 아버지였으면 너희가 나를 사랑하였으리니 이는 **내가 하나님께로 나서 왔음이라** 나는 스스로 온 것이 아니요 아버지께서 나를 보내신 것이니라" (요8:42)
>
> "내가 아버지께로 나와서 세상에 왔고 다시 세상을 떠나 아버지께로 가노라 하시니" (요16:28)
>
> "18 내가 너희를 고아와 같이 버려 두지 아니하고 너희에게로 오리라 19 조금 있으면 세상은 다시 나를 보지 못할 터이로되 **너희는 나를 보리니 이는 내가 살았고 너희도 살겠음이라** 20 그 날에는 **내가 아버지 안에, 너희가 내 안에, 내가 너희 안에 있는 것을 너희가 알리라**" (요14:18-20)

아버지께서 예수님을 세상에 보내셨는데 보내심을 받은 예수님의 최종 목적지는 이 세상에 오셔서 십자가에서 죽었다가 다시 아버지께로 가는 것이 아니라 바로 믿는 자들 속으로 오시는 것입니다. 예수님이 세상에 오실 때에 "내가 아버지께로 나와서 세상에 왔다"라고 말씀하셨고 또 "다시 세상을 떠나 아버지께로 간다"라고 말씀하셨는데 세상에 오실 때에 예수님은 아버지 안에 있다가 오셨으므로 다시 아버지께로 가실 때에도 아버지 안으로 가셔야 합니다. 세상에 오실 때에는 하나의 씨로 오셨지만 다시 아버지께로 가실 때에는 많은 열매가 맺어졌습니다. 그래서 이제 아버지 안에는 하늘의 별과 같이 땅의 티끌과 같이 많은 아들들을 얻을 수 있는 씨가 있습니다. 하나님 아버지 안에 있는 이 씨가 바로 그리스도입니다. 이제 그리스도는 한 분이신 하나님의 아들로 계시지 않습니다. 만일 그리스도가 여전히 한 분이라면 그리스도는 절대로 믿는 자 안에 들어오실 수가 없습니다.

> "26 이 비밀은 만세와 만대로부터 옴으로 감취었던 것인데 이제는 그의 성도들에게 나타났고 27 하나님이 그들로 하여금 이 비밀의 영광이 이방인 가운데 어떻게 풍성한 것을 알게 하려 하심이라 **이 비밀은 너희 안에 계신 그리스도시니 곧 영광의 소망이니라**" (골1:26-27)

그리스도께서 믿는 자 안에 계시는 것이 만세와 만대로부터 감춰왔던 비밀이라고 했습니다. 그런데 이제는 이 비밀이 그의 성도들에게 나타났습니다. 이 비밀을 모르는 자들은 한 사람도 구원을 받을 수 없습니다. 그리스도가 영생입니다. 영생을 얻지 못한 자들은 구원을 받지 못합니다. 구원과 영생은 하나입니다. 아버지께 갔다가 다시 믿는 자들에게 오시는 그리스도는 믿는 자들의 영 안으로 오십니다. 믿는 자들의 영 안으로 오시기 위해 그리스도는 영으로 살리심을 받아 아버지 안으로 가셨고 아버지 안에서 영(생명)으로 다시 믿는 자들의 영 안으로 들어오십니다.

> "9 만일 너희 속에 하나님의 영이 거하시면 너희가 육신에 있지 아니하고 영에 있나니 누구든지 **그리스도의 영이 없으면 그리스도의 사람이 아니라** 10 또 그리스도께서 너희 안에 계시면 몸은 죄로 인하여 죽은 것이나 **영은 의를 인하여 산 것이니라**" (롬8:9-10)

그리스도의 영이 없으면 그리스도의 사람이 아니라고 했습니다. 그리스도의 사람이 아니면 구원받지 못한 사람입니다. 교회를 다니므로 구원받는 것이 아닙니다. 아버지 하나님의 생명을 받는 것이 구원입니다. 예수님은 모든 믿는 자들의 영에 들어오시기 위해 십자가에서 죽었습니다. 죄 사함이 목적이 아니라 믿는 자 안에 들어오시는 것이 목적입니다. 죄 사함이 없다는 말이 아닙니다. 정말 죄 사함을 받았다면 그리스도께서 그 사람 안에 계셔야 합니다. 왜냐하면 구속이 곧 죄 사함이기 때문입니다.

> "7 우리가 그리스도 안에서 그의 은혜의 풍성함을 따라 그의 피로 말미암아 **구속 곧 죄 사함을 받았으니** 8 이는 그가 모든 지혜와 총명으로 우리에게 넘치게 하사 9 그 뜻의 비밀을 우리에게 알리셨으니 곧 그 기쁘심을 따라 그리스도 안에서 때가 찬 경륜을 위하여 예정하신 것이니 10 하늘에 있는 것이나 땅에 있는 것이 다 **그리스도 안에서 통일되게** 하려 하심이라"
> (엡1:7-10)

우리가 그리스도 안에서 구속, 곧 죄 사함을 받았다고 했습니다. 우리가 그리스도 안에 들어가려면 그리스도가 우리 안에 계셔야 합니다. 우리가 그리스도 안에 있는 것과 그리스도께서 우리 안에 계시는 것은 별개의 것이 아닙니다. 그리스도가 우리 안에 들어오시면 우리도 그리스도 안에 있는 것입니다.

> "그 날에는 내가 아버지 안에, 너희가 내 안에, 내가 너희 안에 있는 것을 너희가 알리라" (요14:20)

그날이 되면 곧 예수님이 아버지 안으로 가셨다가 다시 믿는 자들 안으로 오시면 믿는 자들과 다시 오시는 예수님이 하나가 된다고 하셨습니다. 어떻게 하나가 될 수 있습니까? 그리스도의 영이 믿는 자의 영으로 오시면 하나가 됩니다.

> "주와 합하는 자는 한 영이니라" (고전6:17)

주와 합하는 자는 한 영이라고 했습니다. 그리스도의 영과 믿는 자의 영이 하나가 된다는 말씀입니다. 그리스도께서 믿는 자의 영에 들어오셔서 믿는 자의 생명이 되시는 것입니다. 그리스도께서 믿는 자의 생명이 되시면 믿는 자들이 영생을 얻은 것이고 하나님의 아들이 된 것입니다. 이것이 바로 여호와 하나님의 뜻이 예수 그리스도로 말미암아 성취되는 것입니다. 그래서 예수님은 반드시 영으로 살리심을 받아야 하고 반드시 아버지 안으로 가셔야 하고 반드시 아버지 안에서 믿는 자들 안으로 오셔야 합니다.

제3장

아버지께로 가신 예수님은 다시는 볼 수 없습니다

1.
아버지께로 가신 예수님은 영원히 아버지 안에 계십니다

　예수님은 아버지께로 나와서 세상에 왔고 다시 세상을 떠나 아버지께로 가셨습니다. 그리고 아버지 안에서 다시 믿는 자들 안으로 오시는데 그리스도의 영으로 오십니다. 그런데 믿는 자들 안으로 오시는 그리스도는 한 분 그리스도가 아닙니다. 많은 열매가 맺어진 많은 그리스도가 아버지 안에 계시다가 믿는 각 사람 속으로 오십니다. 아버지께로 나와서 세상에 오신 그리스도는 한 분이셨는데 아버지께서 십자가에서 죽은 예수님을 육체로는 죽임을 당하게 하시고 영으로는 살리셨고 이때 살리심을 받은 영(그리스도)이 아버지 안으로 가셨고 이 영이 아버지 안에서 많은 열매를 맺었습니다.(요12:24) 믿는 자들 안으로 오시는 그리스도는 영으로 살리심을 받은 그리스도께서 오시는 것이 아니라 아버지 안으로 가셔서 많은 열매가 맺어진 그리스도께서 오시는 것입니다. 그래서 예수님은 내가 아버지께로 가니 너희가 다시 나를 보지 못한다고 하셨습니다.

　"의에 대하여라 함은 **내가 아버지께로 가니 너희가 다시 나를 보지 못함이요**"(요16:10)

의에 대하여 말씀하셨는데 너희가 다시 나를 보지 못한다고 했습니다. 예수님을 다시 볼 수 없는 것과 예수님이 말씀하신 의와 어떤 관계가 있길래 "의에 대하여라 함은 내가 아버지께로 가니 너희가 다시 나를 보지 못함이요"라고 말씀하셨을까요? 또 예수님이 말씀하신 의는 누구의 의를 말씀한 것일까요?

> "7 그러하나 내가 너희에게 실상을 말하노니 내가 떠나가는 것이 너희에게 유익이라 내가 떠나가지 아니하면 보혜사가 너희에게로 오시지 아니할 것이요 가면 내가 그를 너희에게로 보내리니 8 그가 와서 죄에 대하여, 의에 대하여, 심판에 대하여 세상을 책망하시리라 9 죄에 대하여라 함은 저희가 나를 믿지 아니함이요 10 의에 대하여라 함은 내가 아버지께로 가니 너희가 다시 나를 보지 못함이요 11 심판에 대하여라 함은 이 세상 임금이 심판을 받았음이니라" (요16:7-11)

예수님이 아버지께로 가시면 보혜사를 믿는 자들에게 보내시는데 그가 오시면 죄에 대하여, 의에 대하여, 심판에 대하여 세상을 책망하신다고 했습니다. 여기에서 예수님이 말씀하신 의는 세상에서 이루어지는 하나님의 의를 말씀하는 것입니다. 곧 의가 없는 사람들이 믿음으로 의를 얻어서(이신득의(以信得義)) 의롭다 칭함을 받고(이신칭의(以信稱義)) 결국에는 하나님의 의가 되는(이신화의(以信化義)) 것입니다. 많은 기독교인들이 오직 믿음으로 의롭다 칭함을 받는다는 이신칭의(以信稱義)를 이야기합니다. 그러면서 "하나님이 의롭지 않은 자를 의롭다고 해주신다"라고 말을 합니다. 만약 그렇다면 하나님은 거짓말하시는 분이 됩니다. 실제로는 의롭지 않은데 하나님이 말로만 의롭다고 해주는 것이라면 아닌 것을 그렇다고 말만 하는 것과 다를 것이 없습니다. 하나님은 절대로 거짓을 말씀하는 분이 아니시며 또한 말씀하신 것을 반드시 이루시는 분입니다. 사람이 의롭게 되는 것은 하나님의 의(義)이신 그리스도를 얻음으로 될 수 있습니다. 그래서 사람이 의롭다 칭함을 얻으려면, 곧 이신칭의(以信稱義)하려면 먼저 이신득의(以信得義), 곧 하나님의 의(義)이신 그리스도를 얻어야 합니다.

> "21 이제는 율법 외에 하나님의 한 의가 나타났으니 율법과 선지자들에게 증거를 받은 것이라 22 곧 예수 그리스도를 믿음으로 말미암아 **모든 믿는 자에게 미치는 하나님의 의니 차별이 없느니라** 23 모든 사람이 죄를 범하였으매 하나님의 영광에 이르지 못하더니 24 그리스도 예수 안에 있는 구속으로 말미암아 **하나님의 은혜로 값없이 의롭다 하심을 얻은 자 되었느니라**" (롬3:21-24)

율법 외에 하나님의 한 의(義)가 나타났는데, 곧 예수 그리스도를 믿음으로 모든 믿는 자에게 미치는 하나님의 의(義)라고 했습니다. 모든 사람이 죄로 말미암아 하나님의 영광에 이르지 못하였는데 그리스도 예수 안에 있는 구속으로 말미암아 하나님의 은혜로 값없이 의롭다 하심을 얻은 자들이 되었습니다. 은혜로 값없이 의롭다 하심을 얻었다는 것은 의롭지 않은 자의 믿음을 보시고 의롭다고 해주시는 것이 아니라 하나님의 의(義)이신 그리스도를 믿는 자에게 주신다는 말씀입니다. 그래서 믿는 자 속에는 하나님의 의(義)이신 그리스도가 계셔야 합니다.

> "믿음으로 말미암아 **그리스도께서 너희 마음에 계시게 하옵시고** 너희가 사

> 랑 가운데서 뿌리가 박히고 터가 굳어져서" (엡3:17)
>
> "너희가 믿음에 있는가 너희 자신을 시험하고 너희 자신을 확증하라 **예수 그리스도께서 너희 안에 계신 줄을 너희가 스스로 알지 못하느냐 그렇지 않으면 너희가 버리운 자니라**" (고후13:5)

성경대로 믿었다면 믿는 자의 마음에는 하나님의 의(義)이신 그리스도께서 계셔야 합니다. 예수 그리스도께서 자기 안에 계신 것을 스스로 알지 못하면 버리운 자라고 했습니다. 만약 그리스도가 계시지 않는다면 또 자기가 스스로 알지 못한다면 구원받은 자들이 아닙니다.

> "9 만일 너희 속에 하나님의 영이 거하시면 너희가 육신에 있지 아니하고 영에 있나니 누구든지 **그리스도의 영이 없으면 그리스도의 사람이 아니라** 10 또 그리스도께서 너희 안에 계시면 몸은 죄로 인하여 죽은 것이나 **영은 의를 인하여 산 것이니라**" (롬8:9-10)

그리스도께서 믿는 자 안에 계시면 몸은 죄로 인하여 죽은 것이나 영은 의(義)를 인하여 산 것이라고 했습니다. 믿는 자의 영에 그리스도께서 하나님의 의(義)로 오신 것입니다. 이 사람이 하나님의 의를 얻은(이신득의(以信得義)) 사람입니다. 의가 하나도 없는 사람이 하나님의 의(義)이신 그리스도를 얻었으므로 이제 하나님께서 그 사람 속에 있는 죄를 보시는 것이 아니라 하나님의 의(義)이신 그리스도를 보시므로 그 사람을 의롭다 칭하시는(이신칭의(以信稱義)) 것입니다.

> "하나님이 죄를 알지도 못하신 자로 우리를 대신하여 죄를 삼으신 것은 우

리로 하여금 저의 안에서 **하나님의 의가 되게 하려 하심이니라**" (고후5:21)

하나님의 의를 얻어서 의롭다 칭함을 얻은 사람들을 하나님의 의가 되게 하신다고 했습니다. 의(義)가 하나도 없는 사람이 믿음으로 하나님의 의(義)이신 그리스도를 얻어서 의롭다 칭함을 받고 결국에는 하나님의 의(義)이신 그리스도와 똑같이 하나님의 의(義)가 되는 것입니다. 이신득의(以信得義)하면 이신칭의(以信稱義)하고 이신칭의(以信稱義)하면 이신화의(以信化義)입니다. 이것이 바로 요한복음 16장 10절에 예수님이 말씀하신 의에 대한 것입니다. 믿는 자 속에 이루어지는 의(義)를 위해서 예수님은 아버지 안으로 가셨는데 아버지께로 가신 예수님은 다시는 볼 수 없습니다. 왜냐하면 아버지 안으로 가신 예수님은 이제 영원히 아버지 안에 계시기 때문입니다. 믿는 자 속에 의를 이루기 위해 오시는 그리스도는 아버지 안으로 가신 그리스도가 아니라 아버지 안에서 많은 열매가 맺어진 그리스도입니다. 그리스도가 아버지 안에서 많은 열매를 맺었기 때문에(요12:24) 믿는 각 사람 속으로 오실 수가 있는 것입니다. 이제 아버지 안에는 하늘의 별과 같이 땅의 티끌과 같이 많은 아들들을 얻을 수 있는 씨(그리스도)가 있습니다. 그 씨(그리스도)가 믿는 각 사람의 속으로 오시는 것입니다. 그래서 아버지께로 가신 예수님은 다시는 볼 수가 없습니다.

2.
부활하신 예수님은
아버지로 계십니다

아버지 안으로 가신 예수님은 영원히 아버지 안에 계십니다. 그래서 예수님을 다시는 볼 수 없다고 말씀하신 것입니다. 부활하신 예수님이, 곧 육체로는 죽임을 당하시고 영으로는 살리심을 받은 예수님이 영원히 아버지 안에 계시기 때문에 이제 예수님은 아버지로 계십니다.

> "이기는 그에게는 내가 **내 보좌에 함께 앉게 하여 주기를 내가 이기고 아버지 보좌에 함께 앉은 것과 같이 하리라**" (계3:21)

이기는 자에게 예수님이 내 보좌에 함께 앉게 해준다고 하셨는데 그 보좌는 예수님이 이기고 앉으신 아버지의 보좌라고 말씀하셨습니다. 아버지의 보좌와 예수님의 보좌가 따로 있는 것이 아닙니다. 예수님이 이기고 아버지 보좌에 함께 앉으셨다고 했습니다. 하늘의 보좌는 하나입니다. 여기에서 보좌는 단순히 앉는 자리를 의미하는 것이 아닙니다. 보좌는 왕권을 말합니다. 곧 하나님의 주권과 통치하심과 다스리심을 말합니다. 한 나라의 왕이 하나이듯이 하나님 나라의 왕도 한 분이십니다.

하나님을 세 분으로 믿는 기독교인들, 곧 존재론적 삼위일체 교리 안에서 성부도 한 분, 성자도 한 분, 성령도 한 분이라고 믿는 자들은 하늘에 보좌가 셋이 있다고 말합니다. 하나님이 세 분이시므로 앉는 자리도 세 개가 있어야 한다는 논리입니다. 삼위일체 교리는 말 그대로 위격은 셋인데 몸은 하나라고 하면서 하나님은 한 분이라고 말은 하는데 실상은 세 분 하나님들을 믿게 만드는 사탄의 교리입니다. 3이라고 써놓고 1이라고 읽으라는 것과 다를 것이 없습니다. 이런 하나님을 믿는 자들은 한 사람도 구원을 받을 수가 없습니다. 하나님 아버지의 생명을 받아서 하나님의 아들이 될 수 없기 때문입니다. 성경대로 하나님은 한 분입니다. 셋이면서 하나이고 하나이면서 셋이 아니라 하나님은 말 그대로 한 분이십니다. 그리고 한 분 하나님은 곧 아버지이십니다.

> "5 주도 하나이요 믿음도 하나이요 세례도 하나이요 6 **하나님도 하나이시니 곧 만유의 아버지시라** 만유 위에 계시고 만유를 통일하시고 만유 가운데 계시도다" (엡4:5-6)

부활하신 예수님이 아버지 보좌에 앉으셨다고 했는데 실상은 예수님이 아버지 안으로 가신 것입니다. 그래서 예수님은 내가 이기고 아버지 보좌에 함께 앉았다고 말씀하신 것입니다. 이 내용을 다시 자세하게 설명하겠습니다. 먼저 예수님은 세상에 오실 때에 아버지께로 나와서 세상에 오셨습니다.(요16:28) 아버지께로 나오셨다는 것은 예수님이 아버지 안에 계셨다는 뜻입니다. 그러니까 예수님은 하나님의 아들로서 아버지 우편에 앉아 계시다가 세상에 오신 것이 아니라 아버지 안에 지혜와 말씀과 생명과 씨로 계시다가 세상에 오셔서 우리와 똑같은 사람이 되셨는데 이것을 말씀이 육신이 되셨다고 했습니다.(요1:14) 예수님이 사람이 되셔서 곧 하나님의 아들로서 세상에 계시는데 아버지는 예수님 안에 계신다고 했습니다.(요14:7-11) 아버지는 하늘에 계시고 예수님은 땅에 계시는 것이 아니라 예수님 안에 아버지가 계십니다. 그래서 예수님은 나와 아버지는 하나라고 말씀하셨습니다.(요10:30) 그런데 예수님께서 온 인류의 죄를 담당하시려고 화목제물이 되셔서 십자가에 못 박혀 죽으시고 자기 몸을 버리셨습니다.(요일2:2, 갈2:20) 십자가에서 죽으신 예수님을 아버지께서 살리셨는데 육체로는 그대로 죽임을 당하시고 영으로는 살리셨습니다.(벧전3:18) 영으로 살리심을 받은 예수님이 아버지 안으로 가셨는데 이것이 바로 예수님이 이기고 아버지 보좌에 함께 앉으신 것입니다. 부활하신 예수님이 아버지로 계신다는 것은 예수님이 아버지가 되셨다는 뜻이 아닙니다. 아버지는 영원부터 영원까지 아버지이십니다. 아버지는 아들이 될 수 없고 마찬가지로 아들은 아버지가 될 수 없습니다. 그러나 아버지께로서 나오신 예수님은 다시 아버지 안으로 가실 수 있습니다. 그리고 아버지 안으로 가신 예수님은 영원히 아버지로 계십니다.

> "5 보좌에 앉으신 이가 가라사대 보라 내가 만물을 새롭게 하노라 하시고 또 가라사대 이 말은 신실하고 참되니 기록하라 하시고 6 또 내게 말씀하시되 이루었도다 나는 알파와 오메가요 처음과 나중이라 내가 생명수 샘물로 목마른 자에게 값없이 주리니 7 이기는 자는 이것들을 유업으로 얻으리라 **나는 저의 하나님이 되고 그는 내 아들이 되리라**"(계21:5-7)

보좌에 앉으신 이가 말씀하시는데 말씀하신 이가 곧 아버지이십니다.

"나는 저의 하나님이 되고 그는 내 아들이 되리라"라고 말씀하셨기 때문입니다. 하늘에 보좌는 하나만 있고 예수님이 아버지와 함께 보좌에 앉으셨는데 이제 그 보좌는 예수님의 보좌라고 말씀하셨습니다.

> "저희가 어린 양으로 더불어 싸우려니와 **어린 양은 만주의 주시요 만왕의 왕이시므로** 저희를 이기실 터이요 또 그와 함께 있는 자들 곧 부르심을 입고 빼내심을 얻고 진실한 자들은 이기리로다" (계17:14)

오직 주 예수님만이 천상천하의 한 분 하나님이시며 만왕의 왕이시오, 만주의 주가 되시는 분입니다. 아버지와 따로 계시는 아들, 아들과 따로 계시는 아버지는 없습니다. 이제 부활하신 예수님은 영원히 아버지로 계십니다.

3.
하나님 아버지 안으로 가신 그리스도가 많은 열매를 맺었습니다

부활하신 예수님이 아버지 안으로 가셔야만 하는 이유는 아버지께로부터 믿는 자들 안으로 다시 오셔야 하기 때문입니다. 하나님의 의(義)이신 그리스도께서 믿는 자들 안으로 오셔야 믿는 자들이 의인이 될 수 있습니다. 예수님이 세상에 오신 목적이 죄인을 불러 회개시키러 오셨다고 했습니다.

> "너희는 가서 내가 긍휼을 원하고 제사를 원치 아니하노라 하신 뜻이 무엇인지 배우라 내가 **의인을 부르러 온 것이 아니요 죄인을 부르러 왔노라** 하시니라" (마9:13)
>
> "예수께서 들으시고 저희에게 이르시되 건강한 자에게는 의원이 쓸데없고 병든 자에게라야 쓸데 있느니라 **내가 의인을 부르러 온 것이 아니요 죄인을 부르러 왔노라** 하시니라" (막2:17)
>
> "내가 의인을 부르러 온 것이 아니요 죄인을 불러 회개시키러 왔노라" (눅5:32)

예수님이 "내가 의인을 부르러 온 것이 아니요"라고 말씀하셨는데 그렇다면 의인이 있어도 내가 그 의인을 부르지 않겠다는 말씀일까요? 그렇지 않습니다. 하나님이 보시기에 의인은 하나도 없습니다. 모든 사람이 다 죄인입니다.

> "10 기록한 바 **의인은 없나니 하나도 없으며** 11 깨닫는 자도 없고 하나님을 찾는 자도 없고 12 다 치우쳐 한가지로 무익하게 되고 **선을 행하는 자는 없나니 하나도 없도다**" (롬3:10-12)
>
> "내가 **죄악 중에 출생**하였음이여 모친이 **죄 중에 나를 잉태**하였나이다" (시51:5)

왜 의인은 없나니 하나도 없다고 말씀하셨을까요? 모든 사람은 죄악 중에 출생하였고 죄 중에 잉태된 존재이기 때문입니다. 시편 51편 5절에 다윗이 했던 고백은 다윗 한 사람에게만 해당되는 것이 아니라 아담에게서 난 모든 인류에게 다 해당되는 말씀입니다. 전 인류는 죄를 지은 아담으로부터 말미암았으므로 태어날 때부터 죄인으로 태어납니다.

> "이러므로 한 사람으로 말미암아 죄가 세상에 들어오고 죄로 말미암아 사망이 왔나니 이와 같이 **모든 사람이 죄를 지었으므로 사망이 모든 사람에게 이르렀느니라**" (롬5:12)

첫 사람 아담 한 사람으로 말미암아 전 인류는 죄인이 되어버렸습니다. 죄의 삯은 사망입니다. 모든 사람이 죄를 지었으므로 사망이 모든 사람에게 이르렀습니다.

"**죄의 삯은 사망**이요 하나님의 은사는 그리스도 예수 우리 **주 안에 있는 영생이니라**" (롬6:23)

"17 한 사람의 범죄를 인하여 사망이 그 한 사람으로 말미암아 왕 노릇 하였은즉 더욱 은혜와 의의 선물을 넘치게 받는 자들이 한 분 예수 그리스도로 말미암아 생명 안에서 왕 노릇 하리로다 18 그런즉 한 범죄로 많은 사람이 정죄에 이른 것같이 의의 한 행동으로 말미암아 많은 사람이 의롭다 하심을 받아 생명에 이르렀느니라 19 한 사람의 순종치 아니함으로 많은 사람이 죄인 된 것같이 한 사람의 순종하심으로 많은 사람이 의인이 되리라" (롬5:17-19)

"아담 안에서 **모든 사람이 죽은 것같이** 그리스도 안에서 **모든 사람이 삶을 얻으리라**" (고전15:22)

한 사람 아담으로 말미암아 모든 사람이 사망에 이른 것같이 한 사람 예수 그리스도로 말미암아 그리스도 안에서 모든 사람이 삶을 얻는다고 했습니다. 사람의 의지와 상관없이 모든 사람, 곧 전 인류가 사망에 이르렀지만 생명을 얻는 일은 철저하게 그리스도 안에 들어간 사람만이 얻을 수 있습니다. 예수님은 죄인을 불러서 의인이 되게 하시려고 세상에 오셨습니다. 죄인이 어떻게 의인이 될 수 있습니까? 사람에게는 의가 하나도 없기 때문에 의를 얻어야 의인이 될 수 있습니다. 사람이 자기 양심에 따라 조금 선하게 사는 것은 하나님이 보시기에 선이 아니고 자기 의를 가지고 의를 행하는 것도 의가 아닙니다. 오직 하나님께로부터 오는 의를 받아야 사람이 의인이 될 수 있습니다. 그래서 예수님은 믿는 자들에게 의가 되기 위하여 십자가에서 죽임을 당하셨고 영으로 살리심을 받아 아버지 안으로 가셔서 많은 열매를 맺으신 것입니다. 예수님은 모든 믿는 자에게 의를 이루기 위하여 율법의 마침이 되셨다고 했습니다.

> "그리스도는 **모든 믿는 자에게 의를 이루기 위하여 율법의 마침이** 되시니라" (롬10:4)

모든 믿는 자에게 의를 이루기 위해서는 먼저 믿는 자들에게 의를 주셔야 합니다. 그래서 모든 믿는 자들에게 하나님의 의이신 그리스도를 주시기 위해서 그리스도가 많은 열매를 맺은 것입니다. 믿는 자들에게 주시는 하나님의 의(義)가 바로 그리스도입니다.

> "21 이제는 율법 외에 하나님의 한 의가 나타났으니 율법과 선지자들에게 증거를 받은 것이라 22 곧 예수 그리스도를 믿음으로 말미암아 **모든 믿는 자에게 미치는 하나님의 의니 차별이 없느니라**" (롬3:21-22)
> "9 만일 너희 속에 하나님의 영이 거하시면 너희가 육신에 있지 아니하고 영에 있나니 누구든지 **그리스도의 영이 없으면 그리스도의 사람이 아니라** 10 또 그리스도께서 너희 안에 계시면 몸은 죄로 인하여 죽은 것이나 **영은 의를 인하여 산 것이니라**" (롬8:9-10)

그리스도께서 믿는 자들 안에 계시면 믿는 자의 영은 의(義)를 인하여 산 것이라고 했습니다. 그리스도가 하나님의 의(義)라는 증거의 말씀입니다. 세상에 오실 때에 그리스도는 하나였습니다. 그래서 한 분 예수 그리스도라고 말씀했습니다. 그러나 한 분 예수 그리스도는 많은 믿는 자들 속으로 들어오실 수가 없으므로 십자가에서 자기 몸과 육체를 버리셨고 육체로는 그대로 죽임을 당하셨습니다. 그리고 아버지께서 예수님의 영(곧 그리스도)을 살리셔서 살리심을 받은 그리스도가 아버지 안으로 가셨고 아버지 안으로 가신 그리스도가 많은 열매를 맺은 것입니다.

> "그리스도께서도 한 번 죄를 위하여 죽으사 의인으로서 불의한 자를 대신하셨으니 이는 우리를 하나님 앞으로 인도하려 하심이라 **육체로는 죽임을 당하시고 영으로는 살리심을 받으셨으니**" (벧전3:18)
> "내가 진실로 진실로 너희에게 이르노니 한 알의 밀이 땅에 떨어져 죽지 아니하면 한 알 그대로 있고 **죽으면 많은 열매를 맺느니라**" (요12:24)

아버지 안으로 가신 그리스도가 많은 열매를 맺어야 많은 믿는 사람 속으로 오실 수가 있습니다. 만약 예수님이 자기의 육체를 가지고 그대로 부활하셨다면 예수님은 여전히 한 분이시고 한 분이신 예수 그리스도는 많은 믿는 자들 속으로 들어오실 수가 없습니다. 예수님은 많은 믿는 자들 속으로 오셔서 믿는 자들의 의(義)가 되시려고 십자가에서 죽으시고 영으로 살리심을 받아 아버지 안으로 가셔서 많은 열매를 맺은 것입니다.

제4장

그리스도가
두 번째 믿는 자들
안으로 오시는 것이
구원입니다

1.
초림(初臨) 예수님만 믿는 자들은
절대로 구원받을 수 없습니다

2,000년 전에 이 땅에 오신 예수님, 곧 초림(初臨) 예수님을 믿는 자들은 예수님이 십자가에 달려 죽으실 때 세상 모든 죄를 다 담당하셨고 이제 내가 그 사실을 믿고 죄 사함을 받았으므로 구원받았다고 하면서 이것이 "오직 믿음으로 구원을 받는 것"이라고 말들을 합니다. 이것은 믿음도 아니고 죄 사함도 아니고 구원은 더더욱 아닙니다. 성경은 무엇이 믿음인지 정확하고 분명하게 말씀해 주고 있습니다. 바로 그리스도께서 믿는 자 안에 계시는 것이 믿음이라고 했습니다.

> "너희가 믿음에 있는가 너희 자신을 시험하고 너희 자신을 확증하라 **예수 그리스도께서 너희 안에 계신 줄을 너희가 스스로 알지 못하느냐 그렇지 않으면 너희가 버리운 자니라**" (고후13:5)
>
> "17 믿음으로 말미암아 **그리스도께서 너희 마음에 계시게 하옵시고** 너희가 사랑 가운데서 뿌리가 박히고 터가 굳어져서 18 능히 모든 성도와 함께 지식에 넘치는 그리스도의 사랑을 알아 19 그 넓이와 길이와 높이와 깊이가 어떠함을 깨달아 **하나님의 모든 충만하신 것으로 너희에게 충만하게 하**

| **시기를 구하노라**" (엡3:17-19)

그리스도께서 믿는 자 안에 계신 것이 믿음이고 이것이 구원입니다. 자기 확신으로 자기가 어떤 사실을 믿는 것이 믿음이 아니라 확실한 증거가 있어야 믿음이라고 했습니다. 확실한 증거는 예수 그리스도께서 자기 안에 계신 것을 스스로 아는 것입니다. 믿는 자들에게는 자기 안에 증거가 있다고 했습니다.

> "10 하나님의 아들을 믿는 자는 자기 안에 증거가 있고 하나님을 믿지 아니하는 자는 하나님을 거짓말하는 자로 만드나니 이는 하나님께서 그 아들에 관하여 증거하신 증거를 믿지 아니하였음이라 11 또 증거는 이것이니 하나님이 우리에게 영생을 주신 것과 이 생명이 그의 아들 안에 있는 그것이니라 12 아들이 있는 자에게는 생명이 있고 **하나님의 아들이 없는 자에게는 생명이 없느니라**" (요일5:10-12)
>
> "또 아는 것은 하나님의 아들이 이르러 우리에게 지각을 주사 우리로 참된 자를 알게 하신 것과 또한 우리가 참된 자 곧 **그의 아들 예수 그리스도 안에 있는 것이니 그는 참 하나님이시요 영생이시라**" (요일5:20)

하나님이 주신 증거는 하나님이 믿는 자들에게 영생을 주신 것인데 이 생명이 하나님의 아들 안에 있는 것이며 아들이 있는 자에게는 생명이 있고 아들이 없는 자에게는 생명이 없다고 했습니다. 곧 하나님의 아들 예수 그리스도가 영생이라는 말씀입니다. 영생이신 그리스도께서 안에 없으면 생명이 없는 것이고 생명이 없는 자들은 교회를 다녀도 구원을 받지 못합니다. 그래서 구원은 두 번째 그리스도가 믿는 자 안으로 오시는 것입니다.

> "이와 같이 그리스도도 많은 사람의 죄를 담당하시려고 단번에 드리신 바 되셨고 **구원에 이르게 하기 위하여** 죄와 상관 없이 **자기를 바라는 자들에게 두 번째 나타나시리라**" (히9:28)

구원에 이르게 하기 위하여 그리스도께서 자기를 바라는 자들에게 두 번째 나타나신다고 했습니다. 나타나신다고 하니까 사람 밖으로 오시는 그리스도를 말하면서 그리스도가 두 번째 오실 때는 공중에 구름 타고 오신다고 믿고 기다리는 자들이 많습니다. 이런 그리스도를 기다리는 자들은 한 사람도 구원을 받지 못합니다. 그리스도를 기다린다는 것은 그리스도가 자기 안에 계시지 않다는 것을 스스로 증거(證據)하고 있는 것입니다. 사람 밖으로 오시는 그리스도를 기다리는 자들은 한 분 예수 그리스도를 기다리고 있는 것이므로 많은 열매가 맺어진 그리스도를 믿지 않는 것입니다. 그리스도가 많은 열매를 맺어야 믿는 각 사람 속으로 오실 수가 있습니다. 십자가에서 피 흘리신 예수님을 믿고 구원받았다고 하면서 다시 오시는 예수님을 기다리는 믿음은 헛된 믿음입니다. 두 번째 믿는 자 안으로 그리스도가 오시는 것을 믿는 자만 구원을 받을 수 있습니다. 구원은 하나님의 아들이 되는 것이기 때문입니다. 교회를 다닌다고 하나님의 아들이 아니라 하나님 아버지의 생명을 받은 자만 하나님의 아들입니다. 아버지와 아들은 생명의 관계입니다. 아버지는 생명을 주시고 아들은 그 생명을 받아야 비로소 아버지와 아들의 관계입니다. 그래서 그리스도가 믿는 자 안에 계셔야 하나님의 아들이 될 수 있는 것입니다. 그리스도가 바로 하나님 아버지께서 믿는 자들에게 주시는 생명입니다.

> "예수께서 가라사대 **내가 곧 길이요 진리요 생명이니** 나로 말미암지 않고는 아버지께로 올 자가 없느니라" (요14:6)

초림 예수님만 믿고 두 번째 자기 안으로 오시는 그리스도를 믿지 않는 자들이 구원받을 수 없는 이유는 하나님 아버지의 생명을 받을 길이 없기 때문입니다.

2.
아버지 안으로 가신 그리스도는 다시는 볼 수 없고 두 번째 믿는 자들 안으로 오시는 그리스도는 볼 수 있습니다

두 번째 오시는 그리스도는 모든 사람이 볼 수 있도록 오시는 것이 아니라 자기를 바라는 자들에게만 오십니다.

> "이와 같이 그리스도도 많은 사람의 죄를 담당하시려고 단번에 드리신 바 되셨고 **구원에 이르게 하기 위하여** 죄와 상관 없이 **자기를 바라는 자들에게 두 번째 나타나시리라**" (히9:28)

그리스도는 성경대로 믿는 자들의 안으로 오십니다. 그리스도를 성경대로 믿는다는 것은 그리스도가 사람 안으로 오시는 것을 믿는 것입니다.

> "17 믿음으로 말미암아 **그리스도께서 너희 마음에 계시게 하옵시고** 너희가 사랑 가운데서 뿌리가 박히고 터가 굳어져서 18 능히 모든 성도와 함께 지식에 넘치는 그리스도의 사랑을 알아 19 그 넓이와 길이와 높이와 깊이가 어떠함을 깨달아 **하나님의 모든 충만하신 것으로 너희에게 충만하게 하**

| **시기를 구하노라"** (엡3:17-19)

이제 사람 밖으로 오시는 그리스도는 없습니다. 사람 밖으로 오시는 그리스도, 곧 공중에 구름을 타고 오시는 그리스도를 기다리는 자들은 그리스도를 절대로 볼 수 없습니다. 아버지 안으로 가신 그리스도는 영원히 아버지 안에 계시고 많은 열매가 맺어진 그리스도가 믿는 자들 안으로 오시기 때문입니다.

> "의에 대하여라 함은 **내가 아버지께로 가니** 너희가 다시 나를 보지 못함이요" (요16:10)
>
> "조금 있으면 너희가 **나를 보지 못하겠고** 또 조금 있으면 **나를 보리라** 하신대" (요16:16)

내가 아버지께로 가니 너희가 다시는 나를 보지 못한다고 말씀하신 예수님이 바로 이어서 "조금 있으면 너희가 나를 보지 못하겠고 또 조금 있으면 나를 보리라"라고 말씀하셨습니다. 만약 사람이 이런 말을 했다면 이 사람은 한 입으로 두말하는 사람일 것입니다. 그러나 예수님은 거짓을 말하는 분이 아니고 한 입으로 두말하실 분도 아닙니다. 예수님이 내가 아버지께로 가니 너희가 다시 나를 보지 못한다고 하셨을 때 보지 못하는 예수님은 아버지 안으로 가신 초림(初臨) 예수님입니다. 아버지 안으로 가신 예수님은 영원히 아버지 안에 계시기 때문에 다시는 볼 수 없다고 말씀하신 것입니다. 그리고 조금 있으면 너희가 나를 본다고 말씀하셨는데 조금 있으면 볼 수 있는 예수님은 믿는 자들 안에 빛으로 오시는 예수님입니다. 앞에서도 언급했듯이 믿는 자 안으로 오시는 그리스도는 아버지 안에서 많은 열매가 맺어진 그리스도입니다. 두 번째 오시는 그리스도는 빛으로 믿는 자들 안에 들어오십니다.

3.
믿는 자들 안에
빛으로 오시는 그리스도

　말씀이 육신이 되신 예수님은 세상의 빛으로 오셨습니다. 그러나 세상이 그 빛을 알지 못하였고 깨닫지 못했으므로 예수님을 십자가에 못박아 죽였습니다.

> "1 태초에 말씀이 계시니라 이 말씀이 하나님과 함께 계셨으니 이 말씀은 곧 하나님이시니라 2 그가 태초에 하나님과 함께 계셨고 3 만물이 그로 말미암아 지은 바 되었으니 지은 것이 하나도 그가 없이는 된 것이 없느니라 4 그 안에 생명이 있었으니 **이 생명은 사람들의 빛이라** 5 빛이 어두움에 비취되 어두움이 깨닫지 못하더라" (요1:1-5)

　예수님이 사람들의 빛으로 오셔서 어두움에 비췄지만 어두움이 깨닫지 못하였다고 했습니다. 왜 빛이 어두움에 비춰도 어두움이 깨닫지 못했을까요? 초림 예수님은 사람 속에 있는 어두움을 비추는 빛이 아니었기 때문입니다. 어두움이 사람 안에 있는데 빛을 밖에서만 비추면 사람 안에 있는 어두움은 사라지지 않습니다. 마치 집 안이 어두운데 빛을 집

밖에서 비추면 집 안이 밝아지지 않는 것과 똑같습니다. 어두움은 죄입니다. 죄는 사람 안에 있습니다. 곧 죄가 사람 안에 있으므로 어두움이 사람 안에 있다는 뜻입니다. 사람 안에 있는 어두움, 곧 죄를 없이 할 수 있는 분은 사람 안에 빛으로 두 번째 오시는 그리스도입니다.

> "78 이는 우리 하나님의 긍휼을 인함이라 이로써 **돋는 해가 위로부터 우리에게 임하여** 79 어두움과 죽음의 그늘에 앉은 자에게 비취고 우리 발을 평강의 길로 인도하시리로다 하니라" (눅1:78-79)

세례 요한의 아버지 사가랴가 성령의 충만함을 입어 예언하였는데 돋는 해가 위로부터 우리에게 임한다고 했습니다. 사가랴의 예언은 빛으로 오신 그리스도가 믿는 자들 안으로 오시면 이루어집니다.

> "1 예수께서 길 가실 때에 날 때부터 소경된 사람을 보신지라 2 제자들이 물어 가로되 랍비여 이 사람이 소경으로 난 것이 뉘 죄로 인함이오니이까 자기오니이까 그 부모오니이까 3 예수께서 대답하시되 이 사람이나 그 부모가 죄를 범한 것이 아니라 그에게서 하나님의 하시는 일을 나타내고자 하심이니라 4 때가 아직 낮이매 나를 보내신 이의 일을 우리가 하여야 하리라 밤이 오리니 그때는 아무도 일할 수 없느니라 5 **내가 세상에 있는 동안에는 세상의 빛이로라** 6 이 말씀을 하시고 땅에 침을 뱉어 진흙을 이겨 그의 눈에 바르시고 7 이르시되 실로암 못에 가서 씻으라 하시니 (실로암은 번역하면 보냄을 받았다는 뜻이라) 이에 가서 씻고 밝은 눈으로 왔더라" (요9:1-7)

예수님이 날 때부터 소경된 사람을 길에서 보셨는데 제자들이 예수님께 "이 사람이 소경으로 난 것이 뉘 죄로 인함이오니이까 자기오니이까 그 부모오니이까"라고 물었을 때 "이 사람이나 그 부모가 죄를 범한 것이 아니라 그에게서 하나님의 하시는 일을 나타내고자 하심이니라"라고 말씀하셨습니다. 그러면서 "때가 아직 낮이매 나를 보내신 이의 일을 우리가 하여야 하리라 밤이 오리니 그때는 아무도 일할 수 없느니라 내가 세상에 있는 동안에는 세상의 빛이로라"라고 말씀하셨습니다. 이 말씀을 통해 볼 때 하나님의 하시는 일은 소경된 사람의 눈을 뜨게 하는 것이며 예수님은 그 일을 하려고 오셨다는 것을 알 수 있습니다. 그러면 예수님이 육신의 눈이 어두워서 보지 못하는 자들을 고쳐주시려고 오셨다고 생각할 수 있습니다. 물론 병을 고침 받는 일이 없다는 말은 아닙니다. 그러나 예수님이 하시는 하나님의 일은 빛이 없는 자들에게 빛을 주시는 일입니다. 그래야 사람 속에 있는 어두움이 물러가고 사람이 빛이 될 수 있습니다.

> "39 예수께서 가라사대 내가 심판하러 이 세상에 왔으니 **보지 못하는 자들은 보게 하고 보는 자들은 소경되게 하려 함이라** 하시니 40 바리새인 중에 예수와 함께 있던 자들이 이 말씀을 듣고 가로되 우리도 소경인가 41 예수께서 가라사대 너희가 소경되었더면 죄가 없으려니와 본다고 하니 너희 죄가 그저 있느니라" (요9:39-41)

예수님이 날 때부터 소경된 자를 고치신 후에 예수님과 함께 있던 바리새인들과 대화하시면서 "내가 심판하러 이 세상에 왔으니 보지 못하는 자들은 보게 하고 보는 자들은 소경되게 하려 함이라"라고 하셨는데 보지 못하는 자들은 보게 한다고 하신 것은 빛이 없는 자들에게 빛을 주시겠다는 뜻이고 보는 자들은 소경되게 하려 하신다고 한 것은 소경이면서도 곧 빛이 없으면서도 소경이 아니라고 하는 자들이 소경임을 깨달아 알게 하신다는 뜻입니다. 이 뜻이 확실한 것은 이어지는 대화에서 바리새인들이 "우리도 소경인가"라고 했을 때 예수님께서 "너희가 소경 되었더면 죄가 없으려니와 본다고 하니 너희 죄가 그저 있느니라"라고 말씀하셨기 때문입니다. 바리새인들이 빛이 없는 소경임에도 자기가 소경인 줄 알지 못하고 있으므로 빛을 구하지 않는다고 말씀하신 것입니다. 자기가 소경임을 아는 자들은 간절히 보기를 원하고 빛을 바라지만 자기가 소경이 아니라고 하는 자들은 빛이 필요 없다고 하는 자들입니다. 이런 사람들은 스스로 소경이 아니라고 믿으므로 내게는 그리스도가 필요 없다고 하는 것과 같습니다.

> "35 예수께서 가라사대 아직 잠시 동안 빛이 너희 중에 있으니 빛이 있을 동안에 다녀 어두움에 붙잡히지 않게 하라 어두움에 다니는 자는 그 가는 바를 알지 못하느니라 36 너희에게 아직 **빛이 있을 동안에 빛을 믿으라 그리하면 빛의 아들이 되리라** 예수께서 이 말씀을 하시고 저희를 떠나가서 숨으시니라" (요12:35-36)

예수님이 빛이 잠시 동안 너희 중에 있다고 말씀하시면서 빛이 있을 동안에 다녀야 어두움에 붙잡히지 않고 빛이 있을 동안에 빛을 믿어야 빛의 아들이 될 수 있다고 말씀하셨습니다. 빛이 잠시 동안 있다는 뜻은 사람들이 믿음으로 빛의 아들이 될 수 있는 것이 잠시 동안이라는 뜻입니다. 야고보서 4장 14절에 사람에 대하여 잠깐 보이다가 없어지는 안개라고 했습니다. 사람이 육체를 입고 사는 동안 믿어서 빛의 아들이 되지 못하면 영원토록 불과 유황으로 타는 못에 들어가서 고통을 받는다고 했습니다.(계21:8) 빛의 아들이 된다는 것은 하나님 아버지의 아들이 된다는 것입니다.(약1:17)

> "9 예수께서 대답하시되 낮이 열두 시가 아니냐 사람이 낮에 다니면 이 세상의 빛을 보므로 실족하지 아니하고 10 밤에 다니면 **빛이 그 사람 안에 없는 고로 실족하느니라**" (요11:9-10)

예수님은 낮에 다니는 것과 밤에 다니는 것에 대하여 말씀하시면서 밤에 다니면 빛이 그 사람 안에 없으므로 실족한다고 말씀하셨습니다. 이것은 세상에 존재하는 낮과 밤을 말씀하신 것이 아니라 빛이 없는 자는 밤이고 있는 자는 낮이라는 말씀입니다. 하나님의 나라는 밤이 없는 곳입니다.(계21:25) 곧 어두움이 하나도 없고 죄가 하나도 없는 곳입니다. 믿는 자들이 어두움이 하나도 없고 죄가 하나도 없는 상태가 되어야 함을 말씀하신 것입니다.

> "우리가 저에게서 듣고 너희에게 전하는 소식이 이것이니 곧 **하나님은 빛이시라** 그에게는 어두움이 조금도 없으시니라" (요일1:5)

하나님은 어두움이 조금도 없는 분입니다. 우리가 하나님의 아들, 곧 빛의 아들이 되었다면 우리에게도 어두움이 조금도 없어야 합니다. 빛이 없는 자들은 어두움입니다. 그러나 빛이신 그리스도께서 믿는 자들 안에 들어오시면 믿는 자들도 빛이 될 수 있습니다. 그래서 예수님은 너희가 세상의 빛이라고 말씀하셨습니다.

> "14 **너희는 세상의 빛이라** 산 위에 있는 동네가 숨기우지 못할 것이요 15 사람이 등불을 켜서 말 아래 두지 아니하고 등경 위에 두나니 이러므로 집 안 모든 사람에게 비취느니라 16 이같이 너희 빛을 사람 앞에 비취게 하여 저희로 너희 착한 행실을 보고 하늘에 계신 너희 아버지께 영광을 돌리게 하라" (마5:14-16)

너희가 세상의 빛이므로 너희 빛을 사람 앞에 비취게 하여 너희의 착한 행실을 본 사람들로 하나님 아버지께 영광을 돌리게 하라고 하셨습니다. 사람이 사람 앞에 빛을 비춘다는 것은 선(善)을 나타낸다는 것입니다. 사람에게는 선(善)이 조금도 없는데 어떻게 선(善)을 나타낼 수 있습니까? 선(善) 자체이신 그리스도를 얻어서 선(善)을 나타낼 수 있습니다.

> "우리는 그의 만드신 바라 **그리스도 예수 안에서 선한 일을 위하여 지으심을 받은 자니** 이 일은 하나님이 전에 예비하사 우리로 그 가운데서 행하게 하려 하심이니라" (엡2:10)

하나님이 사람을 그리스도 예수 안에서 선한 일을 위하여 지으셨다고 말씀하시고 우리로 그 가운데에서 행하게 하신다고 했습니다.

> "너희 속에 착한 일을 시작하신 이가 **그리스도 예수의 날까지 이루실 줄을** 우리가 확신하노라" (빌1:6)

> "9 내가 기도하노라 너희 사랑을 지식과 모든 총명으로 점점 더 풍성하게

하사 10 너희로 지극히 선한 것을 분별하며 또 진실하여 허물 없이 그리스도의 날까지 이르고 11 **예수 그리스도로 말미암아 의의 열매가 가득하여 하나님의 영광과 찬송이 되게 하시기를 구하노라**"(빌1:9-11)

착한 것이 조금도 없는 사람 속에서 하나님이 착한 일을 시작하셨는데 착한 일의 시작은 그리스도가 사람 안으로 들어오시는 것입니다. 그리스도가 들어온 사람에게 그리스도 예수의 날이 이루어지게 하시는데 그리스도의 날은 믿는 자들이 예수 그리스도로 말미암아 의의 열매가 가득하여 하나님의 영광과 찬송이 되는 것입니다.

"13 그 날에 저희 중 둘이 예루살렘에서 이십오 리 되는 엠마오라 하는 촌으로 가면서 14 이 모든 된 일을 서로 이야기하더라 15 저희가 서로 이야기하며 문의할 때에 예수께서 가까이 이르러 저희와 동행하시나 16 저희의 눈이 가리어져서 그인 줄 알아보지 못하거늘 17 예수께서 이르시되 너희가 길 가면서 서로 주고받고 하는 이야기가 무엇이냐 하시니 두 사람이 슬픈 빛을 띠고 머물러 서더라"(눅24:13-17)
"25 가라사대 미련하고 선지자들의 말한 모든 것을 마음에 더디 믿는 자들이여 26 그리스도가 이런 고난을 받고 자기의 영광에 들어가야 할 것이 아니냐 하시고 27 이에 모세와 및 모든 선지자의 글로 시작하여 모든 성경에 쓴 바 자기에 관한 것을 자세히 설명하시니라 28 저희의 가는 촌에 가까이 가매 예수는 더 가려 하는 것같이 하시니 29 저희가 강권하여 가로되 우리와 함께 유하사이다 때가 저물어 가고 날이 이미 기울었나이다 하니 이에 저희와 함께 유하러 들어가시니라 30 저희와 함께 음식 잡수실 때에 떡을 가지사 축사하시고 떼어 저희에게 주시매 31 **저희 눈이 밝아져 그인 줄 알**

아보더니 예수는 저희에게 보이지 아니하시는지라 (눅24:25-31)

예수님의 부활 후에 엠마오로 가는 두 제자가 있었는데 예수님이 저희에게 오셔서 동행하시나 저희의 눈이 가리어져서 예수신 줄 알아보지 못하였는데 예수님께서 성경에 기록된 자기에 관한 모든 것을 자세히 설명하시므로 저희가 예수님의 말씀을 더 듣고자 하여 강권하여 예수님과 함께 쉴 곳을 찾아 유하러 들어가서 음식을 잡수실 때에 떡을 가지고 축사하시고 저희에게 주었더니 비로소 저희의 눈이 밝아져서 예수님인 줄 알아보았으나 장작 예수님은 저희에게 보이지 않았다고 했습니다. 이 사건이 성경에 기록된 것은 두 가지의 예표(豫表)를 보여주시기 위함입니다. 첫째는 빛으로 오신 예수님을 알게 하기 위함입니다. 처음에 예수님을 알아보지 못한 이유가 "저희의 눈이 가리어져서"라고 했습니다. 여기서 눈이 '가리었다'는 것은 앞을 볼 수 없다는 것이 아니라 저희 속에 빛이 없다는 뜻입니다. 그런데 예수님께서 떡을 떼어 주시니 비로소 예수님을 알아봤다고 했는데 정작 예수님은 그들에게 보이지 않았습니다. 그들이 예수님을 알아볼 수 있게 된 것은 '눈이 밝아져서'라고 했습니다. 빛으로 오신 예수님이 그들 속으로 들어가셔서 빛이 되셨다는 것을 보여주신 것입니다. 그래서 예수님을 알아봤는데 그들에게 보이지 않았다고 한 것입니다. 둘째는 생명의 떡으로 오신 예수님에 대한 예표(豫表)입니다.

"32 예수께서 이르시되 내가 진실로 진실로 너희에게 이르노니 하늘에서 내린 떡은 모세가 준 것이 아니라 오직 내 아버지가 하늘에서 내린 참 떡을 너희에게 주시나니 33 하나님의 떡은 하늘에서 내려 세상에게 생명을 주

> 는 것이니라 34 저희가 가로되 주여 이 떡을 항상 우리에게 주소서 35 예수께서 가라사대 **내가 곧 생명의 떡이니** 내게 오는 자는 결코 주리지 아니할 터이요 나를 믿는 자는 영원히 목마르지 아니하리라" (요6:32-35)

예수님이 하늘에서 내린 생명의 떡이라고 했습니다. 하나님의 떡은 하늘에서 내려 세상을 위해 주시는 생명이라고 했습니다. 그런데 이러한 떡이 따로 있는 것이 아니라 예수님이 바로 생명의 떡이라고 말씀하셨습니다.

> "47 진실로 진실로 너희에게 이르노니 믿는 자는 영생을 가졌나니 48 **내가 곧 생명의 떡이로라** 49 너희 조상들은 광야에서 만나를 먹었어도 죽었거니와 50 이는 하늘로서 내려오는 떡이니 사람으로 하여금 먹고 죽지 아니하게 하는 것이니라 51 나는 하늘로서 내려온 산 떡이니 사람이 이 떡을 먹으면 영생하리라 나의 줄 떡은 곧 세상의 생명을 위한 내 살이로라 하시니라" (요6:47-51)

예수님이 하늘로서 내려오는 산 떡이요, 생명의 떡이라고 하셨습니다. 사람이 이 떡을 먹으면 영생한다고 하셨는데 예수님이 주시는 떡은 곧 세상의 생명을 위한 내 살이라고 하셨습니다.

> "53 예수께서 이르시되 내가 진실로 진실로 너희에게 이르노니 인자의 살을 먹지 아니하고 인자의 피를 마시지 아니하면 너희 속에 생명이 없느니라 54 **내 살을 먹고 내 피를 마시는 자는** 영생을 가졌고 마지막 날에 내가 그를 다시 살리리니 55 내 살은 참된 양식이요 내 피는 참된 음료로다" (요6:53-55)

예수님의 살과 피를 먹는 자가 영생을 얻는다고 말씀하고 있습니다. 예수님의 살과 피를 먹는다는 것은 비유입니다. 사람이 살기 위하여 양식이 필요한 것처럼 사람의 영이 살기 위하여 영의 양식이 필요한데 사람에게 영생을 주는 양식, 곧 생명의 떡이 예수님이시므로 예수님의 살과 피를 먹고 마시라고 한 것입니다. 음식을 먹으면 먹은 사람 안으로 음식이 들어와서 피가 되고 살이 되는 것처럼 생명의 떡이신 예수님을 먹으면 예수님이 그 사람 안으로 들어오셔서 생명이 되신다는 말씀입니다.

4.
믿는 자들 안으로 오시는 그리스도는 믿는 자의 생명이 되십니다

믿는 자들 안으로 오시는 그리스도는 믿는 자의 생명이 되시려고 오셨습니다. 그리스도가 믿는 자의 생명이 되셔야 믿는 자들이 하나님의 아들이 될 수 있습니다. 아버지가 아들에게 주시는 생명이 바로 그리스도입니다.

> "1 그러므로 너희가 **그리스도와 함께 다시 살리심을 받았으면 위의 것을 찾으라** 거기는 그리스도께서 하나님 우편에 앉아 계시느니라 2 위의 것을 생각하고 땅의 것을 생각지 말라 3 이는 너희가 죽었고 너희 생명이 그리스도와 함께 하나님 안에 감취었음이니라 4 **우리 생명이신 그리스도께서** 나타나실 그때에 너희도 그와 함께 영광 중에 나타나리라"(골3:1-4)

그리스도와 함께 살리심을 받은 자들에게 땅에 속한 것을 생각하지 말고 위의 것, 곧 하늘에 속한 것을 생각하라고 했습니다. 어떤 자들이 그리스도와 함께 살리심을 받은 자들입니까? 바로 그리스도와 함께 십자가에서 죽었다고 믿는 자들이 그리스도와 함께 다시 살리심을 받은 자들입니다. 그리스도와 함께 다시 살리심을 받았다는 것은 그리스도가 살리심을 받은 자들의 생명이 되셨다는 말씀입니다. 이 사람들이 그리스도 예수 이름으로 세례를 받은 사람들이며 그리스도로 옷 입은 사람들입니다. 그리스도가 이 사람들의 생명이 되셨기 때문에 믿음으로 그리스도 예수 안에서 하나님의 아들이 된 것입니다.

> "3 무릇 그리스도 예수와 합하여 세례를 받은 우리는 그의 죽으심과 합하여 세례받은 줄을 알지 못하느뇨 4 그러므로 **우리가 그의 죽으심과 합하여 세례를 받음으로 그와 함께 장사되었나니** 이는 아버지의 영광으로 말미암아 그리스도를 죽은 자 가운데서 살리심과 같이 우리로 또한 **새 생명 가운데서 행하게 하려 함이니라** 5 만일 우리가 그의 죽으심을 본받아 연합한 자가 되었으면 또한 그의 부활을 본받아 연합한 자가 되리라 6 우리가 알거니와 우리 옛 사람이 예수와 함께 십자가에 못 박힌 것은 죄의 몸이 멸하여 다시는 우리가 죄에게 종노릇 하지 아니하려 함이니 7 이는 **죽은 자가 죄에서 벗어나 의롭다 하심을 얻었음이라** 8 만일 우리가 그리스도와 함께 죽었으면 또한 그와 함께 살 줄을 믿노니 9 이는 그리스도께서 죽은 자 가운데서 사셨으매 다시 죽지 아니하시고 사망이 다시 그를 주장하지 못할 줄을 앎이로라" (롬6:3-9)
>
> "26 너희가 다 믿음으로 말미암아 **그리스도 예수 안에서 하나님의 아들이 되었으니** 27 누구든지 그리스도와 합하여 세례를 받은 자는 그리스도로 옷 입었느니라" (갈3:26-27)

믿음으로 말미암아 그리스도 예수 안에서 하나님의 아들이 될 수 있습니다. 그리스도 예수 안에서 하나님의 아들이 된다는 것은 그리스도가 믿는 자 안에 들어오시면 믿는 자들이 그리스도와 하나가 되고 그리스도 안에 있다는 말씀입니다. 예수님이 우리와 같은 육체를 가진 사람이셨을 때에 아버지가 예수님 안에 계셨는데 예수님은 이때 아버지와 나는 하나라고 말씀하시면서 나는 아버지 안에 있고 아버지는 내 안에 계신다고 말씀하셨습니다.

> "나와 아버지는 **하나이니라** 하신대" (요10:30)
> "6 예수께서 가라사대 **내가 곧 길이요 진리요 생명이니** 나로 말미암지 않고는 아버지께로 올 자가 없느니라 7 너희가 나를 알았더면 내 아버지도 알았으리로다 이제부터는 너희가 그를 알았고 또 보았느니라 8 빌립이 가로되 주여 아버지를 우리에게 보여 주옵소서 그리하면 족하겠나이다 9 예수께서 가라사대 빌립아 내가 이렇게 오래 너희와 함께 있으되 네가 나를 알지 못하느냐 나를 본 자는 아버지를 보았거늘 어찌하여 아버지를 보이라 하느냐 10 나는 아버지 안에 있고 아버지는 내 안에 계신 것을 네가 믿지 아니하느냐 내가 너희에게 이르는 말이 스스로 하는 것이 아니라 아버지께서 내 안에 계셔 그의 일을 하시는 것이라 11 **내가 아버지 안에 있고 아버지께서 내 안에 계심을 믿으라** 그렇지 못하겠거든 행하는 그 일을 인하여 나를 믿으라" (요14:6-11)

예수님은 아버지를 보여주라고 말하는 빌립에게 나를 본 자는 아버지를 보았다고 말씀하셨습니다. 예수님이 하시는 일은 예수님 안에 아버지가 계셔서 아버지의 일을 하시는 것이므로 예수님을 보고 아버지를 믿지 못하겠거든 예수님의 하시는 일을 보고 믿으라고 하셨습니다. 이러한 상태가 바로 예수님이 아버지 안에 아버지가 예수님 안에 계시는 상태입니다. 믿는 자들도 똑같습니다. 육체를 입고 있는 믿는 자 속에 영이신 그리스도께서 들어오시면 그리스도는 볼 수 없지만 이제 믿는 자가 하는 일은 그리스도의 일이 되는 것입니다. 그래서 예수님이 "나는 아버지 안에 있고 아버지는 내 안에 계신다"라고 말씀하신 것처럼 "나는 그리스도 안에 있고 그리스도는 내 안에 계신다"라고 말할 수 있는 것입니다. 이 사람이 그리스도 예수 안에서 하나님의 아들이 된 사람입니다.

> "6 **너희가 아들인 고로 하나님이 그 아들의 영을 우리 마음 가운데 보내사 아바 아버지라 부르게 하셨느니라 7 그러므로 네가 이 후로는 종이 아니요 아들이니 아들이면 하나님으로 말미암아 유업을 이을 자니라**" (갈4:6-7)

아들의 영을 받은 자들이 하나님의 아들입니다. 아들의 영이 바로 그리스도입니다. 그리스도가 영으로 믿는 자의 영에 들어오시면 그리스도가 믿는 자의 생명이 되시고 그리스도가 믿는 자의 생명이 되셨기 때문에 믿는 자들이 하나님의 아들이 되는 것입니다.

> "3 찬송하리로다 하나님 곧 우리 주 예수 그리스도의 아버지께서 그리스도 안에서 하늘에 속한 모든 신령한 복으로 우리에게 복 주시되 4 곧 창세 전에 그리스도 안에서 우리를 택하사 우리로 사랑 안에서 그 앞에 거룩하고 흠이 없게 하시려고 5 그 기쁘신 뜻대로 우리를 예정하사 **예수 그리스도로 말미암아 자기의 아들들이 되게 하셨으니** 6 이는 그의 사랑하시는 자 안에서 우리에게 거저 주시는 바 그의 은혜의 영광을 찬미하게 하려는 것이라"
> (엡1:3-6)

창세 전에 하나님께서 세우신 하나님의 경륜이 있는데 그리스도 안에서 믿는 자들을 택하시고 그 앞에 거룩하고 흠이 없게 하시려고 그 기쁘신 뜻대로 믿는 자들을 예정(豫定)하사 곧 예수 그리스도로 말미암아 자기의 아들들이 되게 하시는 것입니다. 믿는 자들이 어떻게 예수 그리스도로 말미암아 하나님의 아들이 될 수 있습니까? 믿는 자 속에 예수 그리스도를 주셔서 믿는 자들이 하나님의 아들들이 되게 하십니다.

"너희가 믿음에 있는가 너희 자신을 시험하고 너희 자신을 확증하라 **예수 그리스도께서 너희 안에 계신 줄을 너희가 스스로 알지 못하느냐 그렇지 않으면 너희가 버리운 자니라**" (고후13:5)

예수 그리스도께서 자기 안에 계신 것을 스스로 알지 못하는 자들은 버리운 자라고 했습니다. 바꿔 말하면 예수 그리스도께서 자기 안에 계신 것을 스스로 알아야 구원받은 자라는 뜻입니다. 만세와 만대로부터 감춰왔던 비밀이 있는데 이 비밀은 바로 믿는 자 안에 그리스도가 계시는 것이라고 했습니다.

"26 이 비밀은 만세와 만대로부터 옴으로 감취었던 것인데 이제는 그의 성도들에게 나타났고 27 하나님이 그들로 하여금 이 비밀의 영광이 이방인 가운데 어떻게 풍성한 것을 알게 하려 하심이라 **이 비밀은 너희 안에 계신 그리스도시니 곧 영광의 소망이니라**" (골1:26-27)

이제는 만세와 만대로부터 감춰왔던 비밀이 더 이상 비밀이 아닙니다. 이 비밀이 성도(聖徒)들에게 나타났고 성도(聖徒)들 안에 그리스도가 들어와 계시기 때문입니다. 교회를 다니는 사람들이 성도(聖徒)가 아닙니다. 거룩함을 얻어서 거룩하게 된 사람들이 성도(聖徒)입니다. 성도(聖徒)는 그리스도가 자기 안에 계신 것을 아는 자들이며 말 그대로 거룩한 무리입니다. 거룩하지 않은 자들이 거룩하신 그리스도를 얻어서 거룩한 존재, 곧 성도(聖徒)가 되는 것입니다.

> "9 그 후에 말씀하시기를 보시옵소서 내가 하나님의 뜻을 행하러 왔나이다 하셨으니 **그 첫 것을 폐하심은 둘째 것을 세우려 하심이니라** 10 이 뜻을 좇아 예수 그리스도의 몸을 단번에 드리심으로 말미암아 우리가 거룩함을 얻었노라"(히10:9-10)

예수 그리스도의 몸을 단번에 드리심으로 우리가 거룩함을 얻었다고 했습니다. 예수님이 십자가에 달려 죽은 것을 믿음으로 거룩함을 얻는 것이 아닙니다. 거룩함이신 그리스도가 믿는 자 안에 들어오셔야 거룩함을 얻은 것입니다.

> "너희는 하나님께로부터 나서 그리스도 예수 안에 있고 **예수는 하나님께로서 나와서 우리에게 지혜와 의로움과 거룩함과 구속함이 되셨으니**"(고전1:30)

하나님께로서 나오신 그리스도께서 우리에게 지혜와 의로움과 거룩함과 구속함이 되셨습니다. 그리스도께서 어디에서 어떻게 지혜와 의로움과 거룩함과 구속함이 되십니까? 바로 믿는 내 안에서 지혜도 되시고 의로움도 되시고 거룩함과 구속함도 되십니다. 지혜와 의로움과 거룩함과 구속함은 다 생명의 속성입니다. 그리스도께서 믿는 자의 생명이 되시면, 곧 믿는 자가 그리스도를 생명으로 얻으면 이것은 다 그리스도 안에 있는 것이므로 다 얻는 것입니다. 그리스도는 하나님이 믿는 자들에게 주시는 모든 것입니다. 그래서 그리스도를 얻으면 다 얻는 것이요, 잃으면 다 잃는 것입니다.

> "7 우리가 **이 보배를 질그릇에 가졌으니** 이는 능력의 심히 큰 것이 하나님께 있고 우리에게 있지 아니함을 알게 하려 함이라 8 우리가 사방으로 우겨쌈을 당하여도 싸이지 아니하며 답답한 일을 당하여도 낙심하지 아니하며 9 핍박을 받아도 버린 바 되지 아니하며 거꾸러뜨림을 당하여도 망하지 아니하고 10 우리가 항상 예수 죽인 것을 몸에 짊어짐은 **예수의 생명도 우리 몸에 나타나게 하려 함이라** 11 우리 산 자가 항상 예수를 위하여 죽음에 넘기움은 **예수의 생명이 또한 우리 죽을 육체에 나타나게 하려 함이니라**" (고후4:7-11)

보배를 질그릇에 가졌다고 했습니다. 질그릇은 흙으로 지음 받은 사람이고 보배는 그리스도입니다. 그리스도를 생명으로 얻은 사람은 자기 몸에서 또한 죽을 육체에서 예수의 생명이 나타나야 한다고 말씀하고 있습니다. 예수의 생명이 바로 그리스도입니다. 예수의 생명이 나타나는 사람은 예수가 된 사람입니다. 그래서 예수 그리스도로 말미암아 예수와 똑같은 하나님의 아들들을 얻으시는 것이 하나님의 경륜(經綸)입니다.

> "그러나 이제 **그리스도께서 죽은 자 가운데서 다시 살아 잠자는 자들의 첫 열매가 되셨도다**" (고전15:20)

> "그가 그 조물 중에 **우리로 한 첫 열매가 되게 하시려고** 자기의 뜻을 좇아 진리의 말씀으로 우리를 낳으셨느니라" (약1:18)
>
> "이뿐 아니라 또한 우리 곧 **성령의 처음 익은 열매를 받은 우리까지도** 속으로 탄식하여 양자될 것 곧 우리 몸의 구속을 기다리느니라" (롬8:23)

그리스도께서 죽은 자 가운데서 다시 살아 첫 열매가 되셨는데 믿는 자들을 또 첫 열매가 되게 하신다고 했습니다. 이미 그리스도께서 첫 열매가 되셨다면 믿는 자들은 둘째 열매, 셋째 열매라고 해야 하는데 그리스도와 똑같이 첫 열매가 되게 하신다고 했습니다. 어떻게 믿는 자들을 첫 열매가 되게 하십니까? 바로 첫 열매이신 그리스도를 믿는 자들에게 주셔서 믿는 자들도 그리스도와 똑같이 첫 열매가 되게 하시는 것입니다. 이것이 창세 전에 세우신 하나님의 경륜(經綸)입니다. 하나님의 경륜이 이루어지려면 반드시 그리스도가 믿는 자의 생명이 되셔야 합니다. 그리스도는 믿는 자들의 생명이 되시려고 믿는 자 안으로 오십니다.

제5장

예수님은 사흘 만에 살아나신 것이 아니라 그날 낙원으로 가셨습니다

1.
예수님은 우편 강도와 함께
그날 낙원으로 가셨습니다

　예수님이 십자가에 못 박혀 죽으시고 예수님의 육체가 삼일 만에 부활하셨다고 믿는 것이 지금 교회에서 전해지고 있는 부활에 대한 교리입니다. 서두에서도 언급했듯이 예수님의 부활은 육체의 부활이 아닙니다. 만약 예수님이 육체로 부활하셨다면 예수님은 아버지 안으로 가실 수가 없고 또 아버지 안으로 가실 수가 없으므로 아버지께로부터 믿는 자들 안으로 오실 수도 없습니다. 예수님이 믿는 자들 안으로 들어오시지 않으면 하나님의 경륜이 이루어질 수가 없습니다. 믿는 자들이 아버지 하나님의 생명을 받을 길이 없기 때문입니다. 계속해서 강조하지만 아버지와 아들은 생명의 관계입니다. 생명을 주시는 분은 아버지이시고 생명을 받은 존재가 아들이 되는 것입니다. 하나님 아버지께서 믿는 자들에게 하나님의 아들들이 되게 하시려고 생명을 주시는데 그 생명이 바로 그리스도입니다. 그리스도가 안에 있는 자들은 아버지의 생명을 받았으므로 하나님의 아들이 되는 것이요, 그리스도가 없는 자들은 교회를 다녀도 생명이 없으므로 하나님의 아들이 아닙니다. 성경에 예수님 다음으로 하나님 아버지의 생명을 받아서 가장 먼저 하나님의 아들이 된 사람이 있습니다. 바로 예수님과 함께 십자가에 못 박힌 우편 강도입니다.

> "39 달린 행악자 중 하나는 비방하여 가로되 네가 그리스도가 아니냐 너와 우리를 구원하라 하되 40 하나는 그 사람을 꾸짖어 가로되 네가 동일한 정죄를 받고서도 하나님을 두려워 아니하느냐 41 우리는 우리의 행한 일에 상당한 보응을 받는 것이니 이에 당연하거니와 이 사람의 행한 것은 옳지 않은 것이 없느니라 하고 42 가로되 **예수여 당신의 나라에 임하실 때에 나를 생각하소서** 하니 43 예수께서 이르시되 내가 진실로 네게 이르노니 **오늘 네가 나와 함께 낙원에 있으리라** 하시니라" (눅23:39-43)

우편 강도가 예수님께 "당신의 나라에 임하실 때에 나를 생각하소서"라고 말했는데 예수님께서 "내가 진실로 네게 이르노니 오늘 네가 나와 함께 낙원에 있으리라"라고 말씀하셨습니다. 강도가 낙원에 가는데 예수님이 함께 가신다고 말씀하셨고 십자가에 못 박히신 그날 바로 '오늘' 가신다고 말씀하셨습니다. 그렇다면 예수님이 십자가에 죽은 그날 어떻게 강도와 함께 낙원에 있을 수 있을까요? 이 일이 어떻게 가능할 수 있는지 알려면 먼저 구원이 무엇인지 성경대로 확실하게 알아야 합니다. 신약의 구원은, 곧 예수 그리스도의 십자가 이후에 구원은 하나님의 아들이 되는 것입니다. 하나님의 아들이 되려면 하나님 아버지의 생명을 받아야 합니다. 하나님 아버지께서 아들에게 주시는 생명이 그리스도입니다. 즉 그리스도가 믿는 자 안으로 들어오시는 것이 구원입니다. 그리스도께서 믿는 자 안에 들어오시려면 십자가에 죽으시고 그 영이 살리심을 받아서 아버지 안으로 가셨다가 아버지 안에서 그리스도가 많은 열매를 맺으셔야 하고 많은 열매가 맺어진 그리스도가 믿는 자 안으로 다시 들어오셔야 합니다. 반드시 이 과정을 거쳐서 하나님 아버지께서 주시는 생명(그리스도)을 얻어야 하나님의 아들이 될 수 있습니다.

> "28 이 후에 예수께서 모든 일이 이미 이룬 줄 아시고 성경으로 응하게 하려 하사 가라사대 내가 목마르다 하시니 29 거기 신 포도주가 가득히 담긴 그릇이 있는지라 사람들이 신 포도주를 머금은 해융을 우슬초에 매어 예수의 입에 대니 30 예수께서 신 포도주를 받으신 후 가라사대 다 이루었다 하시고 머리를 숙이시고 영혼이 돌아가시니라 31 이 날은 예비일이라 유대인들은 그 안식일이 큰 날이므로 그 안식일에 시체들을 십자가에 두지 아니하려 하여 빌라도에게 그들의 다리를 꺾어 시체를 치워 달라 하니 32 군병들이 가서 예수와 함께 못 박힌 첫째 사람과 또 그 다른 사람의 다리를 꺾고 33 **예수께 이르러는 이미 죽은 것을 보고 다리를 꺾지 아니하고** 34 그 중 한 군병이 창으로 **옆구리를 찌르니 곧 피와 물이 나오더라**" (요19:28-34)

예수님과 함께 죽은 우편 강도 안에 그리스도가 들어가셨기 때문에 우편 강도는 하나님의 아들로 구원받아 낙원에 갔습니다. 예수님의 영혼이 먼저 돌아가셨기 때문에 강도 안에 그리스도께서 들어가실 수가 있었습니다. 십자가에 못 박히신 날이 안식일의 예비일이므로 유대인들이 그들의 다리를 꺾어 시체를 치워달라고 빌라도에게 요구하였는데 군병들이 가서 아직 죽지 않은 두 강도의 다리는 꺾었고 예수님은 이미 죽었으므로 다리를 꺾지 않았다고 했습니다. 이 말씀을 근거로 예수님이 강도보다 먼저 돌아가셨다는 것을 알 수 있습니다. 이 사실이 중요한 이유는 예수님이 십자가에 달려 죽은 후에야 하나님의 아들이 나올 수 있기 때문입니다. 만약 우편 강도가 먼저 죽고 예수님이 나중에 돌아가셨다면 우편 강도는 절대로 하나님의 아들이 될 수 없습니다. 하나님 아버지의 생명을 받을 길이 없기 때문입니다. 예수님보다 먼저 와서 주의 길을 예비하는 자의 사명을 받은 세례 요한이 하나님의 아들로 구원받지 못한 이유는 예수님보다 먼저 죽었기 때문입니다. 물론 세례 요한이 구약의 구원은 받았습니다. 구약 시대에는 하나님의 아들이 아니라 종으로 구원을 받았습니다. 오직 여호와 하나님만이 천상천하의 한 분 하나님이시라고 믿었으면 유대인이든지 이방인이든지 종이든지 누구든지 구원을 받을 수 있었습니다.

> "내가 진실로 너희에게 말하노니 여자가 낳은 자 중에 세례 요한보다 큰 이가 일어남이 없도다 그러나 **천국에서는 극히 작은 자라도 저보다 크니라**"
> (마11:11)

예수님께서 여자가 낳은 자 중에 세례 요한이 가장 큰 자라고 하셨는데 천국에서는 극히 작은 자라도 세례 요한보다 크다고 말씀하셨습니다. 이 말씀대로 천국에서는 세례 요한보다 예수님과 함께 십자가에 못 박혀 죽은 우편 강도가 더 큰 자입니다. 우편 강도는 하나님 아버지의 생명을 받아서 하나님의 아들이 되었기 때문입니다. 신약 성경에는 있는데 구약 성경에는 없는 단어가 있습니다. '**천국, 복음, 교회, 부활, 거듭남**', 이 다섯 가지는 신약 성경에만 있고 구약 성경에는 없습니다. 천국과 복음과 교회와 부활과 거듭남은 다 예수 그리스도가 오심으로 이루어지는 것들입니다. 예수님이 공생애를 시작하시면서 가장 먼저 전파하신 말씀이 있습니다.

> "이때부터 예수께서 비로소 전파하여 가라사대 회개하라 **천국이 가까왔느니라** 하시더라" (마4:17)

요한의 잡힘을 들으신 후에 예수님이 비로소 천국에 대하여 전파하셨는데 "회개하라 천국이 가까웠느니라"라고 말씀하셨습니다. 이는 세례 요한이 유대 광야에서 전파했던 것과 똑같은 말씀이었습니다.

> "1 그 때에 세례 요한이 이르러 유대 광야에서 전파하여 가로되 2 회개하라 **천국이 가까왔느니라** 하였으니 3 저는 선지자 이사야로 말씀하신 자라 일렀으되 광야에 외치는 자의 소리가 있어 가로되 너희는 주의 길을 예비하라 그의 첩경을 평탄케 하라 하였느니라" (마3:1-3)

예수님이 오시기 전까지 천국은 없었습니다. 그런데 예수님이 오셔서 천국이 가까워졌습니다. 그리고 예수님이 십자가에 죽으신 후에 천국이 이루어졌습니다. 이렇게 말하면 의아하게 생각하는 분들이 많이 있을 것입니다. 그러나 이것이 성경이 말씀하는 바입니다.

> "20 바리새인들이 하나님의 나라가 어느 때에 임하나이까 묻거늘 예수께서 대답하여 가라사대 하나님의 나라는 볼 수 있게 임하는 것이 아니요 21 또 여기 있다 저기 있다고도 못하리니 **하나님의 나라는 너희 안에 있느니라**" (눅17:20-21)

바리새인들이 예수님께 "하나님의 나라가 어느 때에 임하나이까?"라고 물었는데 "하나님의 나라는 볼 수 있게 임하는 것이 아니요 또 여기 있다 저기 있다고도 못하리니 하나님의 나라는 너희 안에 있느니라"라고 말씀하셨습니다. 하나님 나라가 곧 천국입니다.

> "대답하여 가라사대 **천국의 비밀을 아는 것이** 너희에게는 허락되었으나 저희에게는 아니 되었나니" (마13:11)
>
> "이르시되 **하나님 나라의 비밀을** 너희에게는 주었으나 외인에게는 모든 것을 비유로 하나니" (막4:11)
>
> "가라사대 **하나님 나라의 비밀을 아는 것이** 너희에게는 허락되었으나 다른 사람에게는 비유로 하나니 이는 저희로 보아도 보지 못하고 들어도 깨닫지 못하게 하려 함이니라" (눅8:10)

똑같은 사건, 똑같은 내용인데 마태복음에는 천국의 비밀이라고 하셨고 마가복음과 누가복음에는 하나님 나라의 비밀이라고 했습니다. 천국과 하나님 나라가 같다는 것을 알 수 있습니다. 예수님이 말씀하신 하나님 나라, 곧 천국은 죽어서 가는 장소가 아닙니다. 믿을 때 믿는 자들 안에 이루어지는 나라입니다. 그 나라는 그리스도가 믿는 자 안에 들어오시면 이루어지는 나라입니다. 그래서 천국이 가까왔다고 말씀하신 것입니다. 지금까지 살펴본 내용들을 근거로 강도 속에 하나님 나라가 이루어졌고 그 나라는 그리스도가 강도 안에 들어가심으로 이루어진 것입니다. 그래서 예수님은 우편 강도에게 오늘 네가 나와 함께 낙원에 있게 될 것이라고 말씀하신 것입니다.

2.
성경의 숫자는 상태이므로
삼일은 날이 아니라 상태를 말하는 것입니다

1) 그리스도는 제 삼일에 완전하여지고 믿는 자들은 제 삼일에 살리심을 받습니다

성경에 있는 숫자를 본래 가지고 있는 수(數)의 개념으로만 보면 영적인 말씀의 뜻을 이해할 수가 없습니다. 성경에 기록된 숫자는 본래의 뜻과 영적인 뜻을 반드시 같이 살펴보아야 합니다.

> "31 곧 그 때에 어떤 바리새인들이 나아와서 이르되 나가서 여기를 떠나소서 헤롯이 당신을 죽이고자 하나이다 32 가라사대 가서 저 여우에게 이르되 오늘과 내일 내가 귀신을 쫓아내며 병을 낫게 하다가 **제 삼일에는 완전하여지리라** 하라 33 그러나 오늘과 내일과 모레는 내가 갈 길을 가야 하리니 선지자가 예루살렘 밖에서는 죽는 법이 없느니라" (눅13:31-33)

헤롯이 예수님을 죽이고자 한다는 말을 들으신 예수님이 "가서 저 여우에게 이르되 오늘과 내일 내가 귀신을 쫓아내며 병을 낫게 하다가 제 삼일에는 완전하여지리라"라고 말씀하셨습니다. 예수님이 완전해지는 때를 제 삼일이라고 하셨는데 오늘날 교회들에서 전해지는 복음의 내용을 보면 이 삼일을 예수님이 십자가에서 죽으시고 삼일 만에 부활하신 날이라고 말을 합니다. 만약 그렇게 이 말씀을 이해한다면 오늘은 예수님이 십자가에 달리셔야 하고 내일은 무덤에 계셔야 합니다. 그러나 예수님은 "오늘과 내일은 내가 귀신을 쫓아내며 병을 낫게 한다"라고 하셨습니다. 또 이어지는 누가복음 13장 33절에는 "오늘과 내일과 모레는 내가 갈 길을 가야 한다"라고 말씀하셨습니다. 여기에서 오늘과 내일은 예수님이 아버지의 일을 하셔야 하는 때를 말하고 제 삼일은 예수님이 사망 권세를 이기시고 완전해지는 때를 말하는 것입니다. 예수님이 완전해지는 때는 아버지 안으로 가셨다가 다시 믿는 자들 안으로 오시는 때입니다. 아버지께서 예수님을 세상에 보내신 목적, 곧 예수님이 세상에 오신 목적은 바로 믿는 자들 안으로 오시는 것입니다. 예수님이 믿는 자들 안에 들어오셔야 하나님 아버지께서 천지 만물을 창조하신 목적이 이루어질 수 있습니다. 예수 그리스도로 말미암아 자기의 아들들을 얻으시는 것이 천지 창조의 목적입니다.(엡1:3-6) 예수 그리스도께서 믿는 자들 안으로 들어오셔야 믿는 자들이 하나님의 아들들이 될 수 있습니다.(갈3:26-27) 이것이 사람이 하나님의 아들이 될 수 있는 유일한 길입니다.

"1 오라 우리가 여호와께로 돌아가자 여호와께서 우리를 찢으셨으나 도로 낫게 하실 것이요 우리를 치셨으나 싸매어 주실 것임이라 2 **여호와께서 이틀 후에 우리를 살리시며 제 삼일에 우리를 일으키시리니 우리가 그 앞에 서 살리라** 3 그러므로 우리가 여호와를 알자 힘써 여호와를 알자 그의 나오심은 새벽빛같이 일정하니 비와 같이, 땅을 적시는 늦은 비와 같이 우리에게 임하시리라 하리라"(호6:1-3)

호세아 선지자를 통하여 "여호와께서 우리를 찢으셨으나 도로 낫게 하실 것이요 우리를 치셨으나 싸매어 주실 것임이라 여호와께서 이틀 후에 우리를 살리시며 제 삼일에 우리를 일으키시리니 우리가 그 앞에서 살리라"라고 말씀하셨습니다. 이틀 후에 우리를 살리시며 제 삼일에 우리를 일으키신다고 했습니다. 이틀 후와 삼일은 같습니다. 제 삼일에 우리를 살리시며 일으키신다고 했습니다. 여기서 말씀하신 삼일과 예수님이 완전해지시는 삼일은 같은 날, 곧 같은 상태입니다. 죄로 죽은 사람을 살리시려면 하나님 아버지의 생명을 주셔야 합니다. 아버지께서 믿는 자들에게 아버지의 생명을 예수 그리스도를 통해서 주십니다. 과정을 거치신 그리스도께서 믿는 자들 안에 들어오셔서 살리시는 것입니다. 태초부터 계신 생명의 말씀이신 그리스도께서 말씀이 육신이 되셨고 사람이신 예수님이 십자가에서 피를 흘리시고 죽었는데 예수님의 육체는 그대로 죽임을 당하시고 영으로는 살리심을 받고 살리심을 받은 영이 아버지 안으로 가셨고 아버지 안으로 가신 그리스도께서 많은 열매를 맺었는데 열매가 맺어진 그리스도께서 아버지로부터 믿는 자 안으로 두 번째 오시면 이것이 그리스도께서 과정을 거치신 것입니다. 이렇게 오신 그리스도가 믿는 자의 생명이 되십니다. 죽은 자를 살리려면 생명을 주어야 합니다. 하나님 아버지께서 믿는 자들에게 주시는 생명이 그리스도입니다.

"10 하나님의 아들을 믿는 자는 자기 안에 증거가 있고 하나님을 믿지 아니하는 자는 하나님을 거짓말하는 자로 만드나니 이는 하나님께서 그 아들에 관하여 증거하신 증거를 믿지 아니하였음이라 11 또 증거는 이것이니 **하나님이 우리에게 영생을 주신 것과 이 생명이 그의 아들 안에 있는 그것이니라** 12 아들이 있는 자에게는 생명이 있고 하나님의 아들이 없는 자에게는 생명이 없느니라" (요일5:10-12)

하나님이 우리에게 영생을 주셨는데 이 생명이 하나님의 아들 안에 있다고 했습니다. 그래서 아들이 있는 자에게는 생명이 있고 아들이 없는 자에게는 생명이 없다고 했습니다. 아버지가 주시는 생명이 따로 있는 것이 아니라 그리스도가 바로 생명입니다.

"또 아는 것은 하나님의 아들이 이르러 우리에게 지각을 주사 우리로 참된 자를 알게 하신 것과 또한 우리가 참된 자 곧 그의 아들 예수 그리스도 안에 있는 것이니 **그는 참 하나님이시요 영생이시라**" (요일5:20)

참 하나님이시오, 영생이신 그리스도께서 믿는 자들 안에 들어오시면 믿는 자들이 산 자가 됩니다. 생명을 얻은 자들이 산 자입니다. 죽은 자가 산 자가 되려면 산 자이신 그리스도와 하나가 되어야 합니다. 그래서 그리스도와 함께 죽은 자가 함께 살 수 있습니다.

"3 무릇 그리스도 예수와 합하여 세례를 받은 우리는 그의 죽으심과 합하여 세례받은 줄을 알지 못하느뇨 4 그러므로 **우리가 그의 죽으심과 합하여 세례를 받음으로 그와 함께 장사되었나니** 이는 아버지의 영광으로 말미암아 그리스도를 죽은 자 가운데서 살리심과 같이 우리로 또한 **새 생명 가**

운데서 행하게 하려 함이니라 5 만일 우리가 그의 죽으심을 본받아 연합한 자가 되었으면 또한 그의 부활을 본받아 연합한 자가 되리라 6 우리가 알거니와 우리 옛 사람이 예수와 함께 십자가에 못 박힌 것은 죄의 몸이 멸하여 다시는 우리가 죄에게 종노릇 하지 아니하려 함이니 7 이는 **죽은 자가 죄에서 벗어나 의롭다 하심을 얻었음이니라** 8 만일 우리가 그리스도와 함께 죽었으면 또한 그와 함께 살 줄을 믿노니 9 이는 그리스도께서 죽은 자 가운데서 사셨으매 다시 죽지 아니하시고 사망이 다시 그를 주장하지 못할 줄을 앎이로라 10 그의 죽으심은 죄에 대하여 단번에 죽으심이요 그의 살으심은 하나님께 대하여 살으심이니 11 이와 같이 너희도 **너희 자신을 죄에 대하여는 죽은 자요 그리스도 예수 안에서 하나님을 대하여는 산 자로 여길지어다**" (롬6:3-11)

믿음으로 그리스도와 함께 죽은 자만 함께 살 수 있다고 했습니다. 그리스도께서 죽으신 것은 죄에 대하여 단번에 죽으심이요, 살으심은 하나님께 대하여 살으심이라고 했습니다. 그래서 믿는 자들도 죄에 대하여는 죽은 자요, 그리스도 예수 안에서 하나님을 대하여는 산 자로 여기라고 했습니다. 산 자가 되었다는 것은 생명을 얻었다는 것이고 생명을 얻었다는 것은 그리스도가 믿는 자 안에 들어오셨다는 것입니다.

"1 너희의 허물과 죄로 죽었던 너희를 살리셨도다 2 그 때에 너희가 그 가운데서 행하여 이 세상 풍속을 좇고 공중의 권세 잡은 자를 따랐으니 곧 지금 불순종의 아들들 가운데서 역사하는 영이라 3 전에는 우리도 다 그 가운데서 우리 육체의 욕심을 따라 지내며 육체와 마음의 원하는 것을 하여 다른 이들과 같이 본질상 진노의 자녀이었더니 4 긍휼에 풍성하신 하나님

> 이 우리를 사랑하신 그 큰 사랑을 인하여 5 **허물로 죽은 우리를 그리스도와 함께 살리셨고** (너희가 은혜로 구원을 얻은 것이라) 6 또 함께 일으키사 그리스도 예수 안에서 함께 하늘에 앉히시니 7 이는 그리스도 예수 안에서 우리에게 자비하심으로써 그 은혜의 지극히 풍성함을 오는 여러 세대에 나타내려 하심이니라 8 너희가 그 은혜를 인하여 **믿음으로 말미암아 구원을 얻었나니** 이것이 너희에게서 난 것이 아니요 하나님의 선물이라" (엡2:1-8)

허물과 죄로 죽었던 우리를 살리셨는데 그리스도와 함께 살리셨고 또 함께 일으키사 그리스도 예수 안에서 함께 하늘에 앉히신다고 했습니다. 그리스도와 함께 우리를 살리신 것이 우리가 은혜로 구원을 얻은 것입니다. 제 삼일에 우리를 살리시고 일으키신다고 하신 말씀은 그리스도께서 우리 안에 들어오심으로 이루어집니다. 이것이 그리스도께서 제 삼일에 완전하게 된다는 말씀입니다. 그러므로 제 삼일은 믿는 자들이 살리심을 받은 날이며 그리스도께서 믿는 자 안에 들어오시는 날입니다.

> "21 이때로부터 예수 그리스도께서 자기가 예루살렘에 올라가 장로들과 대제사장들과 서기관들에게 많은 고난을 받고 죽임을 당하고 제 삼일에 살아나야 할 것을 제자들에게 비로소 가르치시니 22 베드로가 예수를 붙들고 간하여 가로되 주여 그리 마옵소서 이 일이 결코 주에게 미치지 아니하리이다 23 예수께서 돌이키시며 베드로에게 이르시되 사단아 내 뒤로 물러가라 너는 나를 넘어지게 하는 자로다 네가 하나님의 일을 생각지 아니하고 도리어 사람의 일을 생각하는도다 하시고 24 이에 예수께서 제자들에게 이르시되 **아무든지 나를 따라오려거든 자기를 부인하고 자기 십자가를 지고 나를 좇을 것이니라**" (마16:21-24)

예수님이 예루살렘에 올라가 장로들과 대제사장들과 서기관들에게 많은 고난을 받고 죽임을 당하고 제 삼일에 살아나야 할 것을 제자들에게 말씀하셨는데 이 말씀을 들은 베드로가 "주여 그리 마옵소서 이 일이 결코 주에게 미치지 아니하리이다"라고 했습니다. 예수님이 베드로에게 다시 말씀하시면서 "사단아 내 뒤로 물러가라 너는 나를 넘어지게 하는 자로다 네가 하나님의 일을 생각지 아니하고 도리어 사람의 일을 생각하는도다"라고 하셨습니다. 만약 누구라도 베드로와 같은 입장이라면 베드로와 같이 예수님을 말렸을 것입니다. 모시던 선생님이 죽으러 간다고 말씀하시는데 그것을 말리지 않을 제자가 어디 있겠습니까? 사람이라면 누구나 베드로와 같이 행동을 했을 것입니다. 그러나 예수님께서는 베드로에게 사단이라고 말씀하시면서 사람의 일을 생각했다고 책망하셨습니다. 물론 베드로가 예수님의 십자가의 죽음이 없이는 구원이 없다는 것을 알았다면 사람의 일을 생각하므로 사단이 되지는 않았을 것입니다. 그러나 베드로가 하나님의 뜻을 깨달아 알게 된 것은 예수님이 죽었다가 제 삼일에 베드로 속에 들어와 살아나신 후에야 비로소 알게 되었습니다. 믿는 자들도 마찬가지입니다. 제 삼일의 상태가 된 사람, 곧 예수님이 십자가에 죽으실 때 나도 함께 죽었다고 믿는 사람들이 하나님의 뜻을 깨달아 알 수 있습니다. 그래서 제 삼일은 예수님이 살아나신 날이며 믿는 자들이 그리스도와 함께 살리심을 받은 날입니다.

2) 성경의 숫자는 상태입니다

성경에 기록된 하나님의 뜻을 바로 이해하려면 말씀의 문자 그대로의 의미는 물론이거니와 반드시 속뜻도 함께 알아야 합니다.

① 숫자 '3'은 완전한 상태를 의미합니다

예수님이 공생애(公生涯)를 시작하신 때의 나이가 삼십 세쯤 되었다고 했습니다. 왜 예수님은 삼십 세에 하나님의 일을 시작하셨을까요?

> "예수께서 가르치심을 시작할 때에 **삼십 세쯤** 되시니라 사람들의 아는 대로는 요셉의 아들이니 요셉의 이상은 헬리요" (눅3:23)

성경에 우연히 그렇게 되는 일은 하나도 없습니다. 모든 일이 하나님의 뜻과 계획 속에서 이루어졌고 이루어지고 있고 앞으로도 이루어질 것입니다.

> "19 여호와께서 모세에게 명하신 대로 그가 시내 광야에서 그들을 계수하였더라 20 이스라엘의 장자 르우벤의 아들들에게서 난 자를 그들의 가족과 종족을 따라 **이십 세 이상으로 싸움에 나갈 만한 각 남자를** 그 명수대로 다 계수하니 21 르우벤 지파의 계수함을 입은 자가 사만 육천오백 명이었더라 22 시므온의 아들들에게서 난 자를 그들의 가족과 종족을 따라 **이십 세 이상으로 싸움에 나갈 만한 각 남자를** 그 명수대로 다 계수하니 23 시므온 지파의 계수함을 입은 자가 오만 구천삼백 명이었더라 24 갓의 아들들에게서 난 자를 그들의 가족과 종족을 따라 **이십 세 이상으로 싸움에**

나갈 만한 자를 그 명수대로 다 계수하니 25 갓 지파의 계수함을 입은 자가 사만 오천육백오십 명이었더라 26 유다의 아들들에게서 난 자를 그들의 가족과 종족을 따라 **이십 세 이상으로 싸움에 나갈 만한 자를** 그 명수대로 다 계수하니 27 유다 지파의 계수함을 입은 자가 칠만 사천육백 명이었더라 28 잇사갈의 아들들에게서 난 자를 그들의 가족과 종족을 따라 **이십 세 이상으로 싸움에 나갈 만한 자를** 그 명수대로 다 계수하니 29 잇사갈 지파의 계수함을 입은 자가 오만 사천사백 명이었더라 30 스불론의 아들들에게서 난 자를 그들의 가족과 종족을 따라 **이십 세 이상으로 싸움에 나갈 만한 자를** 그 명수대로 다 계수하니 31 스불론 지파의 계수함을 입은 자가 오만 칠천사백 명이었더라 32 요셉의 아들 에브라임의 아들들에게서 난 자를 그들의 가족과 종족을 따라 **이십 세 이상으로 싸움에 나갈 만한 자를** 그 명수대로 다 계수하니 33 에브라임 지파의 계수함을 입은 자가 사만 오백 명이었더라 34 므낫세의 아들들에게서 난 자를 그들의 가족과 종족을 따라 **이십 세 이상으로 싸움에 나갈 만한 자를** 그 명수대로 다 계수하니 35 므낫세 지파의 계수함을 입은 자가 삼만 이천이백 명이었더라 36 베냐민의 아들들에게서 난 자를 그들의 가족과 종족을 따라 **이십 세 이상으로 싸움에 나갈 만한 자를** 그 명수대로 다 계수하니 37 베냐민 지파의 계수함을 입은 자가 삼만 오천사백 명이었더라 38 단의 아들들에게서 난 자를 그들의 가족과 종족을 따라 **이십 세 이상으로 싸움에 나갈 만한 자를** 그 명수대로 다 계수하니 39 단 지파의 계수함을 입은 자가 육만 이천칠백 명이었더라 40 아셀의 아들들에게서 난 자를 그들의 가족과 종족을 따라 **이십 세 이상으로 싸움에 나갈 만한 자를** 그 명수대로 다 계수하니 41 아셀 지파의 계수함을 입은 자가 사만 일천오백 명이었더라 42 납달리의 아들들에게서 난 자를 그들의 가족과 종족을 따라 **이십 세 이상으로 싸움에 나갈 만한 자**

를 그 명수대로 다 계수하니 43 납달리 지파의 계수함을 입은 자가 오만 삼천사백 명이었더라 44 이 계수함을 입은 자는 모세와 아론과 각기 이스라엘 종족을 대표한 족장 십이 인이 계수한 자라 45 이같이 이스라엘 자손의 그 종족을 따라 이십 세 이상으로 싸움에 나갈 만한 자가 이스라엘 중에서 다 계수함을 입었으니 46 계수함을 입은 자의 총계가 육십만 삼천오백 오십 명이었더라 47 오직 레위인은 그 조상의 지파대로 그 계수에 들지 아니하였으니 48 이는 여호와께서 모세에게 일러 가라사대 49 레위 지파만은 너는 계수치 말며 그들을 이스라엘 자손 계수 중에 넣지 말고 50 그들로 증거막과 그 모든 기구와 그 모든 부속품을 관리하게 하라 그들은 그 장막과 그 모든 기구를 운반하며 거기서 봉사하며 장막 사면에 진을 칠지며 51 장막을 운반할 때에는 레위인이 그것을 걷고 장막을 세울 때에는 레위인이 그것을 세울 것이요 외인이 가까이 오면 죽일지며 52 이스라엘 자손은 막을 치되 그 군대대로 각각 그 진과 기 곁에 칠 것이나 53 레위인은 증거막 사면에 진을 쳐서 이스라엘 자손의 회중에게 진노가 임하지 않게 할 것이라 레위인은 증거막에 대한 책임을 지킬지니라 하셨음이라 54 이스라엘 자손이 그대로 행하되 여호와께서 모세에게 명하신 대로 행하였더라"

(민1:19-54)

하나님께서 모세에게 명하셔서 애굽에서 나온 이스라엘 백성들을 시내 광야에서 계수(計數)하게 하였는데 각 지파에서 이십 세 이상으로 싸움에 나갈만한 자를 계수(計數)하라고 하셨습니다. 그런데 레위 지파는 이스라엘 자손 계수(計數) 중에 넣지 말라고 하시고 그들에게 성막(증거막)의 일을 맡기셔서 그에 대한 책임을 지키게 하셨습니다. 그리고 레위 지파는 따로 계수(計數)하게 하셨는데 성막의 일을 맡아 할 자들을 삼십 세 이상으로 오십 세까지 모든 자를 계수(計數)하라고 하셨습니다.

> "1 여호와께서 또 모세와 아론에게 일러 가라사대 2 레위 자손 중에서 고핫 자손을 그들의 가족과 종족을 따라 총계할지니 3 곧 **삼십 세 이상으로 오십 세까지** 회막의 일을 하기 위하여 그 역사에 참가할 만한 모든 자를 계수하라" (민4:1-3)
>
> "21 여호와께서 또 모세에게 일러 가라사대 22 게르손 자손도 그 종족과 가족을 따라 총계하되 23 **삼십 세 이상으로 오십 세까지** 회막 봉사에 입참하여 일할 만한 모든 자를 계수하라" (민4:21-23)
>
> "29 너는 므라리 자손도 그 가족과 종족을 따라 계수하되 30 **삼십 세 이상으로 오십 세까지** 회막 봉사에 입참하여 일할 만한 모든 자를 계수하라" (민4:29-30)
>
> "46 모세와 아론과 이스라엘 족장들이 레위인을 그 가족과 종족대로 다 계수하니 47 **삼십 세 이상으로 오십 세까지** 회막 봉사와 메는 일에 입참하여 일할 만한 모든 자 48 곧 그 계수함을 입은 자가 팔천오백팔십 명이라 49 그들이 그 할 일과 멜 일을 따라 모세에게 계수함을 입었으되 여호와께서 모세에게 명하신 대로 그들이 계수함을 입었더라" (민4:46-49)

여호와께서 명하신 대로 모세와 아론과 이스라엘 족장들이 레위 지파를 그 가족과 종족대로 다 계수(計數)하니 삼십 세 이상으로 오십 세까지 회막 봉사와 메는 일에 입참(入參)하여 일할만한 모든 자들이 계수(計數)함을 입었다고 했습니다. 여호와께서 레위 지파를 따로 구별하여 그들로 이스라엘을 대신하게 하시고 또 그들에게 성막의 일을 하게 하셨는데 다른 지파는 이십 세 이상으로 계수함을 입었지만 레위 지파는 삼십 세 이상을 계수하게 하셨습니다. 싸움에 나갈 만한 자들은 이십 세 이상으로 계수(計數)하게 하였는데 성막(성전)의 일을 맡아 할 자들은 삼십 세 이상으로 계수(計數)하게 하신 것에는 하나님의 일을 맡아 할 자들은 완전해야 한다는 하나님의 뜻이 그 안에 들어 있습니다. 이십 세는 일을 잘못하고 삼십 세는 일을 더 잘해서 그런 것이 아닙니다. 숫자는 상태를 말하는데 숫자 '3'은 완전한 상태를 의미합니다. 그래서 성전 일을 맡은 레위 지파를 삼십 세 이상으로 계수(計數)하게 하셨고 예수님도 삼십 세에 공생애(公生涯)를 시작하신 것입니다. 삼십 세에 공생애(公生涯)를 시작하신 예수님은 삼 년 동안 아버지의 일을 하셨고 삼십삼 세에 십자가에 못 박혀 죽었다가 제 삼일에 살아나셨습니다.

② 숫자 '6'은 구원을 의미합니다

성경을 연구하고 요한계시록을 설교하는 많은 신학자나 목사들이 숫자 '6'은 마귀의 수(數)라고 단정(斷定) 지어 말하는 것을 많이 듣고 보았습니다. 이것은 성경을 잘 모르고 하는 말입니다. 숫자 '6'은 마귀가 사용하면 구원을 방해하는 수(數)이지만 하나님이 사용하시면 우리를 구원하시는 수(數)입니다.

> "16 저가 모든 자 곧 작은 자나 큰 자나 부자나 빈궁한 자나 자유한 자나 종들로 그 오른손에나 이마에 표를 받게 하고 17 누구든지 이 표를 가진 자 외에는 매매를 못하게 하니 이 표는 곧 짐승의 이름이나 그 이름의 수라 18 지혜가 여기 있으니 총명 있는 자는 **그 짐승의 수를 세어 보라 그 수는 사람의 수니 육백 육십 륙이니라**" (계13:16-18)

요한계시록 13장에 나오는 짐승의 수(數)는 마귀가 하나님의 일을 방해하는 상태를 의미합니다. '666'이 짐승의 수(數)라고 했습니다. 짐승의 수(數)는 혹자들이 일컫는 바코드나 베리칩을 말하는 것이 아닙니다. 마귀가 잘못된 교리로 하나님 나라를 훼방하고 하나님의 일을 방해하는 것이 '666'입니다. 믿는 자들이 하나님의 말씀을 받아서 하나님이 되어야(요10:34-35) 하는데 그 일을 방해하는 것이 바로 '666'입니다. 다른 예수를 전하고 다른 영을 받게 하므로 하나님의 아들들이 되는 길을 방해하는 것이 '666'입니다.

"1 사흘 되던 날에 갈릴리 가나에 혼인이 있어 예수의 어머니도 거기 계시고 2 예수와 그 제자들도 혼인에 청함을 받았더니 3 포도주가 모자란지라 예수의 어머니가 예수에게 이르되 저희에게 포도주가 없다 하니 4 예수께서 가라사대 여자여 나와 무슨 상관이 있나이까 내 때가 아직 이르지 못하였나이다 5 그 어머니가 하인들에게 이르되 너희에게 무슨 말씀을 하시든지 그대로 하라 하니라 6 거기 유대인의 결례를 따라 두 세 통 드는 **돌항아리 여섯이 놓였는지라** 7 예수께서 저희에게 이르시되 항아리에 물을 채우라 하신즉 아귀까지 채우니 8 이제는 떠서 연회장에게 갖다 주라 하시매 갖다 주었더니 9 연회장은 물로 된 포도주를 맛보고 어디서 났는지 알지 못하되 물 떠온 하인들은 알더라 연회장이 신랑을 불러 10 말하되 사람마다 먼저 좋은 포도주를 내고 취한 후에 낮은 것을 내거늘 그대는 지금까지 좋은 포도주를 두었도다 하니라 11 예수께서 이 처음 표적을 갈릴리 가나에서 행하여 그 영광을 나타내시매 제자들이 그를 믿으니라" (요2:1-11)

갈릴리 가나에서 예수님이 행하신 첫 번째 표적은 물이 변하여 포도주가 되게 하신 것이었습니다. 이 일은 단순히 혼인 잔치에 술이 떨어져서 예수님이 술을 마실 수 있도록 한 것을 기록한 것이 아닙니다. 여기에는 예수님이 하실 일에 대한 예표가 있습니다. 먼저 돌항아리 여섯이 있었는데 이것은 죄인을 구원하러 오신 예수님에 대한 예표입니다. 사람은 질그릇이지만 예수님은 반석입니다. 반석(돌)이신 예수님이 자기 속에 물(말씀)을 가득 채워 오셔서 그 물(말씀)이 포도주(예수님의 피)가 되게 하시고 그 포도주를 먹는 사람들이 구원을 받는 것을 말씀하고 있습니다. 왜 돌항아리가 여섯입니까? 우리를 구원하시는 것이므로 여섯입니다. 그리고 예수님은 물과 피로 임하시는 분입니다.

"5 예수께서 하나님의 아들이심을 믿는 자가 아니면 세상을 이기는 자가 누구뇨 6 이는 물과 피로 임하신 자니 곧 **예수 그리스도시라 물로만 아니요 물과 피로 임하셨고** 7 증거하는 이는 성령이시니 성령은 진리니라 8 증거하는 이가 셋이니 성령과 물과 피라 또한 이 셋이 합하여 하나이니라" (요일5:5-8)

"53 예수께서 이르시되 내가 진실로 진실로 너희에게 이르노니 인자의 살을 먹지 아니하고 인자의 피를 마시지 아니하면 너희 속에 생명이 없느니라 54 **내 살을 먹고 내 피를 마시는 자는 영생을 가졌고** 마지막 날에 내가 그를 다시 살리리니 55 내 살은 참된 양식이요 내 피는 참된 음료로다" (요 6:53-55)

"물은 예수 그리스도의 부활하심으로 말미암아 이제 너희를 구원하는 표니 곧 세례라 육체의 더러운 것을 제하여 버림이 아니요 오직 선한 양심이 하나님을 향하여 찾아가는 것이라" (벧전3:21)

물은 예수님 속에 있는 말씀이며 생명입니다. 그런데 예수님이 십자가에서 피를 흘리심으로 물이 변하여 포도주가 되었습니다. 그래서 예수님의 피를 마시는 자가 영생을 얻는다고 했습니다. 또 물은 예수 그리스도의 부활하심으로 말미암아 이제 우리를 구원하는 표니 곧 세례라고 했습니다. 여기서 말씀하는 세례는 세례 요한이 베풀었던 물세례를 말하는 것이 아닙니다. 성경에는 세례가 하나밖에(엡4:5-6) 없습니다. 믿는 내가 십자가에서 그리스도와 함께 죽었다고 믿는 것이 그리스도의 죽으심과 합하여 받는(롬6:3-4) 세례입니다. 이 세례를 받은 사람만 구원을 받을 수 있습니다.

> "10 이스라엘 자손에게 말하여 그들에게 이르라 너희가 요단을 건너 가나안 땅에 들어가거든 11 너희를 위하여 성읍을 도피성으로 정하여 그릇 살인한 자로 그리로 피하게 하라 12 이는 너희가 보수할 자에게서 도피하는 성을 삼아 살인자가 회중 앞에 서서 판결을 받기까지 죽지 않게 하기 위함이니라 13 너희가 줄 성읍 중에 여섯으로 도피성이 되게 하되 14 세 성읍은 요단 이편에서 주고 세 성읍은 가나안 땅에서 주어 도피성이 되게 하라 15 **이 여섯 성읍은 이스라엘 자손과 타국인과 이스라엘 중에 우거하는 자의 도피성이 되리니** 무릇 그릇 살인한 자가 그리로 도피할 수 있으리라"
>
> (민35:10-15)

여호와께서 이스라엘 백성에게 말씀하시되 너희가 가나안에 들어가면 그릇 살인한 자를 위해 여섯 성읍을 도피성이 되게 하라고 하셨습니다. 살인자를 위한 도피성을 요단 이편에서 세 성읍과 가나안 땅에서 세 성읍을 주어 도피성이 되게 하라고 하셨는데 이 또한 우리를 구원하시는 것에 대한 예표로 기록된 것입니다. 여섯 성읍이 도피성이 되게 하신 것도 우리를 구원하시는 일에 대한 예표이므로 여섯입니다. 숫자 '6'은 마귀가 사용하면 구원을 방해하는 수가 되고 하나님이 사용하시면 우리를 구원하시는 수가 됩니다.

③ 숫자 '12'는 하나님의 일하심의 완성(完成)을 의미합니다
이스라엘 백성이 12지파이고 예수님의 제자가 12입니다.

"2 또 보매 다른 천사가 살아 계신 하나님의 인을 가지고 해 돋는 데로부터 올라와서 땅과 바다를 해롭게 할 권세를 얻은 네 천사를 향하여 큰 소리로 외쳐 3 가로되 우리가 우리 하나님의 종들의 이마에 인치기까지 땅이나 바다나 나무나 해하지 말라 하더라 4 내가 인 맞은 자의 수를 들으니 이스라엘 자손의 각 지파 중에서 인 맞은 자들이 십사만 사천이니 5 유다 지파 중에 인 맞은 자가 일만 이천이요 르우벤 지파 중에 일만 이천이요 갓 지파 중에 일만 이천이요 6 아셀 지파 중에 일만 이천이요 납달리 지파 중에 일만 이천이요 므낫세 지파 중에 일만 이천이요 7 시므온 지파 중에 일만 이천이요 레위 지파 중에 일만 이천이요 잇사갈 지파 중에 일만 이천이요 8 스불론 지파 중에 일만 이천이요 요셉 지파 중에 일만 이천이요 베냐민 지파 중에 인 맞은 자가 일만 이천이라" (계7:2-8)

"1 또 내가 보니 보라 어린 양이 시온 산에 섰고 그와 함께 십사만 사천이 섰는데 그 이마에 어린 양의 이름과 그 아버지의 이름을 쓴 것이 있도다 2 내가 하늘에서 나는 소리를 들으니 많은 물소리도 같고 큰 뇌성도 같은데 내게 들리는 소리는 거문고 타는 자들의 그 거문고 타는 것 같더라 3 저희가 보좌와 네 생물과 장로들 앞에서 새 노래를 부르니 땅에서 구속함을 얻은 십사만 사천인 밖에는 능히 이 노래를 배울 자가 없더라 4 이 사람들은 여자로 더불어 더럽히지 아니하고 정절이 있는 자라 어린 양이 어디로 인도하든지 따라가는 자며 사람 가운데서 구속을 받아 처음 익은 열매로 하나님과 어린 양에게 속한 자들이니 5 그 입에 거짓말이 없고 흠이 없는 자들이더라" (계14:1-5)

하나님의 인 맞은 자의 수가 이스라엘 12지파에서 만 이천 명씩 십사만 사천 명입니다. 이 사람들은 여자로 더불어 더럽히지 아니하고 정절이 있는 자라 어린 양이 어디로 인도하든지 따라가는 자며 사람 가운데서 구속을 받아 처음 익은 열매로 하나님과 어린 양에게 속한 자들이니 그 입에 거짓말이 없고 흠이 없는 자들이라고 했습니다. 하나님과 사람이 연합하여 그 사람 속에서 하나님의 일이 완성된 사람들의 상태가 바로 십사만 사천입니다.

"9 일곱 대접을 가지고 마지막 일곱 재앙을 담은 일곱 천사 중 하나가 나아와서 내게 말하여 가로되 이리 오라 내가 신부 곧 어린 양의 아내를 네게 보이리라 하고 10 성령으로 나를 데리고 크고 높은 산으로 올라가 하나님께로부터 하늘에서 내려오는 거룩한 성 예루살렘을 보이니 11 하나님의 영광이 있으매 그 성의 빛이 지극히 귀한 보석 같고 벽옥과 수정같이 맑더라 12 크고 높은 성곽이 있고 열두 문이 있는데 문에 열두 천사가 있고 그 문들 위에 이름을 썼으니 이스라엘 자손 열두 지파의 이름들이라 13 동편에 세 문, 북편에 세 문, 남편에 세 문, 서편에 세 문이니 14 그 성에 성곽은 열두 기초석이 있고 그 위에 어린 양의 십이 사도의 열두 이름이 있더라 15 내게 말하는 자가 그 성과 그 문들과 성곽을 척량하려고 금 갈대를 가졌더라 16 그 성은 네모가 반듯하여 장광이 같은지라 그 갈대로 그 성을 척량하니 일만 이천 스다디온이요 장과 광과 고가 같더라 17 그 성곽을 척량하매 일백사십사 규빗이니 사람의 척량 곧 천사의 척량이라 18 그 성곽은 벽옥으로 쌓였고 그 성은 정금인데 맑은 유리 같더라 19 그 성의 성곽의 기초석은 각색 보석으로 꾸몄는데 첫째 기초석은 벽옥이요 둘째는 남보석이요 셋째는 옥수요 넷째는 녹보석이요 20 다섯째는 홍마노요 여섯째는 홍보석이요 일곱째는 황옥이요 여덟째는 녹옥이요 아홉째는 담황옥이요 열째는 비취옥이요 열한째는 청옥이요 열둘째는 자정이라 21 그 열두 문은 열두 진주니 문마다 한 진주요 성의 길은 맑은 유리 같은 정금이더라 22 성안에 성전을 내가 보지 못하였으니 이는 주 하나님 곧 전능하신 이와 및 어린 양이 그 성전이심이라 23 그 성은 해나 달의 비침이 쓸데없으니 이는 하나님의 영광이 비취고 어린 양이 그 등이 되심이라 24 만국이 그 빛 가운데로 다니고 땅의 왕들이 자기 영광을 가지고 그리로 들어오리라 25 성문들을 낮에 도무지 닫지 아니하리니 거기는 밤이 없음이라 26 사람들이 만국의 영광과 존귀를 가지고 그리로 들어오겠고 27 무엇이든지 속된 것이나 가증한 일 또는 거짓말하는 자는 결코 그리로 들어오지 못하되 오직 어린 양의 생명책에 기록된 자들뿐이라"(계21:9-27)

"1 또 내가 새 하늘과 새 땅을 보니 처음 하늘과 처음 땅이 없어졌고 바다도 다시 있지 않더라 2 또 내가 보매 거룩한 성 새 예루살렘이 하나님께로부터 하늘에서 내려오니 그 예비한 것이 신부가 남편을 위하여 단장한 것 같더라"(계21:1-2)

천사가 요한에게 신부, 곧 어린 양의 아내를 보이겠다고 했는데 하나님께로부터 하늘에서 내려오는 거룩한 성 새 예루살렘을 보였다고 했습니다. 하늘에서 내려오는 거룩한 성 예루살렘은 건물을 말하는 것이 아닙니다. 사람이 사람과 결혼하는 것처럼 하나님은 하나님과 결혼하십니다. 어린 양은 어린 양과 결혼합니다. 이것은 생명의 상태에 대한 말씀입니다. 어린 양의 아내가 될 수 있는 자들의 상태를 말씀한 것입니다. 하나님과 사람이 연합하여 하나가 되어 새 하늘과 새 땅이 된 사람들의 상태를 말씀하는 것입니다. 그래서 거룩한 성 예루살렘은 숫자 '12'로 이루어져 있습니다. 12문이 있고 12천사가 있고 이스라엘 12지파의 이름들이 있고 12기초석이 있고 그 위에 어린 양의 12사도의 12이름이 있고 그 성을 척량하니 12,000스다디온이요, 그 성곽은 144(12×12)규빗이며 12문은 12진주니 문마다 한 진주요, 성의 길은 맑은 유리 같은 정금이라고 했습니다. 거룩한 성 예루살렘은 모든 것이 숫자 '12'로 이루어졌습니다. 하늘에서 내려오는 건물이 아니라 하나님과 완전하게 연합된 사람의 상태를 말하는 것입니다. 하나님의 일하심의 완전을 뜻하는 숫자 '3'과 땅 사방을 나타내는 숫자 '4', 곧 피조물인 사람의 수가 연합(3×4=12)하여 나온 것이 숫자 '12'입니다.

> "내가 하나님의 열심으로 너희를 위하여 열심 내노니 **내가 너희를 정결한 처녀로 한 남편인 그리스도께 드리려고 중매함이로다**" (고후11:2)
> "19 **내가 네게 장가들어 영원히 살되** 의와 공변됨과 은총과 긍휼히 여김으로 네게 장가들며 20 진실함으로 네게 장가들리니 네가 여호와를 알리라"
> (호2:19-20)

그리스도가 믿는 자의 남편이 되시고 여호와께서 믿는 자들에게 장가드신다고 했습니다. 하나님과 사람의 연합이 곧 결혼입니다.

"22 아내들이여 자기 남편에게 복종하기를 주께 하듯 하라 23 이는 남편이 아내의 머리 됨이 그리스도께서 교회의 머리 됨과 같으니 그가 친히 몸의 구주시니라 24 그러나 교회가 그리스도에게 하듯 아내들도 범사에 그 남편에게 복종할지니라 25 남편들아 아내 사랑하기를 그리스도께서 교회를 사랑하시고 위하여 자신을 주심같이 하라 26 이는 곧 물로 씻어 말씀으로 깨끗하게 하사 거룩하게 하시고 27 자기 앞에 영광스러운 교회로 세우사 티나 주름 잡힌 것이나 이런 것들이 없이 거룩하고 흠이 없게 하려 하심이니라 28 이와 같이 남편들도 자기 아내 사랑하기를 제 몸같이 할지니 자기 아내를 사랑하는 자는 자기를 사랑하는 것이라 29 누구든지 언제든지 제 육체를 미워하지 않고 오직 양육하여 보호하기를 그리스도께서 교회를 보양함과 같이 하나니 30 우리는 그 몸의 지체임이니라 31 이러므로 사람이 부모를 떠나 그 아내와 합하여 그 둘이 한 육체가 될지니 32 **이 비밀이 크도다 내가 그리스도와 교회에 대하여 말하노라** 33 그러나 너희도 각각 자기의 아내 사랑하기를 자기같이 하고 아내도 그 남편을 경외하라" (엡 5:22-33)

사도 바울은 남편과 아내의 관계를 그리스도와 교회의 관계로 말하고 있습니다. 그러면서 성경의 가장 큰 비밀이 바로 그리스도와 교회의 비밀이라고 했습니다. 사람이 부모를 떠나 그 아내와 연합하여 둘이 한 육체가 되라고 했는데 이 말씀은 여호와 하나님께서 아담에게 하신 말씀입니다. 곧 아담과 아담에게서 나온 여자의 관계가 바로 그리스도와 그리스도에게서 나온 교회의 관계입니다.

"18 여호와 하나님이 가라사대 사람의 독처하는 것이 좋지 못하니 내가 그를 위하여 돕는 배필을 지으리라 하시니라 19 여호와 하나님이 흙으로 각종 들짐승과 공중의 각종 새를 지으시고 아담이 어떻게 이름을 짓나 보시려고 그것들을 그에게로 이끌어 이르시니 아담이 각 생물을 일컫는 바가 곧 그 이름이라 20 아담이 모든 육축과 공중의 새와 들의 모든 짐승에게 이름을 주니라 아담이 돕는 배필이 없으므로 21 여호와 하나님이 아담을 깊이 잠들게 하시니 잠들매 그가 그 갈빗대 하나를 취하고 살로 대신 채우시고 22 여호와 하나님이 아담에게서 취하신 그 갈빗대로 여자를 만드시고 그를 아담에게로 이끌어 오시니 23 아담이 가로되 이는 **내 뼈 중의 뼈요 살 중의 살이라** 이것을 남자에게서 취하였은즉 여자라 칭하리라 하니라 24 이러므로 **남자가 부모를 떠나 그 아내와 연합하여 둘이 한 몸을 이룰지로다**" (창2:18-24)

여호와 하나님이 사람의 독처하는 것이 좋지 못하니 돕는 배필을 지으리라 말씀하셨는데 아담의 배필을 지으신 것이 아니라 흙으로 각종 들짐승과 공중의 새를 지으시고 그것들을 아담에게로 이끌어 왔으나 그것들 중에서 아담은 배필을 찾지 못하였고 아담이 일컫는 바가 곧 그것들의 이름이 되었습니다. 여기에 아주 중요한 비밀이 감춰져 있습니다. 똑같이 흙으로 지음을 받았어도 들짐승과 공중의 새는 아담의 배필이 될 수 없습니다. 아담이 배필을 찾지 못한 것은 자기와 똑같은 생명을 가진 존재를 들짐승과 공중의 새들 가운데서 찾을 수 없었기 때문입니다. 그래서 아담이 일컫는 바가 그것들의 이름이 되었습니다. 너는 사자라서 내 배필이 될 수 없고 너는 악어라서 내 배필이 될 수 없고 너는 독수리라서 내 배필이 될 수 없고……! 여기서 또 우리는 놀라운 한 가지 비밀을 알 수가 있습니다. 바로 아담이 일컫는 바가 곧 그 이름이라는 것입니다. 여호와 하나님이 아담을 깊이 잠들게 하시고 갈빗대 하나를 취하시고 그 갈빗대로 여자를 만드셨습니다. 그리고 여자를 아담에게로 이끌어 오시니 아담이 그 여자를 보고 "이는 내 뼈 중의 뼈요 살 중의 살이라"라고 했습니다. 아담에게서 나온 여자의 이름이 바로 '내 뼈 중의 뼈요 살 중의 살'입니다. '내 뼈 중의 뼈요 살 중의 살'이 어떻게 이름이 될 수 있느냐고 할 사람도 있을 것입니다. 아담이 일컫는 바가 곧 그 이름입니다. 이것이 그리스도와 교회에 대한 비밀입니다. 아담이 아담에게서 나온 여자, 곧 아담의 '뼈 중의 뼈요 살 중의 살'과 결혼하는 것처럼 그리스도도 그리스도에게서 나온 교회와 결혼하십니다. 교회는 구원받은 사람들이 모인 곳입니다.

> "22 또 만물을 그 발 아래 복종하게 하시고 **그를 만물 위에 교회의 머리로 주셨느니라 23 교회는 그의 몸이니** 만물 안에서 만물을 충만케 하시는 자의 충만이니라" (엡1:22-23)
>
> "그는 몸인 교회의 머리라 그가 근본이요 죽은 자들 가운데서 먼저 나신 자니 이는 친히 만물의 으뜸이 되려 하심이요" (골1:18)
>
> "너희는 **그리스도의 몸이요** 지체의 각 부분이라" (고전12:27)

교회는 그리스도의 몸이요, 믿는 자들은 지체의 각 부분입니다. 그리스도는 교회의 머리가 되십니다. 머리와 몸이 하나가 되는 것이 결혼입니다. 이것이 성경의 가장 큰 비밀입니다.

3.
예수님은 제 삼일에
믿는 자 안에서 살아나십니다

제 삼일이 예수님이 죽었다가 사흘 만에 다시 살아나신 날을 말하는 것이 아니라 완전한 상태를 말하는 것이며 또 우리를 살리시는 날이라는 것을 기록된 말씀을 통해서 확인했습니다. 그러면 제 삼일에 어떻게 우리를 살리시는 것인가를 알아야 합니다. 먼저 '살린다'라는 단어의 뜻을 살펴보면 세상에서 쓰는 '살린다' 또는 '살려준다'라는 말은 위급한 상황에 처한 사람이 있는데, 그 사람을 구조하러 가는 사람들이 위험에 빠진 사람을 구해줄 때 "죽을 위기에 처한 사람을 살린다"라는 표현을 합니다. 또는 죽을병에 걸린 어떤 사람이 있는데 이 사람을 그 가족들이 병원에 데려가서 의사에게 "선생님 제발 좀 살려주세요!"라고 말합니다. 이럴 때 쓰는 '살린다' 또는 '살려준다'라는 말은 '사람이 죽어가고 있으니까 죽지 않게 해주세요!'라는 말입니다. 세상에서 쓰는 살린다는 말은 현재 목숨이 붙어 있는데 그 목숨이 끊어지지 않게 해달라는 뜻입니다. 그러나 하나님께서 우리를 살리신다는 말씀은 죽은 자들에게 하나님 아버지의 생명을 주셔서 살리신다는 말씀입니다. 하나님이 우리를 살리시는 일은 단순히 '살린다'라는 말로는 그 의미를 다 담기에는 많이 부족합니다. 하나님 아버지의 생명을 받은 자들이 하나님의 아들이 되고 구원을 받은 자들이며 영생을 얻은 자들이고 부활한 자들이며 하나님의 나라가 되고 제사장이 되고 하나님 나라의 유업을 얻는 후사가 되는 자들이기 때문입니다.

> "1 너희의 허물과 죄로 죽었던 너희를 살리셨도다 2 그 때에 너희가 그 가운데서 행하여 이 세상 풍속을 좇고 공중의 권세 잡은 자를 따랐으니 곧 지금 불순종의 아들들 가운데서 역사하는 영이라 3 전에는 우리도 다 그 가운데서 우리 육체의 욕심을 따라 지내며 육체와 마음의 원하는 것을 하여 다른 이들과 같이 본질상 진노의 자녀이었더니 4 긍휼에 풍성하신 하나님이 우리를 사랑하신 그 큰 사랑을 인하여 5 **허물로 죽은 우리를 그리스도와 함께 살리셨고**(너희가 은혜로 구원을 얻은 것이라)" (엡2:1-5)

허물과 죄로 죽었던 우리를 그리스도와 함께 살리셨습니다. 죽은 자를 살리는 방법은 죽은 자에게 생명을 주는 것입니다. 세상에는 죽은 자를 다시 살릴 방법이 없지만 하나님께서는 죽은 자들에게 생명을 주심으로 살리십니다. 예수님이 세상에 오신 목적도 생명을 주기 위함이라고 하셨습니다.

> "9 내가 문이니 누구든지 나로 말미암아 들어가면 구원을 얻고 또는 들어가며 나오며 꼴을 얻으리라 10 도적이 오는 것은 도적질하고 죽이고 멸망시키려는 것뿐이요 **내가 온 것은 양으로 생명을 얻게 하고 더 풍성히 얻게 하려는 것이라**" (요10:9-10)

예수 그리스도가 구원의 문입니다. 누구든지 그리스도 안에 들어가면 구원을 얻는다고 했습니다. 우리가 다 그리스도 예수 안에서 하나님의 아들이 되었습니다.

> "26 너희가 다 믿음으로 말미암아 **그리스도 예수 안에서 하나님의 아들이 되었으니** 27 누구든지 그리스도와 합하여 세례를 받은 자는 그리스도로 옷 입었느니라" (갈3:26-27)

그리스도 예수 안에서 하나님의 아들이 된 사람은 그리스도와 합하여 세례를 받은 사람이고 그리스도로 옷 입은 사람입니다.

> "9 만일 우리가 사람들의 증거를 받을진대 하나님의 증거는 더욱 크도다 하나님의 증거는 이것이니 그 아들에 관하여 증거하신 것이니라 10 하나님의 아들을 믿는 자는 자기 안에 증거가 있고 하나님을 믿지 아니하는 자는 하나님을 거짓말하는 자로 만드나니 이는 하나님께서 그 아들에 관하여 증거하신 증거를 믿지 아니하였음이라 11 또 증거는 이것이니 **하나님이 우리에게 영생을 주신 것과 이 생명이 그의 아들 안에 있는 그것이니라** 12 아들이 있는 자에게는 생명이 있고 하나님의 아들이 없는 자에게는 생명이 없느니라" (요일5:9-12)

하나님의 아들을 믿는 자는 자기 안에 증거가 있고 그 증거는 하나님이 영생을 주신 것인데 이 생명이 그의 아들 안에 있는 것이라고 했습니다. 그래서 하나님의 아들이 있는 자에게는 생명이 있고 없는 자에게는 생명이 없다고 했습니다. 하나님이 주시는 생명이 따로 있지 않고 바로 아들이 생명이라는 말씀입니다. 곧 예수 그리스도가 생명입니다.

> "20 또 아는 것은 하나님의 아들이 이르러 우리에게 지각을 주사 우리로 참된 자를 알게 하신 것과 또한 우리가 참된 자 곧 그의 아들 예수 그리스도 안에 있는 것이니 **그는 참 하나님이시요 영생이시라**" (요일5:20)
>
> "예수께서 가라사대 **내가 곧 길이요 진리요 생명이니** 나로 말미암지 않고는 아버지께로 올 자가 없느니라" (요14:6)

하나님이 죄와 허물로 죽은 사람을 살리신다는 것은 예수 그리스도를 믿는 자들에게 주신다는 말씀입니다. 하나님 아버지께서 예수 그리스도를 보내셨다는 말씀은 2,000년 전에 예수님이 이 땅에 오신 것을 말씀하는 것이 아닙니다. 믿는 각 사람 안으로 예수 그리스도를 보내셨다는 말씀입니다.

> "너희가 믿음에 있는가 너희 자신을 시험하고 너희 자신을 확증하라 **예수 그리스도께서 너희 안에 계신 줄을 너희가 스스로 알지 못하느냐** 그렇지 않으면 너희가 버리운 자니라" (고후13:5)

믿는 자들이 자기 안에 예수 그리스도께서 계신 것을 스스로 알지 못하면 버리운 자라고 했습니다. 예수 그리스도가 안에 계시지 않으면 구원받지 못했다는 말씀입니다. 믿음의 확실한 증거는 예수 그리스도께서 자기 안에 계신 것을 스스로 아는 것입니다.

> "17 믿음으로 말미암아 **그리스도께서 너희 마음에 계시게 하옵시고** 너희

가 사랑 가운데서 뿌리가 박히고 터가 굳어져서 18 능히 모든 성도와 함께 지식에 넘치는 그리스도의 사랑을 알아 19 그 넓이와 길이와 높이와 깊이가 어떠함을 깨달아 **하나님의 모든 충만하신 것으로 너희에게 충만하게 하시기를 구하노라**" (엡3:17-19)

믿음으로 말미암아 그리스도께서 믿는 자 안에 계신다고 했습니다. 믿는 자 안에 들어오신 그리스도께서 뿌리와 터가 되시면 믿는 자가 하나님의 모든 충만하신 것으로 충만하게 되는 것입니다.

"26 이 비밀은 만세와 만대로부터 옴으로 감취었던 것인데 이제는 그의 성도들에게 나타났고 27 하나님이 그들로 하여금 이 비밀의 영광이 이방인 가운데 어떻게 풍성한 것을 알게 하려 하심이라 **이 비밀은 너희 안에 계신 그리스도시니 곧 영광의 소망이니라**" (골1:26-27)

만세와 만대로부터 옴으로 감춰왔던 비밀이 있는데 이제는 비밀이 하나님의 성도들에게 나타났고 이 비밀은 바로 믿는 자 안에 그리스도가 계시는 것이라고 했습니다. 그리고 믿는 자 안에 계시는 그리스도는 영광의 소망이라고 했는데 그리스도가 믿는 자의 영광이 되실 것을 바라는 것이 영광의 소망입니다. 그러므로 영광은 믿는 자의 몸에 그리스도가 사시는 것입니다.

"19 이것이 너희 간구와 예수 그리스도의 성령의 도우심으로 내 구원에 이르게 할 줄 아는 고로 20 나의 간절한 기대와 소망을 따라 아무 일에든지 부끄럽지 아니하고 오직 전과 같이 이제도 온전히 담대하여 살든지 죽든지 내 몸에서 그리스도가 존귀히 되게 하려 하나니 21 이는 내게 사는 것이 그리스도니 죽는 것도 유익함이니라" (빌1:19-21)

"7 우리가 **이 보배를 질그릇에 가졌으니** 이는 능력의 심히 큰 것이 하나님께 있고 우리에게 있지 아니함을 알게 하려 함이라 8 우리가 사방으로 우겨쌈을 당하여도 싸이지 아니하며 답답한 일을 당하여도 낙심하지 아니하며 9 핍박을 받아도 버린 바 되지 아니하며 거꾸러뜨림을 당하여도 망하지 아니하고 10 우리가 항상 예수 죽인 것을 몸에 짊어짐은 예수의 생명도 우리 몸에 나타나게 하려 함이라 11 우리 산 자가 항상 예수를 위하여 죽음에 넘기움은 예수의 생명이 또한 우리 죽을 육체에 나타나게 하려 함이니라" (고후4:7-11)

그리스도께서 믿는 자의 몸에 사시므로 믿는 자의 몸에서 그리스도가 존귀하게 되고 보배이신 그리스도를 가진 자들의 몸과 죽을 육체에서 예수의 생명이 나타나는 것이 믿는 자들이 완전해지는 것입니다.

"아브람의 구십구 세 때에 여호와께서 아브람에게 나타나서 그에게 이르시되 나는 전능한 하나님이라 **너는 내 앞에서 행하여 완전하라**" (창17:1)

"너는 **네 하나님 여호와 앞에 완전하라**" (신18:13)

사람은 절대로 완전해질 수가 없는데 하나님께서는 "완전하라"라고 말씀하십니다. 어떻게 사람이 하나님 앞에서 완전해질 수 있습니까? 하나님 아버지가 주시는 생명을 받은 자들은 완전해질 수 있습니다.

"43 또 네 이웃을 사랑하고 네 원수를 미워하라 하였다는 것을 너희가 들

> 었으나 44 나는 너희에게 이르노니 너희 원수를 사랑하며 너희를 핍박하는 자를 위하여 기도하라 45 이같이 한즉 하늘에 계신 너희 아버지의 아들이 되리니 이는 하나님이 그 해를 악인과 선인에게 비취게 하시며 비를 의로운 자와 불의한 자에게 내리우심이니라 46 너희가 너희를 사랑하는 자를 사랑하면 무슨 상이 있으리요 세리도 이같이 아니하느냐 47 또 너희가 너희 형제에게만 문안하면 남보다 더하는 것이 무엇이냐 이방인들도 이같이 아니하느냐 48 그러므로 **하늘에 계신 너희 아버지의 온전하심과 같이 너희도 온전하라**" (마5:43-48)

하나님의 아들이 된 사람은 원수를 사랑하며 자기를 핍박하는 자를 위하여 기도할 수 있는 사람이라고 예수님이 말씀하셨습니다. 사람이 자기를 사랑하는 자를 사랑하고 형제에게만 문안하면 상을 받을 수 없습니다. 이것은 세리와 우상을 섬기는 이방인들도 다 하는 것이라고 했습니다. 하나님의 아들이 된 자들은 "하나님 아버지의 온전하심과 같이 온전하라"라고 말씀하고 있습니다. 제 삼일의 상태가 된 사람들은 하나님 앞에서 행하여 완전하고 하나님 아버지와 같이 온전하게 될 수 있습니다. 사람의 말이 아니라 하나님의 말씀이므로 반드시 이루어져야 합니다.

> "예수께서 저희를 보시며 가라사대 **사람으로는 할 수 없으되 하나님으로서는 다 할 수 있느니라**" (마19:26)
>
> "예수께서 저희를 보시며 가라사대 **사람으로는 할 수 없으되 하나님으로는 그렇지 아니하니 하나님으로서는 다 하실 수 있느니라**" (막10:27)

사람으로는 할 수 없지만 하나님으로서는 다 할 수 있다고 했습니다. 가만있으면 하나님이 다 알아서 해주신다는 말씀이 아닙니다. 사람이 하나님이 되어서 할 수 있다는 말씀입니다.

> "34 예수께서 가라사대 너희 율법에 기록한 바 내가 너희를 신이라 하였노라 하지 아니하였느냐 35 성경은 폐하지 못하나니 **하나님의 말씀을 받은 사람들을 신이라 하셨거든**" (요10:34-35)

말씀을 받은 사람들이 신(하나님)이 된다고 했습니다. 신은 오직 하나님 한 분밖에 없습니다. 사람이 하나님이 될 수 있는 길은 하나님 아버지의 생명을 받는 것입니다. 아버지 하나님의 생명을 받은 자들은 아들로서 하나님이 됩니다. 사람이 자식을 낳으면 그 자식은 당연히 사람입니다. 하나님이 아들을 낳으시면 그 아들은 당연히 하나님이어야 합니다. 하나님의 아들이 된 자들이 하나님 아버지와 같이 완전하고 온전하게 되는 것이 제 삼일입니다.

4.
예수님이 사흘 동안에 일으키신다고 말씀하신 성전은 육체가 있는 믿는 자들입니다

유월절에 예수님이 예루살렘에 올라가셔서 성전에서 장사하는 자들을 다 내쫓으시고 "내 아버지의 집으로 장사하는 집을 만들지 말라"라고 말씀하신 일이 요한복음 2장에 기록되어 있습니다.

"13 유대인의 유월절이 가까운지라 예수께서 예루살렘으로 올라가셨더니 14 성전 안에서 소와 양과 비둘기 파는 사람들과 돈 바꾸는 사람들의 앉은 것을 보시고 15 노끈으로 채찍을 만드사 양이나 소를 다 성전에서 내쫓으시고 돈 바꾸는 사람들의 돈을 쏟으시며 상을 엎으시고 16 비둘기 파는 사람들에게 이르시되 이것을 여기서 가져가라 내 아버지의 집으로 장사하는 집을 만들지 말라 하시니 17 제자들이 성경 말씀에 주의 전을 사모하는 열심이 나를 삼키리라 한 것을 기억하더라 18 이에 유대인들이 대답하여 예수께 말하기를 네가 이런 일을 행하니 무슨 표적을 우리에게 보이겠느뇨 19 예수께서 대답하여 가라사대 **너희가 이 성전을 헐라 내가 사흘 동안에 일으키리라** 20 유대인들이 가로되 이 성전은 사십육 년 동안에 지었거늘 네가 삼 일 동안에 일으키겠느뇨 하더라 21 그러나 **예수는 성전된 자기 육**

체를 가리켜 말씀하신 것이라" (요2:13-21)

예수님이 장사하는 자들을 내어쫓는 것을 보고 유대인들이 "네가 이런 일을 행하니 무슨 표적을 우리에게 보이겠느뇨"라고 예수님께 말하였는데 예수님께서 "너희가 이 성전을 헐라 내가 사흘 동안에 일으키리라"라고 말씀하시자 다시 유대인들이 "이 성전은 사십육 년 동안에 지었거늘 네가 삼 일 동안에 일으키겠느뇨"라고 했습니다. 유대인들은 46년 동안에 지은 건물을 성전으로 생각하고 말했는데 예수님은 성전이 된 자기 육체를 가리켜 말씀하신 것이었습니다. 구약 시대에는 사람의 손으로 지은 건물이 성전이었습니다. 그러나 예수님이 오신 이후에는 건물이 성전이 아닙니다. 사람으로서 최초로 성전이 되신 분이 바로 예수님입니다. 예수님의 육체가 성전이라는 말씀은 육체가 있는 예수님이 성령의 전이 되었다는 말씀입니다. 예수님의 육체만이 성전이라는 뜻이 아닙니다. 예수님이 성전 된 자기 육체를 사흘 동안에 일으키신다고 하신 말씀을 예수님의 육체가 죽었다가 삼 일 만에 살아나신 것이라고 오해하는 기독교인들이 정말 많습니다. 만약 예수님이 사흘 동안에 일으키신다고 하신 성전이 예수님의 육체라면 이 땅에는 성전이 하나도 없습니다. 십자가에 죽었다가 삼 일 만에 육체가 살아나신 예수님을 믿는 자들은 이 예수님이 하늘에 올라가서 하나님 아버지 우편에 앉아 계시는 것으로 믿게 되고 이 예수님이 공중에 구름을 타고 다시 오시는 것으로 믿게 됩니다. 이런 믿음을 가진 사람들에게는 예수님의 육체가 성전이므로 성전이 하늘에만 있는 것입니다. 성전이 하늘에만 있다면 어떻게 예배를 드릴 수 있겠습니까? 이스라엘 백성들이 유월절을 지키기 위해 예루살렘으로 다 모인 것은 예루살렘에 성전이 있기 때문입니다. 오직 성전에서 드리는 제사만 하나님이 받으십니다. 이제 짐승의 피를 흘려 드리는 제사는 없지만 산 제사는 있습니다.

> "그러므로 형제들아 내가 하나님의 모든 자비하심으로 너희를 권하노니 너희 몸을 하나님이 기뻐하시는 거룩한 산 제사로 드리라 이는 너희의 드릴 영적 예배니라"(롬12:1)

믿는 자의 몸을 하나님이 기뻐하시는 거룩한 산 제사로 드리는 것이 영적 예배입니다. 이제는 제사와 예배가 다르지 않습니다. 믿는 자의 몸이 제물이 되어 하나님께 드려지는 것이 제사이며 예배입니다. 하나님이 받으시는 제물은 점이 없고 흠이 없어야 합니다. 구약의 하나님께 드려지는 모든 제사는 예수 그리스도에 대한 예표입니다. 모든 제사는 예수 그리스도가 하나님께 드려지는 것을 말씀하는 것입니다. 예수님이 화목제물이 되시고 속건제물이 되시고 속죄제물이 되셨습니다. 하나님이 받으시는 거룩한 제물은 바로 예수 그리스도입니다. 믿는 자들이 자기 몸을 하나님이 기뻐하시는 거룩한 산 제사로 드리려면 그리스도의 몸이 되어야 합니다. 하나님께 제사를 드리기 위해서는 첫째, 제사를 드릴 수 있는 장소, 곧 성전이 있어야 하고 둘째, 제물이 있어야 하고 셋째, 제사를 드릴 제사장이 있어야 합니다. 이 세 가지가 다 믿는 자 안에서 이루어지고 믿는 자들에게 실재(實在)가 되어야 할 말씀입니다.

1) 믿는 자들이 성전입니다

육체의 눈으로 보이는 건물은 이제 성전이 아닙니다. 믿는 자들이 살아 계신 하나님의 성전입니다.

> "하나님의 성전과 우상이 어찌 일치가 되리요 **우리는 살아 계신 하나님의 성전이라** 이와 같이 하나님께서 가라사대 내가 저희 가운데 거하며 두루 행하여 나는 저희 하나님이 되고 저희는 나의 백성이 되리라 하셨느니라"
> (고후6:16)

믿는 자들이 살아 계신 하나님의 성전이라는 것은 살아 계신 하나님이 믿는 자 안에 계신다는 것입니다. 그래서 세세에 찬양을 받으실 하나님이신 그리스도께서 믿는 자 안으로 들어오시는 것입니다.

> "조상들도 저희 것이요 육신으로 하면 그리스도가 저희에게서 나셨으니 저는 **만물 위에 계셔 세세에 찬양을 받으실 하나님이시니라** 아멘" (롬9:5)
> "17 믿음으로 말미암아 **그리스도께서 너희 마음에 계시게 하옵시고** 너희가 사랑 가운데서 뿌리가 박히고 터가 굳어져서 18 능히 모든 성도와 함께 지식에 넘치는 그리스도의 사랑을 알아 19 그 넓이와 길이와 높이와 깊이가 어떠함을 깨달아 **하나님의 모든 충만하신 것으로 너희에게 충만하게 하시기를 구하노라**" (엡3:17-19)

하나님이 인정하시는 믿음, 곧 성경대로 믿는 믿음은 그리스도가 자기 안에 계신 것을 알고 믿는 것입니다. 그리스도가 안에 계시지 않는 자들은 구원받지 못한 자들입니다. 교회를 다닌다고 구원받는 것이 아닙니다. 하나님 아버지의 생명을 받는 것이 구원입니다. 아버지가 주시는 생명이 그리스도입니다.

> "16 **너희가 하나님의 성전인 것과 하나님의 성령이 너희 안에 거하시는 것을** 알지 못하느뇨 17 누구든지 하나님의 성전을 더럽히면 하나님이 그 사람을 멸하시리라 하나님의 성전은 거룩하니 너희도 그러하니라" (고전3:16-17)

하나님의 성령이 안에 거하시는 자가 하나님의 성전입니다. 그리스도가 믿는 자의 생명이 되셨다는 증거로 하나님이 믿는 자의 마음에 성령을 선물로 주셨습니다.

> "베드로가 가로되 너희가 회개하여 각각 **예수 그리스도의 이름으로 세례를 받고 죄 사함을 얻으라 그리하면 성령을 선물로 받으리니**" (행2:38)
> "21 우리를 너희와 함께 그리스도 안에서 견고케 하시고 우리에게 기름을 부으신 이는 하나님이시니 22 저가 또한 우리에게 인치시고 **보증으로 성령을 우리 마음에 주셨느니라**" (고후1:21-22)

우리에게 기름을 부으시고 또한 우리에게 인을 치시고 성령을 우리 마음에 주셨습니다. 믿는 각 사람의 마음에 성령이 계셔야 성전이 될 수 있습니다. 그래서 성령은 한 분 성령이 아닙니다. 존재론적 삼위일체 교리 안에서 하나님을 믿는 자들은 한 분 성부, 한 분 성자, 한 분 성령을 믿는다고 합니다. 이렇게 하나님을 믿으면 살아 계신 하나님의 성전이 될 수 없습니다. 성령이 마음에 계실 수가 없기 때문입니다. 성령은 제 삼위의 하나님이 아니라 아버지 하나님의 생명입니다. 하나님의 기름 부음과 인 치심이 그리스도입니다. 그리스도가 믿는 자의 생명이 되셨음을 성령이 보증하십니다. 그래서 성령은 각 사람의 마음에 계셔야 합니다.

> "19 너희 몸은 너희가 하나님께로부터 받은 바 너희 가운데 계신 성령의 전인 줄을 알지 못하느냐 너희는 너희의 것이 아니라 20 값으로 산 것이 되었으니 그런즉 **너희 몸으로 하나님께 영광을 돌리라**" (고전6:19-20)

믿는 자의 몸이 성령의 전입니다. 몸이 성전이 된 사람이 몸으로 하나님께 영광을 돌리는 사람입니다. 몸이 성전이 된 사람이 하나님이 기뻐하시는 거룩한 산 제사, 곧 영적 예배를 드릴 수 있는 사람입니다.

2) 믿는 자들의 몸이 제물입니다

믿는 자들의 몸이 제물이 되어야 합니다. 하나님께 드려지는 제물이 되려면 거룩한 몸이 되어야 합니다. 거룩한 몸은 그리스도의 몸입니다. 아담의 몸은 거룩한 몸이 아닙니다. 믿는 자들의 몸이 그리스도의 몸이 되면 거룩한 제물이 될 수 있습니다.

> "그러므로 형제들아 내가 하나님의 모든 자비하심으로 너희를 권하노니 **너희 몸을 하나님이 기뻐하시는 거룩한 산 제사로 드리라 이는 너희의 드릴 영적 예배니라**" (롬12:1)

> "너희는 그리스도의 몸이요 지체의 각 부분이라" (고전12:27)

믿는 자들의 몸이 어떻게 그리스도의 몸이 될 수 있습니까? 믿는 자 안에 들어오신 그리스도께서 믿는 자의 몸에 사시면 이 사람의 몸이 그리스도의 몸이 됩니다.

> "10 우리가 항상 예수 죽인 것을 몸에 짊어짐은 **예수의 생명도 우리 몸에 나타나게 하려 함이라** 11 우리 산 자가 항상 예수를 위하여 죽음에 넘기움은 **예수의 생명이 또한 우리 죽을 육체에 나타나게 하려 함이니라**" (고후 4:10-11)

예수의 생명이 그리스도입니다. 예수의 생명이 몸에 나타나고 죽을 육체에 나타나면 이 사람은 그리스도의 몸이 된 사람입니다.

> "19 이것이 너희 간구와 예수 그리스도의 성령의 도우심으로 내 구원에 이르게 할 줄 아는 고로 20 나의 간절한 기대와 소망을 따라 아무 일에든지 부끄럽지 아니하고 오직 전과 같이 이제도 온전히 담대하여 살든지 죽든지 **내 몸에서 그리스도가 존귀히 되게 하려 하나니** 21 이는 내게 사는 것이 그리스도니 죽는 것도 유익함이니라" (빌1:19-21)

그리스도가 믿는 자의 몸에서 존귀하게 되면 이 사람의 몸이 그리스도의 몸입니다. 믿는 내 몸이 그리스도의 몸이 되기 위해서 나는 죽어야 하고 내 몸에서 그리스도가 사셔야 합니다. 하나님은 아무 제물이나 받으시는 분이 아닙니다. 거룩한 제물만 받으십니다. 거룩한 제물은 그리스도입니다. 우리가 거룩한 제물이 되려면 우리의 몸이 그리스도의 몸이 되어야 합니다. 이 사람이 그 몸을 거룩한 산 제사로 하나님께 드리는 사람입니다.

3) 믿는 자들이 나라가 되고 제사장이 됩니다

믿는 자들이 성전이고 믿는 자들의 몸이 제물인데 하나님께 거룩한 제사를 드릴 제사장도 믿는 자들입니다. 예수님의 피로 우리 죄에서 우리를 해방하시고 아버지 하나님을 위하여 우리를 나라와 제사장으로 삼으셨습니다.

> "5 또 충성된 증인으로 죽은 자들 가운데서 먼저 나시고 땅의 임금들의 머리가 되신 예수 그리스도로 말미암아 은혜와 평강이 너희에게 있기를 원하노라 우리를 사랑하사 그의 피로 우리 죄에서 우리를 해방하시고 6 그 아버지 하나님을 위하여 **우리를 나라와 제사장으로 삼으신** 그에게 영광과 능력이 세세토록 있기를 원하노라 아멘"(계1:5-6)
> "9 새 노래를 노래하여 가로되 책을 가지시고 그 인봉을 떼기에 합당하시도다 일찍 죽임을 당하사 각 족속과 방언과 백성과 나라 가운데서 사람들을 피로 사서 하나님께 드리시고 10 **저희로 우리 하나님 앞에서 나라와 제사장을 삼으셨으니** 저희가 땅에서 왕 노릇 하리로다 하더라"(계5:9-10)

사람들을 피로 사서 하나님께 드리시고 피로 사신 자들을 하나님 앞에서 나라와 제사장을 삼으셨습니다. 또한 저희가 땅에서 왕 노릇 한다고 했습니다. 예수 그리스도의 보혈의 피로 사신 자들이 나라가 되고 제사장이 됩니다. 제사장의 직무는 제사를 드리는 것입니다. 제사가 없다면 제사장도 필요 없습니다. 우리 몸을 하나님이 기뻐하시는 거룩한 산 제사로 드리는 제사장이 바로 구원받은 '나'입니다. 또 믿는 내가 하나님의 나라입니다. 하나님의 나라가 바로 내 안에 있습니다. 또 그 나라를 다스리는 왕도 '나'입니다.

> "20 바리새인들이 하나님의 나라가 어느 때에 임하나이까 묻거늘 예수께서 대답하여 가라사대 하나님의 나라는 볼 수 있게 임하는 것이 아니요 21 또 여기 있다 저기 있다고도 못하리니 **하나님의 나라는 너희 안에 있느니라**" (눅17:20-21)

하나님의 나라가 믿는 자 안에 있고 그 나라를 다스리는 왕이 믿는 자들이고 믿는 자들이 땅에서 왕 노릇 한다고 했습니다. 그래서 우리는 하나님의 거룩한 나라요 왕 같은 제사장들입니다.

> "4 사람에게는 버린 바가 되었으나 하나님께는 택하심을 입은 보배로운 산 돌이신 예수에게 나아와 5 너희도 산 돌 같이 신령한 집으로 세워지고 예수 그리스도로 말미암아 하나님이 기쁘게 받으실 신령한 제사를 드릴 거룩한 제사장이 될지니라 6 경에 기록하였으되 보라 내가 택한 보배롭고 요긴한 모퉁이 돌을 시온에 두노니 저를 믿는 자는 부끄러움을 당치 아니하리라 하였으니 7 그러므로 믿는 너희에게는 보배이나 믿지 아니하는 자에게는 건축자들의 버린 그 돌이 모퉁이의 머릿돌이 되고 8 또한 부딪히는 돌과 거치는 반석이 되었다 하니라 저희가 말씀을 순종치 아니하므로 넘어

지나니 이는 저희를 이렇게 정하신 것이라 9 **오직 너희는 택하신 족속이요 왕 같은 제사장들이요 거룩한 나라요 그의 소유된 백성이니** 이는 너희를 어두운 데서 불러 내어 그의 기이한 빛에 들어가게 하신 자의 아름다운 덕을 선전하게 하려 하심이라" (벧전2:4-9)

하나님이 기쁘게 받으실 신령한 제사를 드릴 거룩한 제사장이 되고 거룩한 나라가 되고 그 나라를 땅에서 다스리면서 왕 노릇 하는 것이 믿는 자를 통해서 이루어져야 할 하나님의 말씀입니다.

제6장

부활 후에 나타나신 예수님은 천사가 나타나서 사람들에게 보인 것입니다

1.
부활 후에 예수님은
영원히 아버지 안에 계십니다

    십자가에서 육체로는 죽임을 당하시고 영으로는 살리심을 받은 그리스도는 아버지 안으로 가셨습니다. 이제 아버지 안으로 가신 그리스도는 다시는 볼 수가 없습니다. 영원히 아버지 안에 계시기 때문입니다.

> "의에 대하여라 함은 **내가 아버지께로 가니** 너희가 다시 나를 보지 못함이요" (요16:10)
>
> "조금 있으면 너희가 **나를 보지 못하겠고** 또 조금 있으면 **나를 보리라** 하신 대" (요16:16)

    내가 아버지께로 가니 너희가 다시는 나를 보지 못한다고 말씀하신 예수님이 바로 이어서 조금 있으면 너희가 나를 본다고 말씀하십니다. 예수님을 보지 못한다고 하신 말씀과 본다고 하신 말씀 중에 어떤 말씀이 맞는 말씀일까요? 하나님의 경륜(經綸)을 알지 못하면 이런 의문을 가지게 되어 있습니다. 그러나 보지 못한다고 말씀하신 것도 맞고 본다고 말씀하신 것도 맞습니다. 어떻게 그럴 수 있느냐고 하겠지만 얼마든지 그럴 수 있습니다. 육체를 입고 오신 예수님은 모든 사람이 볼 수 있었습니다. 그래서 이사야 선지자는 여호와의 영광이 나타나고 모든 육체가 그것을 함께 본다고 (사40:5) 말씀했습니다. 예수님이 십자가에 죽으시고 아버지 안으로 가시면 이제 다시는 예수님을 볼 수 없습니다. 아버지 안으로 가신 예수님은 영원히 아버지 안에 계시기 때문입니다. 그래서 "내가 아버지께로 가니 너희가 다시 나를 보지 못함이요"라고 말씀하신 것입니다. 그런데 아버지 안으로 가신 예수님이 많은 열매를 맺었다고 했습니다. 이제 아버지 안에는 많은 열매가 맺어진 그리스도가 계시는데 그 수를 셀 수 없을 만큼 많이 계셔야 합니다. 여호와께서 아브라함에게 약속하신 말씀이 이루어지려면 아버지 속에는 하늘의 별과 같이 땅의 티끌과 같이 많은 그리스도가 계셔야 합니다. 믿는 자들에게 오시는 그리스도 곧 많은 열매가 맺어진 그리스도는 다시 볼 수 있습니다. 그래서 조금 있으면 너희가 나를 본다고 말씀하신 것입니다.

"14 롯이 아브람을 떠난 후에 여호와께서 아브람에게 이르시되 너는 눈을 들어 너 있는 곳에서 동서 남북을 바라보라 15 보이는 땅을 내가 너와 네 자손에게 주리니 영원히 이르리라 16 **내가 네 자손으로 땅의 티끌 같게 하리니** 사람이 땅의 티끌을 능히 셀 수 있을진대 네 자손도 세리라 17 너는 일어나 그 땅을 종과 횡으로 행하여 보라 내가 그것을 네게 주리라"(창 13:14-17)

"1 이 후에 여호와의 말씀이 이상 중에 아브람에게 임하여 가라사대 아브람아 두려워 말라 나는 너의 방패요 너의 지극히 큰 상급이니라 2 아브람이 가로되 주 여호와여 무엇을 내게 주시려나이까 나는 무자하오니 나의 상속자는 이 다메섹 엘리에셀이니이다 3 아브람이 또 가로되 주께서 내게

> 씨를 아니주셨으니 내 집에서 길리운 자가 나의 후사가 될 것이니이다 4 여호와의 말씀이 그에게 임하여 가라사대 그 사람은 너의 후사가 아니라 네 몸에서 날 자가 네 후사가 되리라 하시고 5 그를 이끌고 밖으로 나가 가라사대 **하늘을 우러러 뭇 별을 셀 수 있나 보라 또 그에게 이르시되 네 자손이 이와 같으리라**" (창15:1-5)

여호와 하나님이 아브라함에게 약속하신 자손은 유대인들을 말하는 것이 아닙니다. 바로 믿음으로 말미암은 자들이 아브라함의 자손이라고 했습니다.

> "6 아브라함이 하나님을 믿으매 이것을 그에게 의로 정하셨다 함과 같으니라 7 그런즉 믿음으로 말미암은 자들은 아브라함의 아들인 줄 알지어다 8 또 하나님이 이방을 믿음으로 말미암아 의로 정하실 것을 성경이 미리 알고 먼저 아브라함에게 복음을 전하되 모든 이방이 너를 인하여 복을 받으리라 하였으니 9 그러므로 **믿음으로 말미암은 자는 믿음이 있는 아브라함과 함께 복을 받느니라**" (갈3:6-9)
>
> "6 또한 하나님의 말씀이 폐하여진 것 같지 않도다 이스라엘에게서 난 그들이 다 이스라엘이 아니요 7 또한 아브라함의 씨가 다 그 자녀가 아니라 오직 이삭으로부터 난 자라야 네 씨라 칭하리라 하셨으니 8 곧 육신의 자녀가 하나님의 자녀가 아니라 **오직 약속의 자녀가 씨로 여기심을 받느니라**" (롬9:6-8)

이스라엘에게서 난 자들이 다 이스라엘이 아니며 아브라함의 씨가 다 그 자녀가 아니라고 했습니다. 육신의 자녀가 하나님의 자녀가 아니라 오직 약속의 자녀가 하나님의 자녀입니다.

> "28 **형제들아 너희는 이삭과 같이 약속의 자녀라** 29 그러나 그 때에 육체를 따라 난 자가 성령을 따라 난 자를 핍박한 것같이 이제도 그러하도다 30 그러나 성경이 무엇을 말하느뇨 계집종과 그 아들을 내어쫓으라 계집종의 아들이 자유하는 여자의 아들로 더불어 유업을 얻지 못하리라 하였느니라 31 그런즉 형제들아 우리는 계집종의 자녀가 아니요 자유하는 여자의 자녀니라" (갈4:28-31)

믿는 자들이 이삭과 같이 약속의 자녀입니다. 우리는 계집종의 자녀가 아니요 자유하는 여자의 자녀이므로 아브라함의 자손입니다.

> "26 너희가 다 믿음으로 말미암아 **그리스도 예수 안에서 하나님의 아들이 되었으니** 27 누구든지 그리스도와 합하여 세례를 받은 자는 그리스도로 옷 입었느니라 28 너희는 유대인이나 헬라인이나 종이나 자주자나 남자나 여자 없이 다 그리스도 예수 안에서 하나이니라 29 **너희가 그리스도께 속한 자면 곧 아브라함의 자손이요 약속대로 유업을 이을 자니라**" (갈3:26-29)

믿음으로 말미암아 그리스도 예수 안에서 하나님의 아들이 된 사람들이 아브라함의 자손이요, 약속대로 유업을 이을 자입니다.

> "28 대저 표면적 유대인이 유대인이 아니요 표면적 육신의 할례가 할례가 아니라 29 오직 **이면적 유대인이 유대인이며 할례는 마음에 할지니** 신령에 있고 의문에 있지 아니한 것이라 그 칭찬이 사람에게서가 아니요 다만

| 하나님에게서니라" (롬2:28-29)

표면적 유대인이 유대인이 아니요 표면적 육신의 할례가 할례가 아닙니다. 오직 이면적 유대인이 유대인이며 마음에 할례를 받은 자들이 아브라함의 자손이요, 하나님의 아들들이 되는 것입니다. 셀 수 없이 많은 하나님의 아들들을 얻으시는 것이 영원한 때 전에 세우신 하나님의 경륜입니다. 하나님 아버지께서 예수 그리스도로 말미암아 하나님의 아들들을 얻으시는 계획을 창세 전에 세우셨습니다.

"3 찬송하리로다 하나님 곧 우리 주 예수 그리스도의 아버지께서 그리스도 안에서 하늘에 속한 모든 신령한 복으로 우리에게 복 주시되 4 곧 창세 전에 그리스도 안에서 우리를 택하사 우리로 사랑 안에서 그 앞에 거룩하고 흠이 없게 하시려고 5 그 기쁘신 뜻대로 우리를 예정하사 **예수 그리스도로 말미암아 자기의 아들들이 되게 하셨으니** 6 이는 그의 사랑하시는 자 안에서 우리에게 거저 주시는 바 그의 은혜의 영광을 찬미하게 하려는 것이라"
(엡1:3-6)

창세 전에 세우신 하나님의 경륜을 이루시기 위해서 예수님은 부활 후에 아버지 안으로 가셨고 이제는 영원히 아버지 안에 계시므로 다시는 아버지께로 가신 예수님을 볼 수 없습니다.

2.
아버지로 계신 부활하신 예수님을 볼 수 없는 이유

예수님이 아버지 안으로 가셨다는 것은 이제 영원히 아버지로서 계신다는 뜻입니다. 이 말을 오해해서 양태론 교리와 같이 아들이 아버지가 되셨다고 이해하면 큰일 납니다. 양태론 교리는 이단 교리입니다. 한 분 하나님이 아버지도 되시고 아들도 되고 성령도 된다는 교리입니다. 아버지가 아들이 되신 것이 아니라 아버지가 아들을 낳았습니다. 그래서 예수님과 하나님은 아버지와 아들입니다.

> "또한 이와 같이 그리스도께서 대제사장 되심도 스스로 영광을 취하심이 아니요 오직 말씀하신 이가 저더러 이르시되 **너는 내 아들이니 내가 오늘날 너를 낳았다 하셨고**" (히5:5)

아버지가 아들을 낳았다고 해서 예수님과 아버지가 따로 계시는 것은 아닙니다. 예수님이 육체를 입고 사람으로 오셨을 때 아버지는 예수님 안에 계셨습니다. 성경대로 하나님을 믿지 않는 자들, 특히 삼위일체 교리 안에서 신앙생활 하는 자들은 아버지는 하늘에 계셨고 예수님은 땅에 계셨다고 말합니다. 예수님이 하신 말씀을 믿지 않는 것입니다. 예수님은 아버지가 예수님 안에 계신다고 말씀하셨습니다.

> "6 예수께서 가라사대 **내가 곧 길이요 진리요 생명이니** 나로 말미암지 않고는 아버지께로 올 자가 없느니라 7 너희가 나를 알았더면 내 아버지도 알았으리로다 이제부터는 너희가 그를 알았고 또 보았느니라 8 빌립이 가로되 주여 아버지를 우리에게 보여 주옵소서 그리하면 족하겠나이다 9 예수께서 가라사대 빌립아 내가 이렇게 오래 너희와 함께 있으되 네가 나를 알지 못하느냐 나를 본 자는 아버지를 보았거늘 어찌하여 아버지를 보이라 하느냐 10 나는 아버지 안에 있고 아버지는 내 안에 계신 것을 네가 믿지 아니하느냐 내가 너희에게 이르는 말이 스스로 하는 것이 아니라 아버지께서 내 안에 계셔 그의 일을 하시는 것이라 11 **내가 아버지 안에 있고 아버지께서 내 안에 계심을 믿으라** 그렇지 못하겠거든 행하는 그 일을 인하여 나를 믿으라" (요14:6-11)

어떻게 사람이신 예수님 안에 아버지가 계실 수 있는가? 이런 의문을 가지는 사람들이 분명 있을 것입니다. 예수님이 사람으로 계시기 때문에 영이신 아버지가 예수님 속에 계실 수가 있습니다. 사람의 육체 안에 영혼이 있는 것과 같은 이치입니다. 물론 예수님은 육체만 있고 영혼이 없이 하나님이 예수님의 영혼이라는 뜻이 아닙니다. 영은 시간과 공간과 물질의 제약을 받지 않습니다. 그래서 우리와 똑같은 영, 혼, 몸을 가지신 예수님 안에 영이신 아버지가 계십니다. 그런데 창조주 하나님의 계획과 천지 창조의 목적을 모르는 사람들은 하나님이 지으신 영계와 우주를 포함한 물질계가 따로 떨어져 있는 것으로 알고 믿고 있습니다. 이런 사람들은 육체가 흙으로 돌아가면 그때 우주 너머에 있는 천국에 영혼이 가는 것으로 믿고 교회를 다니고 있습니다. 영계와 물질계는 따로 떨어져 있는 것이 아닙니다. 하나님이 만물을 지으실 때 먼저 영계를 지으시고 그 영계 안에 우주를 포함한 물질계를 지으셨습니다. 우리가 지금 살고 있는 이 세계가 영계 안에 포함되어 있습니다. 그래서 천국(하나님 나라)은 죽어서 가는 곳이 아닙니다. 하나님 나라는 사람 속에 이루어진다고 예수님이 말씀하셨습니다.

> "20 바리새인들이 하나님의 나라가 어느 때에 임하나이까 묻거늘 예수께서 대답하여 가라사대 하나님의 나라는 볼 수 있게 임하는 것이 아니요 21 또 여기 있다 저기 있다고도 못하리니 **하나님의 나라는 너희 안에 있느니라**" (눅17:20-21)

육체를 입고 물질계에 오신 예수님 안에 영이신 하나님 아버지가 계실 수 있는 것은 영계 안에 우주를 포함한 물질계가 있기 때문입니다. 그래서 예수님은 나와 아버지는 하나라고(요10:30) 말씀하셨습니다.

> "내가 **아버지께로 나와서** 세상에 왔고 다시 세상을 떠나 **아버지께로 가노라** 하시니" (요16:28)
> "그 날에는 **내가 아버지 안에, 너희가 내 안에, 내가 너희 안에 있는 것을 너희가 알리라**" (요14:20)

아버지께로 나와서 세상에 오신 예수님이 다시 세상을 떠나 아버지께로 간다고 하셨는데 아버지께로 나오신 예수님은 아버지 안에 계시다가 세상에 오셨기 때문에 다시 아버지께로 가실 때도 아버지 안으로 가셔야 합니다. 아버지 안으로 가신 예수님은 영원히 아버지 안에 계시기 때문에 다시는 볼 수 없습니다.

3.
영원한 때와 영원한 때 전(前)

믿음과 진리의 지식과 영생의 소망으로 인하여 바울이 예수 그리스도의 사도가 되어 복음을 전한다고 말씀했는데 이 영생을 하나님이 영원한 때 전부터 약속하신 것이라고 했습니다.

> "1 하나님의 종이요 예수 그리스도의 사도인 바울 곧 나의 사도 된 것은 하나님의 택하신 자들의 믿음과 경건함에 속한 진리의 지식과 2 영생의 소망을 인함이라 이 영생은 거짓이 없으신 **하나님이 영원한 때 전부터 약속하신 것인데** 3 자기 때에 자기의 말씀을 전도로 나타내셨으니 이 전도는 우리 구주 하나님의 명대로 내게 맡기신 것이라" (딛1:1-3)
>
> "하나님이 우리를 구원하사 거룩하신 부르심으로 부르심은 우리의 행위대로 하심이 아니요 오직 자기 뜻과 **영원한 때 전부터 그리스도 예수 안에서 우리에게 주신 은혜대로 하심이라**" (딤후1:9)

영원한 때 전부터 그리스도 예수 안에서 우리에게 주신 은혜대로 우리를 구원하사 거룩하신 부르심으로 부르셨다고 했습니다. 영원한 때

전(前)을 알려면 먼저 영원한 때를 알아야 합니다. 하나님이 만물을 지으실 때 먼저 영계를 지으셨는데 영계가 지어졌을 때를 영원한 때라고 합니다. 하나님이 일꾼으로 삼으실 천사들을 지으셨는데 이때가 바로 영계가 지어진 때입니다. 그리고 영계 안에 우주를 포함한 물질계를 지으셨습니다.

> "네 구속자요 모태에서 너를 조성한 나 여호와가 말하노라 나는 만물을 지은 여호와라 **나와 함께한 자 없이 홀로 하늘을 폈으며 땅을 베풀었고**" (사 44:24)

창조주 하나님이 지으신 모든 것을 피조물(被造物)이라고 합니다. 하나님이 창조의 사역을 시작하시기 전에는 존재하는 것이 아무것도 없었습니다. 피조물(被造物)이 하나도 없었기 때문입니다. 오직 창조주이신 여호와 하나님만이 계실 때가 있었습니다. 이때를 영원한 때 전이라고 합니다. 하나님께서는 영원한 때 전에 우리를 구원하시고 우리에게 영생을 주시기로 약속하셨습니다. 그래서 천지 창조의 목적은 하나님의 아들들을 얻으시는 것입니다.

1) 세 영적 존재

영이신 하나님과 영으로 지음을 받은 존재는 절대로 소멸(消滅)되지 않는 영적 존재입니다. 영계와 물질계를 통틀어서 세 영적인 존재가 있습니다.

① 하나님이 영이십니다

창조주이신 하나님이 영이십니다. 하나님은 영체로서 사람의 형체를 하고 계시는 분입니다.

> "하나님은 영이시니 예배하는 자가 **신령과 진정으로** 예배할지니라" (요 4:24)

혹자들은 하나님이 영이시므로 형체가 없다고 주장하는 자들이 있습니다. 이런 사람들은 성경을 믿지 않는 자들입니다. 첫 사람 아담을 지으실 때 하나님의 형상을 따라 모양대로 지으셨다고 말씀하셨습니다.

> "26 하나님이 가라사대 **우리의 형상을 따라 우리의 모양대로** 우리가 사람을 만들고 그로 바다의 고기와 공중의 새와 육축과 온 땅과 땅에 기는 모든 것을 다스리게 하자 하시고 27 하나님이 자기 형상 곧 하나님의 형상대로 사람을 창조하시되 남자와 여자를 창조하시고 28 하나님이 그들에게 복을 주시며 그들에게 이르시되 생육하고 번성하여 땅에 충만하라, 땅을 정복하라, 바다의 고기와 공중의 새와 땅에 움직이는 모든 생물을 다스리라 하시니라" (창1:26-28)

아담의 형상이 곧 하나님의 형상입니다. 하나님이 하나님의 형상을 따라 하나님의 모양대로 아담을 지으셨습니다. 하나님이 사람의 형체로 계시는 것을 기록된 말씀을 통해 알 수 있습니다. 아브라함에게 여호와 하나님이 사람으로 나타나셨습니다.

"1 여호와께서 마므레 상수리 수풀 근처에서 아브라함에게 나타나시니라 오정 즈음에 그가 장막 문에 앉았다가 2 눈을 들어 본즉 사람 셋이 맞은편에 섰는지라 그가 그들을 보자 곧 장막 문에서 달려나가 영접하며 몸을 땅에 굽혀" (창18:1-2)

아브라함에게 여호와 하나님이 천사 둘과 함께 나타나셨는데 사람 셋이 나타났다고 했습니다.

"17 여호와께서 모세에게 이르시되 너의 말하는 이 일도 내가 하리니 너는 내 목전에 은총을 입었고 내가 이름으로도 너를 앎이니라 18 모세가 가로되 원컨대 주의 영광을 내게 보이소서 19 여호와께서 가라사대 내가 나의 모든 선한 형상을 네 앞으로 지나게 하고 여호와의 이름을 네 앞에 반포하리라 나는 은혜 줄 자에게 은혜를 주고 긍휼히 여길 자에게 긍휼을 베푸느니라 20 또 가라사대 **네가 내 얼굴을 보지 못하리니 나를 보고 살 자가 없음이니라** 21 여호와께서 가라사대 보라 내 곁에 한 곳이 있으니 너는 그 반석 위에 섰으라 22 내 영광이 지날 때에 내가 너를 반석 틈에 두고 내가 지나도록 내 손으로 너를 덮었다가 23 손을 거두리니 **네가 내 등을 볼 것이요 얼굴은 보지 못하리라**" (출33:17-23)

모세가 여호와께 "원컨대 주의 영광을 내게 보이소서"라고 하자 여호와께서 "네가 내 얼굴을 보지 못하리니 나를 보고 살 자가 없음이니라"라고 말씀하시고 또 "네가 내 등을 볼 것이요 얼굴은 보지 못하리라"라고 말씀하셨습니다. 여호와 하나님은 사람의 형체로 계시기 때문에 얼굴도 있고 등도 있습니다.

"26 그 머리 위에 있는 궁창 위에 보좌의 형상이 있는데 그 모양이 남보석 같고 그 보좌의 형상 위에 한 형상이 있어 사람의 모양 같더라 27 내가 본 즉 그 허리 이상의 모양은 단 쇠 같아서 그 속과 주위가 불 같고 그 허리 이하의 모양도 불 같아서 사면으로 광채가 나며 28 그 사면 광채의 모양은 비 오는 날 구름에 있는 무지개 같으니 이는 **여호와의 영광의 형상의 모양이라** 내가 보고 곧 엎드리어 그 말씀하시는 자의 음성을 들으니라"(겔1:26-28)

에스겔이 보좌에 앉으신 여호와 하나님을 보았는데 모양이 불 같아서 사면으로 광채가 나는 보좌에 계신 사람의 모양을 보았습니다.

"9 내가 보았는데 왕좌가 놓이고 **옛적부터 항상 계신 이가 좌정하셨는데** 그 옷은 희기가 눈 같고 그 머리털은 깨끗한 양의 털 같고 그 보좌는 불꽃이요 그 바퀴는 붙는 불이며 10 불이 강처럼 흘러 그 앞에서 나오며 그에게 수종하는 자는 천천이요 그 앞에 시위한 자는 만만이며 심판을 베푸는데 **책들이 펴 놓였더라**"(단7:9-10)

다니엘이 옛적부터 항상 계신 이를 보았는데 그 옷은 희기가 눈 같고 그 머리털은 깨끗한 양의 털 같고 그 보좌 앞에 많은 천사들이 수종(隨從)하고 시위(侍衛)하는 것을 보았습니다. 이상의 말씀들을 보면 영이신 하나님이 사람의 형체로 계신다는 것을 알 수 있습니다.

② **천사는 영으로 지음을 받았습니다**

천사들은 모두 구원 얻을 후사들을 섬기는 부리는 영으로 지음을 받았습니다.

> "모든 천사들은 부리는 영으로서 구원 얻을 후사들을 위하여 섬기라고 보내심이 아니뇨" (히1:14)
>
> "19 여호와께서 그 보좌를 하늘에 세우시고 그 정권으로 만유를 통치하시도다 20 능력이 있어 **여호와의 말씀을 이루며 그 말씀의 소리를 듣는 너희 천사여** 여호와를 송축하라 21 **여호와를 봉사하여 그 뜻을 행하는 너희 모든 천군이여** 여호와를 송축하라 22 여호와의 지으심을 받고 그 다스리시는 모든 곳에 있는 너희여 여호와를 송축하라 내 영혼아 여호와를 송축하라" (시103:19-22)

천사들은 여호와의 말씀을 이루며 여호와를 봉사하여 그 뜻을 행하는 존재들입니다. 영으로 지으심을 받은 천사들도 사람의 형체를 하고 있습니다.

> "1 날이 저물 때에 그 두 천사가 소돔에 이르니 마침 롯이 소돔 성문에 앉았다가 그들을 보고 일어나 영접하고 땅에 엎드리어 절하여 2 가로되 내 주여 돌이켜 종의 집으로 들어와 발을 씻고 주무시고 일찌기 일어나 갈 길을 가소서 그들이 가로되 아니라 우리가 거리에서 경야하리라 3 롯이 간청하매 그제야 돌이켜서 그 집으로 들어오는지라 롯이 그들을 위하여 식탁을 베풀고 무교병을 구우니 그들이 먹으니라" (창19:1-3)

롯에게 나타난 천사들은 창세기 18장에 아브라함에게 나타나신 여호와 하나님과 함께 온 천사들이었는데 소돔과 고모라를 멸하려고 온 것입니다.

③ **사람은 생령(生靈)입니다**

여호와 하나님이 흙으로 사람을 지으시고 생기를 그 코에 불어 넣으시니 사람이 생령(生靈)이 되었습니다.

> "여호와 하나님이 흙으로 사람을 지으시고 생기를 그 코에 불어 넣으시니 **사람이 생령이 된지라**" (창2:7)

사람은 하나님이 특별하게 지으신 존재입니다. 사람을 지으실 때 하나님의 형상을 따라 모양대로 지었다고 했습니다.

> "26 하나님이 가라사대 **우리의 형상을 따라 우리의 모양대로 우리가 사람을 만들고** 그로 바다의 고기와 공중의 새와 육축과 온 땅과 땅에 기는 모든 것을 다스리게 하자 하시고 27 하나님이 자기 형상 곧 하나님의 형상대로 사람을 창조하시되 남자와 여자를 창조하시고 28 하나님이 그들에게 복을 주시며 그들에게 이르시되 생육하고 번성하여 땅에 충만하라, 땅을 정복하라, 바다의 고기와 공중의 새와 땅에 움직이는 모든 생물을 다스리라 하시니라" (창1:26-28)

하나님이 창조하신 그 어떤 것도 하나님의 형상과 모양대로 지었다고 말씀하신 적이 없습니다. 오직 사람에게만 하나님의 형상과 모양대로 지으셨다고 말씀하고 있습니다. 사람을 하나님의 형상을 따라 모양대로 지으신 목적은 하나님의 아들들이 되게 하기 위함입니다.

> "하나님께서 어느 때에 천사 중 누구에게 네가 내 아들이라 **오늘날 내가 너**

를 낳았다 하셨으며 또 다시 나는 그에게 아버지가 되고 그는 내게 아들이 되리라 하셨느뇨" (히1:5)

천사도 영으로 지음을 받았고 사람의 형상을 하고 있지만 하나님이 아들이라고 말씀하신 적이 없고 하나님의 아들도 될 수 없다고 했습니다. 사람과 천사를 지으신 목적 자체가 다릅니다. 천사는 부리는 영으로 곧 하나님의 일꾼으로 지음을 받은 존재들이고 사람은 하나님의 아들들이 되게 하시려고 지으신 존재입니다.

2) 창세기 1장 26절의 사람과 27-28절의 사람은 4,000년의 차이가 있습니다

사람을 하나님의 형상을 따라 모양대로 지으셨는데 그 목적이 하나님의 아들들이 되게 하는 것이라고 했습니다.

> "26 하나님이 가라사대 **우리의 형상을 따라 우리의 모양대로 우리가 사람을 만들고** 그로 바다의 고기와 공중의 새와 육축과 온 땅과 땅에 기는 모든 것을 다스리게 하자 하시고 27 **하나님이 자기 형상 곧 하나님의 형상대로 사람을 창조하시되** 남자와 여자를 창조하시고 28 하나님이 그들에게 복을 주시며 그들에게 이르시되 생육하고 번성하여 땅에 충만하라, 땅을 정복하라, 바다의 고기와 공중의 새와 땅에 움직이는 모든 생물을 다스리라 하시니라" (창1:26-28)

〈창세기 1장 26절 사람과 27-28절 사람의 차이점(NIV성경 참조)〉

구분	창세기 1장 26절	창세기 1장 27-28절
1	하나님이 우리(복수)	하나님이 자기(단수)
2	하나님의 형상을 따라 모양대로	하나님의 형상대로
3	만들고(make)	창조하시고(created)
4	사람(man)	남자와 여자(male and female)
5	그로(단수)	그들에게(복수)
6	×	복을 주시고
7	×	생육하고 번성하여 땅에 충만하라
8	×	땅을 정복하라
9	다스리게 하자(예정)	다스리라(명령)

창세기 1장 26절의 사람과 27-28절의 사람은 약 4,000년의 시 차이가 있습니다. 창세기 1장 26절의 사람은 첫 사람 아담을 말합니다. 그러나 창세기 1장 27-28절의 남자와 여자는 그리스도와 교회를 말합니다. 사람의 생각으로 성경을 보면 오류라고 생각할 수도 있으나 하나님의 경륜 안에서 성경을 보면 하나님의 비밀이 열리게 됩니다. 하나님의 비밀이 열린 사람은 넓고 깊은 하나님의 은혜를 경험하게 됩니다.

① **창세기 1장 26절에는 하나님이 '우리'라고 하셨고 27-28절에는 '자기'라고 하셨습니다**

하나님은 한 분이신데 왜 성경에는 '우리'라는 복수의 표현이 나오는지 제대로 알지 못하면 '삼위일체'라고 하는 존재하지 않는 하나님을 믿게 됩니다. 존재론적 삼위일체 교리(부록 참조)는 성부 하나님이 계시고 성자 예수님이 계시고 성령님이 계시는데, 이분들이 세 분이 아니고 한 분이라는 말을 하는데 어떻게 한 분이 되시는지는 절대로 설명하지 못합니다. 그러면서 하는 말이 하나님은 우리의 이해를 초월하신 분이므로 이해할 수 없다고 합니다. 이해하지도 못하는 하나님을 어떻게 믿을 수 있습니까? 성경 어디에도 하나님은 이해할 수 없는 분이니 이해하지 말고 그냥 믿으라는 말이 없습니다. 오히려 하나님을 믿는 자들은 하나님을 안다는 말씀은 많이 있습니다.

> "나 여호와가 말하노라 너희는 나의 증인, 나의 종으로 택함을 입었나니 이는 **너희로 나를 알고 믿으며 내가 그인 줄 깨닫게 하려 함이라** 나의 전에 지음을 받은 신이 없었느니라 나의 후에도 없으리라" (사43:10)
>
> "33 나 여호와가 말하노라 그러나 그 날 후에 내가 이스라엘 집에 세울 언약은 이러하니 곧 **내가 나의 법을 그들의 속에 두며 그 마음에 기록하여** 나는 그들의 하나님이 되고 그들은 내 백성이 될 것이라 34 그들이 다시는 각기 이웃과 형제를 가리켜 이르기를 너는 여호와를 알라 하지 아니하리니 **이는 작은 자로부터 큰 자까지 다 나를 앎이니라** 내가 그들의 죄악을 사하고 다시는 그 죄를 기억지 아니하리라 여호와의 말이니라" (렘31:33-34)
>
> "**19 내가 네게 장가들어 영원히 살되 의와 공변됨과 은총과 긍휼히 여김으로 네게 장가들며 20 진실함으로 네게 장가들리니 네가 여호와를 알리라**"
> (호2:19-20)

여호와 하나님께서 증인과 종으로 택한 자들에게 "너희로 나를 알고 믿으며 내가 그인 줄 깨닫게 하려 하신다"라고 하셨습니다. 새 언약을 말씀하시면서 "내가 나의 법을 그들의 속에 두며 그 마음에 기록하여 나는 그들의 하나님이 되고 그들은 내 백성이 될 것이라 그들이 다시는 각기 이웃과 형제를 가리켜 이르기를 너는 여호와를 알라 하지 아니하리니 이는 작은 자로부터 큰 자까지 다 나를 앎이니라"라고 하셨습니다. 여호와께서 장가드시면 여호와를 안다고 했습니다. 증인과 종으로 택함을 입고 새 언약이 이루어지고 여호와께서 장가든 사람은 여호와를 알아야 합니다. 이것이 하나님의 말씀입니다. 하나님을 이해할 수 없으니 그냥 믿으라는 것은 하나님의 말씀이 아닙니다. 이런 말씀은 성경에 없습니다.

"너희는 거룩하신 자에게서 **기름 부음을 받고 모든 것을 아느니라**" (요일 2:20)

"너희는 주께 받은 바 기름 부음이 너희 안에 거하나니 아무도 너희를 가르칠 필요가 없고 오직 그의 기름 부음이 모든 것을 너희에게 가르치며 또 참되고 거짓이 없으니 너희를 가르치신 그대로 주 안에 거하라" (요일2:27)

믿는 자들은 거룩하신 자에게서 기름 부음을 받고 모든 것을 안다고 했습니다. 주께 받은 기름 부음이 믿는 자 안에 거하므로 그의 기름 부음이 모든 것을 가르치며 참되고 거짓이 없으니 가르치신 그대로 주 안에 거하라고 했습니다. 하나님을 알아야 합니다. 성경에 기록된 부분까지는 하나님을 알고 믿어야 합니다.

"1 오라 우리가 여호와께로 돌아가자 여호와께서 우리를 찢으셨으나 도로 낫게 하실 것이요 우리를 치셨으나 싸매어 주실 것임이라 2 여호와께서 이틀 후에 우리를 살리시며 제 삼일에 우리를 일으키시리니 우리가 그 앞에서 살리라 3 그러므로 **우리가 여호와를 알자 힘써 여호와를 알자** 그의 나오심은 새벽 빛 같이 일정하니 비와 같이, 땅을 적시는 늦은 비와 같이 우리에게 임하시리라 하리라" (호6:1-3)

여호와께서 이틀 후에 우리를 살리시며 제 삼일에 우리를 일으키시리니 우리가 그 앞에서 살리라! 그러므로 우리가 여호와를 알자 힘써 여호와를 알자고 했습니다. 살리심을 받은 자들은 여호와를 알아야 합니다. 힘써 여호와를 알아야 합니다.

"**내 백성이 지식이 없으므로 망하는도다** 네가 지식을 버렸으니 나도 너를 버려 내 제사장이 되지 못하게 할 것이요 네가 네 하나님의 율법을 잊었으니 나도 네 자녀들을 잊어버리리라" (호4:6)

여호와를 아는 지식이 없는 백성은 망합니다.

"4 이스라엘아 들으라 **우리 하나님 여호와는 오직 하나인 여호와시니** 5 너는 마음을 다하고 성품을 다하고 힘을 다하여 네 하나님 여호와를 사랑하라" (신6:4-5)

"5 주도 하나이요 믿음도 하나이요 세례도 하나이요 6 **하나님도 하나이시니 곧 만유의 아버지시라** 만유 위에 계시고 만유를 통일하시고 만유 가운데 계시도다" (엡4:5-6)

구약이나 신약이나 하나님은 한 분이라고 말씀하고 있습니다. 그런데 왜 '우리'라는 복수를 사용하셨을까요? 그 이유는 여호와 하나님이 자기의 생명을 분배하셔야 하나님의 친아들들을 얻을 수가 있는데 혼자서는 생명을 분배할 수가 없기 때문입니다. 하나님의 아들들은 천사들을 지으실 때처럼 하나님의 능력으로 만드는 것이 아닙니다. 아버지가 생명을 주셔서 아들을 낳아야 합니다. 아버지가 먼저 한 아들을 낳아서 그 아들을 통해서 많은 아들들을 얻으시는 것입니다. 그래서 아버지가 낳으신 하나님의 친아들이며 맏아들이신 예수 그리스도와 하나님 아버지가 '우리'입니다. 하나님 아버지가 아들을 낳으시고 낳으신 아들이 십자가에서 죽고 아버지 안으로 가셔서 많은 열매를 맺음으로 예수님과 똑같은 많은 아들들을 얻는 것이 천지 창조의 목적이기 때문에 첫 사람 아담을 만드신 것에는 '우리'라는 복수를 사용하신 것입니다.

> "5 너희 안에 이 마음을 품으라 곧 그리스도 예수의 마음이니 6 **그는 근본 하나님의 본체시나** 하나님과 동등됨을 취할 것으로 여기지 아니하시고 7 오히려 자기를 비어 종의 형체를 가져 사람들과 같이 되었고 8 사람의 모양으로 나타나셨으매 자기를 낮추시고 죽기까지 복종하셨으니 곧 십자가에 죽으심이라" (빌2:5-8)

예수 그리스도는 하나님 아버지가 직접 오셔서 육신을 입고 사람이 되신 분이기 때문에 '자기'라는 단수를 사용하셨습니다. 예수님은 영원한 때 전부터 계신 하나님의 아들이 아닙니다. 하나님 아버지가 낳으신 아들입니다. 존재론적 삼위일체 교리 안에서 하나님을 믿는 자들은 예수님이 영원한 때 전부터 계신 아들이라고 믿습니다. 만약 그렇다면 하나님 아버지와 예수님은 아버지와 아들이 될 수 없습니다. 아버지의 생명을 받아야 아들인데 아들이 영원부터 존재했다면 그 아들은 아버지의 생명을 받은 것이 아니며 생명을 받지 않았기 때문에 아버지와 아들의 관계가 성립할 수 없는 것입니다.

> "아버지께서 자기 속에 생명이 있음같이 **아들에게도 생명을 주어 그 속에 있게 하셨고**" (요5:26)
>
> "또한 이와 같이 그리스도께서 대제사장 되심도 스스로 영광을 취하심이 아니요 오직 말씀하신 이가 저더러 이르시되 **너는 내 아들이니 내가 오늘 날 너를 낳았다 하셨고**" (히5:5)

아버지께서 자기 속에 생명이 있음같이 아들에게도 생명을 주어 그 속에 있게 하셨는데, 그때가 바로 아버지가 아들을 낳으신 때입니다. 처음부터 아들이 존재한 것이 아니라 아버지가 아들을 낳으신 것입니다. 아버지께서 아들을 낳기 전에는 아들이 없었습니다. 아버지 속에 그리스도가 지혜와 말씀과 생명과 씨로 계셨습니다. 이 생명을 아버지가 내어놓으시면 비로소 아들이 되는 것입니다. 그래서 예수님은 말씀이 육신이 되신 하나님의 아들입니다.

> "1 태초에 말씀이 계시니라 이 말씀이 하나님과 함께 계셨으니 **이 말씀은 곧 하나님이시니라** 2 그가 태초에 하나님과 함께 계셨고 3 만물이 그로 말미암아 지은 바 되었으니 지은 것이 하나도 그가 없이는 된 것이 없느니라 4 그 안에 생명이 있었으니 이 생명은 사람들의 빛이라" (요1:1-4)
>
> "**말씀이 육신이 되어** 우리 가운데 거하시매 우리가 그 영광을 보니 아버지의 독생자의 영광이요 은혜와 진리가 충만하더라" (요1:14)
>
> "1 태초부터 있는 생명의 말씀에 관하여는 우리가 들은 바요 눈으로 본 바

> 요 주목하고 우리 손으로 만진 바라 2 이 생명이 나타내신 바 된지라 이 영원한 생명을 우리가 보았고 증거하여 너희에게 전하노니 이는 **아버지와 함께 계시다가 우리에게 나타내신 바 된 자니라**" (요일1:1-2)

태초부터 있는 생명의 말씀이 아버지와 함께 계시다가 우리에게 나타내신 바 되신 분이 바로 예수 그리스도입니다. 예수님은 아버지 속에 말씀으로 계시다가 육체를 입고 하나님의 아들이 되신 분이므로 하나님이 '자기' 형상대로 창조하신 하나님의 아들입니다.

② '우리의 형상을 따라 우리의 모양대로'와
'하나님이 자기 형상 곧 하나님의 형상대로'

첫 사람 아담은 하나님의 형상을 따라 하나님의 모양대로 지음을 받았습니다. 그래서 첫 사람 아담의 겉모습은 하나님과 똑같지만 그 속에 있는 생명은 하나님 아버지의 생명이 아니므로 하나님의 아들이 아닙니다. 그러나 사람을 지으신 목적이 하나님의 아들들을 얻는 것이므로 겉으로 보이는 모습은 하나님과 똑같이 만드셨습니다. 그래서 사람을 보면 하나님을 알 수가 있고 사람 속에 하나님 아버지의 생명을 넣어주시면 사람이 하나님의 아들이 될 수 있는 것입니다. 사람 속에 하나님 아버지가 넣어주시는 생명이 바로 그리스도입니다. 그래서 성경대로 하나님을 믿는 자들 속에는 반드시 그리스도가 계셔야 합니다. 자기 속에 그리스도가 계시지 않는 자들은 하나님의 아들이 아닙니다.

> "믿음으로 말미암아 **그리스도께서 너희 마음에 계시게 하옵시고** 너희가 사랑 가운데서 뿌리가 박히고 터가 굳어져서" (엡3:17)

"너희가 믿음에 있는가 너희 자신을 시험하고 너희 자신을 확증하라 **예수 그리스도께서 너희 안에 계신 줄을 너희가 스스로 알지 못하느냐** 그렇지 않으면 너희가 버리운 자니라" (고후13:5)

첫 사람 아담은 하나님의 형상을 따라 모양대로 지었지만 예수 그리스도는 하나님이 자기 형상, 곧 하나님의 형상대로 창조하신 분입니다. 그래서 예수님은 하나님의 형상 그대로 육체를 입은 분입니다.

"3 만일 우리 복음이 가리웠으면 망하는 자들에게 가리운 것이라 4 그 중에 이 세상 신이 믿지 아니하는 자들의 마음을 혼미케 하여 그리스도의 영광의 복음의 광채가 비취지 못하게 함이니 **그리스도는 하나님의 형상이니라** 5 우리가 우리를 전파하는 것이 아니라 오직 그리스도 예수의 주 되신 것과 또 예수를 위하여 우리가 너희의 종 된 것을 전파함이라 6 어두운 데서 빛이 비취리라 하시던 그 하나님께서 예수 그리스도의 얼굴에 있는 하나님의 영광을 아는 빛을 우리 마음에 비취셨느니라" (고후4:3-6)

그리스도는 하나님의 형상입니다.

"15 그는 보이지 아니하시는 **하나님의 형상이요** 모든 창조물보다 먼저 나신 자니 16 만물이 그에게 창조되되 하늘과 땅에서 보이는 것들과 보이지 않는 것들과 혹은 보좌들이나 주관들이나 정사들이나 권세들이나 만물이 다 그로 말미암고 그를 위하여 창조되었고 17 또한 그가 만물보다 먼저 계시고 만물이 그 안에 함께 섰느니라 18 그는 몸인 교회의 머리라 그가 근본이요 죽은 자들 가운데서 먼저 나신 자니 이는 친히 만물의 으뜸이 되려 하심이요 19 아버지께서는 모든 충만으로 예수 안에 거하게 하시고 20 그의 십자가의 피로 화평을 이루사 만물 곧 땅에 있는 것들이나 하늘에 있는 것들을 그로 말미암아 자기와 화목케 되기를 기뻐하심이라" (골 1:15-20)

그리스도는 보이지 아니하시는 하나님의 형상이요, 모든 창조물보다 먼저 나신 자로서 만물이 그에게 창조되었고 아버지께서는 모든 충만으로 예수 안에 거하게 하셨습니다.

"1 옛적에 선지자들로 여러 부분과 여러 모양으로 우리 조상들에게 말씀하신 하나님이 2 이 모든 날 마지막에 아들로 우리에게 말씀하셨으니 이 아들을 만유의 후사로 세우시고 또 저로 말미암아 모든 세계를 지으셨느니라 3 이는 **하나님의 영광의 광채시요 그 본체의 형상이시라** 그의 능력의 말씀으로 만물을 붙드시며 죄를 정결케 하는 일을 하시고 높은 곳에 계신 위엄의 우편에 앉으셨느니라" (히 1:1-3)

하나님의 아들 예수 그리스도는 하나님의 영광의 광채이시며 그 본체의 형상이십니다. 하나님 아버지의 형상과 예수 그리스도의 형상이 다르지 않습니다. 그래서 예수님은 나를 본 자는 아버지를 보았다고 말씀하셨습니다.

"7 너희가 나를 알았더면 내 아버지도 알았으리로다 이제부터는 너희가 그를 알았고 또 보았느니라 8 빌립이 가로되 주여 아버지를 우리에게 보여주옵소서 그리하면 족하겠나이다 9 예수께서 가라사대 빌립아 내가 이렇게 오래 너희와 함께 있으되 네가 나를 알지 못하느냐 나를 본 자는 아버지를 보았거늘 어찌하여 아버지를 보이라 하느냐 10 나는 아버지 안에 있고 아버지는 내 안에 계신 것을 네가 믿지 아니하느냐 내가 너희에게 이르는 말이 스스로 하는 것이 아니라 아버지께서 내 안에 계셔 그의 일을 하시는 것이라 11 **내가 아버지 안에 있고 아버지께서 내 안에 계심을 믿으라** 그렇지 못하겠거든 행하는 그 일을 인하여 나를 믿으라" (요14:7-11)

"44 예수께서 외쳐 가라사대 나를 믿는 자는 나를 믿는 것이 아니요 **나를 보내신 이를 믿는 것이며** 45 나를 보는 자는 **나를 보내신 이를 보는 것이니라**" (요12:44-45)

예수님과 아버지는 함께 계셨습니다. 사람과 같은 육체를 가진 예수님 안에 영이신 아버지가 계셨습니다. 그래서 예수님을 봤으면 아버지를 본 것입니다. 예수님과 아버지는 하나입니다.

> "나와 아버지는 **하나이니라** 하신대" (요10:30)

어떻게 예수님과 아버지가 하나이십니까? 여호와 하나님이 직접 오셔서 육신을 입고 사람이 되셨기 때문입니다. 그래서 예수님은 나를 '그'로 믿으라고 말씀하셨습니다.

"24 이러므로 내가 너희에게 말하기를 너희가 너희 죄 가운데서 죽으리라 하였노라 너희가 만일 **내가 그인 줄 믿지 아니하면 너희 죄 가운데서 죽으리라** 25 저희가 말하되 네가 누구냐 예수께서 가라사대 나는 처음부터 너희에게 말하여 온 자니라 26 내가 너희를 대하여 말하고 판단할 것이 많으나 나를 보내신 이가 참되시매 내가 그에게 들은 그것을 세상에게 말하노

라 하시되 27 저희는 **아버지를 가리켜 말씀하신 줄을 깨닫지 못하더라**" (요 8:24-27)

예수님을 '그'로 믿지 않는 자들은 구원을 받을 수가 없습니다. 예수님을 '그'로 믿는다는 것은 예수님 안에 아버지가 계심을 믿는 것입니다. 곧 아버지가 직접 오셔서 육신을 입고 사람이 되신 분이 예수 그리스도이심을 믿는 것입니다. 예수님이 '그'라는 사실은 여호와 하나님이 하신 말씀을 통해서도 알 수 있습니다.

"이 일을 누가 행하였느냐 누가 이루었느냐 누가 태초부터 만대를 명정하였느냐 나 여호와라 태초에도 나요 나중 있을 자에게도 **내가 곧 그니라**" (사41:4)

"10 나 여호와가 말하노라 너희는 나의 증인, 나의 종으로 택함을 입었나니 이는 너희로 나를 알고 믿으며 **내가 그인 줄 깨닫게 하려 함이라** 나의 전에 지음을 받은 신이 없었느니라 나의 후에도 없으리라 11 나 곧 나는 여호와라 나 외에 구원자가 없느니라 12 내가 고하였으며 구원하였으며 보였고 너희 중에 다른 신이 없었나니 그러므로 너희는 나의 증인이요 나는 하나님이니라 여호와의 말이니라 13 과연 **태초로부터 나는 그니** 내 손에서 능히 건질 자가 없도다 내가 행하리니 누가 막으리요" (사43:10-13)

태초에 말씀하시고 일하시는 분이 여호와 하나님이신데 나중 있을 자에게도 "내가 곧 그"라고 말씀하셨습니다. 태초에도 나요, 나중에도 내가 일한다고 말씀하시면 되는데 '그'라는 3인칭 단수 대명사를 사용하셔서 말씀하셨습니다. 여호와 하나님이 말씀하신 나중 있을 자는 예수 그리스도입니다. 여호와 하나님과 다른 분이 오시는 것이 아니라 여호와 하나님이 오시는데 '그'라고 하셨습니다. 말씀이 육신이 되신 분, 곧 하나님이 자기 형상대로 창조하신 분이 예수 그리스도입니다.

> "12 야곱아 나의 부른 이스라엘아 나를 들으라 **나는 그니** 나는 처음이요 또 마지막이라 13 과연 내 손이 땅의 기초를 정하였고 내 오른손이 하늘에 폈나니 내가 부르면 천지가 일제히 서느니라 14 너희는 다 모여 들으라 나 여호와의 사랑하는 자가 나의 뜻을 바벨론에 행하리니 그의 팔이 갈대아인에게 임할 것이라 그들 중에 누가 이 일을 예언하였느뇨 15 나 곧 내가 말하였고 또 내가 그를 부르며 그를 인도하였나니 그 길이 형통하리라 16 너희는 내게 가까이 나아와 이 말을 들으라 내가 처음부터 그것을 비밀히 말하지 아니하였나니 그 말이 있을 때부터 내가 거기 있었노라 하셨느니라 이제는 주 여호와께서 나와 그 신을 보내셨느니라" (사48:12-16)

이사야 48장 12-16절의 말씀은 하나의 내용으로 되어 있는데 12-15절에서 '나'로 말씀하신 분은 여호와 하나님이시고 16절에는 보내심을 받으신 '그'가 '나'로 말씀하고 있습니다. 여호와 하나님이 보내신 '그'를 여호와 하나님이 부르시고 인도하시므로 그 길이 형통하리라 말씀하셨고 그 말씀이 있을 때부터 보내심을 받은 '내가' 거기 있었다고 말씀하셨습니다. 예수님을 보내신 아버지가 '그'를 보낸다고 말씀하실 때에 예수님이 여호와 하나님과 함께 계셨다는 것입니다. 곧 보내심을 받은 예수님이 '그'인데 '그'는 곧 여호와 하나님이십니다. 여호와로 말미암아 여호와가 아닌 여호와가 '그'입니다. 하나님의 형상을 따라 모양대로 지으신 첫 사람 아담은 하나님과 겉모습만 같지만 하나님의 형상대로 창조하신 예수 그리스도는 속에 있는 생명과 겉으로 보이는 모습까지 다 하나님과 똑같은 하나님의 형상입니다.

③ 첫 사람 아담은 만들어진 존재이고
둘째 사람 그리스도는 창조된 분이시다

첫 사람 아담은 만든(make) 사람이고 그리스도는 창조(created)된 분입니다. 만들어진 첫 사람 아담은 흙에 속한 자이고 창조된 둘째 사람 그리스도는 하늘에 속한 자입니다.

> "45 기록된 바 **첫 사람 아담은 산 영이 되었다** 함과 같이 마지막 아담은 살려 주는 영이 되었나니 46 그러나 먼저는 신령한 자가 아니요 육 있는 자요 그 다음에 신령한 자니라 47 첫 사람은 땅에서 났으니 흙에 속한 자이거니와 둘째 사람은 하늘에서 나셨느니라 48 무릇 흙에 속한 자는 저 흙에 속한 자들과 같고 무릇 하늘에 속한 자는 저 하늘에 속한 자들과 같으니 **49 우리가 흙에 속한 자의 형상을 입은 것같이 또한 하늘에 속한 자의 형상을 입으리라**" (고전15:45-49)

우리가 흙에 속한 자의 형상을 입은 것 같이 하늘에 속한 자의 형상을 입는 것이 천지 창조의 목적입니다. 흙으로 만든 사람을 새 창조를 하셔서 하늘에 속한 자의 형상을 입게 하는 것입니다.

> "9 너희가 서로 거짓말을 말라 옛 사람과 그 행위를 벗어 버리고 10 **새 사람을 입었으니** 이는 자기를 창조하신 자의 형상을 좇아 지식에까지 새롭게 하심을 받는 자니라" (골3:9-10)

옛사람과 그 행위를 벗어버리고 새사람을 입어 자기를 창조하신 자의 형상을 좇아 지식에까지 새롭게 하심을 받는 자가 되라고 했습니다. 어떻게 우리를 새롭게 하십니까?

> "22 너희는 유혹의 욕심을 따라 썩어져 가는 구습을 좇는 옛 사람을 벗어버리고 23 오직 심령으로 새롭게 되어 24 하나님을 따라 **의와 진리의 거룩함으로 지으심을 받은 새 사람을 입으라**" (엡4:22-24)

심령이 새롭게 되어야 새사람입니다. 하나님을 따라 의와 진리와 거룩함으로 지으심을 받은 사람이 창조된 사람입니다.

> "9 주의 얼굴을 내 죄에서 돌이키시고 내 모든 죄악을 도말하소서 10 하나님이여 **내 속에 정한 마음을 창조하시고 내 안에 정직한 영을 새롭게 하소서**" (시51:9-10)
>
> "26 또 **새 영을 너희 속에 두고 새 마음을 너희에게 주되** 너희 육신에서 굳은 마음을 제하고 부드러운 마음을 줄 것이며 27 또 내 신을 너희 속에 두어 너희로 내 율례를 행하게 하리니 너희가 내 규례를 지켜 행할지라" (겔 36:26-27)

흙으로 만들어진 첫 사람에게 새 영을 주셔서 새롭게 하시고 창조된 자가 되게 하십니다.

> "**주의 영을 보내어 저희를 창조하사 지면을 새롭게 하시나이다**" (시104:30)

주의 영을 보내어 저희를 창조하시고 지면을 새롭게 하십니다. 주의 영을 보내어 믿는 자 안에서 새 창조를 이루시고 지면(믿는 자의 육체)을 새롭게 하십니다.

> "이 일이 장래 세대를 위하여 기록되리니 **창조함을 받을 백성이 여호와를 찬송하리로다**" (시102:18)

창조함을 받을 백성이 여호와를 찬송한다고 했습니다. 창조함을 받을 백성이라고 말씀하셨으므로 창조가 또 있다는 말씀입니다. 첫 사람 아담은 흙으로 만들어진 사람이었지만 주의 영을 보내어 새롭게 하셔서 새 창조를 이루십니다. 보내시는 주의 영이 바로 그리스도입니다.

④ **사람**(man)과 **남자와 여자**(male and female)

사람은 흙으로 만드신 첫 사람 아담입니다. 남자와 여자는 그리스도와 교회를 말합니다.

> "31 이러므로 사람이 부모를 떠나 그 아내와 합하여 그 둘이 한 육체가 될지니 32 이 비밀이 크도다 내가 **그리스도와 교회에 대하여 말하노라**" (엡 5:31-32)

사도 바울이 그리스도와 교회에 대하여 말하면서 "사람이 부모를 떠나 그 아내와 합하여 그 둘이 한 육체가 될지니"라고 하신 창세기 2장 24절 말씀을 기록하고 이 비밀이 성경의 가장 큰 비밀이라고 했습니다.

"18 여호와 하나님이 가라사대 사람의 독처하는 것이 좋지 못하니 내가 그를 위하여 돕는 배필을 지으리라 하시니라 19 여호와 하나님이 흙으로 각종 들짐승과 공중의 각종 새를 지으시고 아담이 어떻게 이름을 짓나 보시려고 그것들을 그에게로 이끌어 이르시니 아담이 각 생물을 일컫는 바가 곧 그 이름이라 20 아담이 모든 육축과 공중의 새와 들의 모든 짐승에게 이름을 주니라 아담이 돕는 배필이 없으므로 21 여호와 하나님이 아담을 깊이 잠들게 하시니 잠들매 그가 그 갈빗대 하나를 취하고 살로 대신 채우시고 22 여호와 하나님이 아담에게서 취하신 그 갈빗대로 여자를 만드시고 그를 아담에게로 이끌어 오시니 23 아담이 가로되 **이는 내 뼈 중의 뼈요 살 중의 살이라** 이것을 남자에게서 취하였은즉 여자라 칭하리라 하니라 24 이러므로 **남자가 부모를 떠나 그 아내와 연합하여 둘이 한 몸을 이룰지로다**" (창2:18-24)

아담에게서 나온 여자만이 남자의 배필이 될 수 있는 것처럼 그리스도에게서 나온 교회만이 그리스도의 배필이 될 수 있다는 말씀입니다. 교회는 구원받은 사람들이 모인 곳입니다. 예수를 믿는다고 하면서 여전히 첫 사람 아담의 상태인 사람들이 모인 곳은 교회가 아닙니다. 새롭게 창조함을 받아서 새사람이 된 사람들이 모인 곳이 참교회입니다. 교회를 다니면서도 그리스도로 존재가 바뀌지 않는 자들은 구원받지 못한 자들입니다.

"22 아내들이여 자기 남편에게 복종하기를 주께 하듯 하라 23 이는 남편이 아내의 머리 됨이 **그리스도께서 교회의 머리 됨과 같음이니 그가 친히 몸의 구주시니라** 24 그러나 교회가 그리스도에게 하듯 아내들도 범사에 그

> 남편에게 복종할지니라 25 남편들아 아내 사랑하기를 그리스도께서 교회를 사랑하시고 위하여 자신을 주심같이 하라 26 이는 곧 물로 씻어 말씀으로 깨끗하게 하사 거룩하게 하시고 27 자기 앞에 영광스러운 교회로 세우사 티나 주름 잡힌 것이나 이런 것들이 없이 거룩하고 흠이 없게 하려 하심이니라 28 이와 같이 남편들도 자기 아내 사랑하기를 제 몸같이 할지니 자기 아내를 사랑하는 자는 자기를 사랑하는 것이라 29 누구든지 언제든지 제 육체를 미워하지 않고 오직 양육하여 보호하기를 그리스도께서 교회를 보양함과 같이 하나니 30 우리는 그 몸의 지체임이니라" (엡5:22-30)
>
> "22 또 만물을 그 발 아래 복종하게 하시고 **그를 만물 위에 교회의 머리로** 주셨느니라 23 **교회는 그의 몸이니** 만물 안에서 만물을 충만케 하시는 자의 충만이니라" (엡1:22-23)

그리스도는 교회의 머리가 되시고 교회는 그리스도의 몸입니다. 교회는 그 몸의 지체라고 했습니다. 교회가 그리스도의 몸이 되려면 교회 안에 있는 자들이 그리스도의 몸이 되어야 합니다. 교회는 첫 사람 아담의 몸이 그리스도의 몸이 될 수 있도록 바뀌게 하는 곳입니다. 누구든지 그리스도로 존재가 바뀌지 않는 자들은 교회를 다녀도 구원받지 못한 자들이요, 그리스도의 몸이 아닙니다.

> "너희는 **그리스도의 몸이요** 지체의 각 부분이라" (고전12:27)

믿는 자들이 그리스도의 몸이 되어야 합니다.

⑤ '그'와 '그들'

첫 사람 아담은 '그'라는 단수로 말씀하셨고 그리스도와 교회는 '그들'이라는 복수로 말씀하셨습니다. 모든 인류는 아담 한 사람으로 말미암았으므로 다 아담입니다. 그래서 한 사람이 죄를 지었는데 모든 사람이 죄인이 된 것입니다.

> "이러므로 한 사람으로 말미암아 죄가 세상에 들어오고 죄로 말미암아 사망이 왔나니 이와 같이 모든 사람이 죄를 지었으므로 사망이 모든 사람에게 이르렀느니라" (롬5:12)
> "17 한 사람의 범죄를 인하여 사망이 그 한 사람으로 말미암아 왕 노릇 하였은즉 더욱 은혜와 의의 선물을 넘치게 받는 자들이 한 분 예수 그리스도로 말미암아 생명 안에서 왕 노릇 하리로다 18 그런즉 한 범죄로 많은 사람이 정죄에 이른 것같이 의의 한 행동으로 말미암아 많은 사람이 의롭다 하심을 받아 생명에 이르렀느니라" (롬5:17-18)

한 사람의 범죄로 많은 사람이 정죄에 이른 것같이 한 분 예수 그리스도의 의의 한 행동으로 많은 사람이 의롭다 하심을 받아 생명에 이르렀는데 믿는 자들이 의롭다 하심을 얻었다는 것은 하나님의 의이신 그리스도가 믿는 자 안으로 들어오신 것입니다.

> "또 그리스도께서 너희 안에 계시면 몸은 죄로 인하여 죽은 것이나 **영은 의를 인하여 산 것이니라**" (롬8:10)

하나님의 의이신 그리스도께서 믿는 자 안으로 들어오시면 그리스도와 믿는 자가 하나가 됩니다. 이것이 둘로 하나를 만드시는 것입니다.

> "14 그는 우리의 화평이신지라 둘로 하나를 만드사 중간에 막힌 담을 허시고 15 원수 된 것 곧 의문에 속한 계명의 율법을 자기 육체로 폐하셨으니 이는 이 둘로 **자기의 안에서 한 새 사람을 지어 화평하게 하시고**" (엡2:14-15)

새사람을 지으시는 방법이 둘로 하나를 만드시는 것입니다. 믿는 자들이 그리스도와 하나가 되게 하셔서 새사람을 지으십니다. 그리스도와 하나가 된 사람들이 모인 것이 교회입니다. 그래서 하나이지만 둘이 하나가 되었으므로 '그들'이라는 복수를 사용하셨습니다. 이것이 남자인 그리스도와 여자인 교회를 말하는 것입니다.

⑥ 하늘의 신령한 복을 받는 존재

하나님이 복을 주시는 존재는 첫 사람 아담이 아닙니다. 예수 그리스도로 말미암아 하나님의 아들이 된 믿는 자에게만 복을 주십니다.

> "3 찬송하리로다 하나님 곧 우리 주 예수 그리스도의 아버지께서 그리스도 안에서 하늘에 속한 모든 신령한 복으로 우리에게 복 주시되 4 곧 창세 전에 그리스도 안에서 우리를 택하사 우리로 사랑 안에서 그 앞에 거룩하고 흠이 없게 하시려고 5 그 기쁘신 뜻대로 우리를 예정하사 **예수 그리스도로 말미암아 자기의 아들들이 되게 하셨으니** 6 이는 그의 사랑하시는 자 안에서 우리에게 거저 주시는 바 그의 은혜의 영광을 찬미하게 하려는 것이라"
>
> (엡1:3-6)

그리스도 안에서 하늘에 속한 모든 신령한 복을 받을 수 있는 사람은 예수 그리스도로 말미암아 하나님의 친아들이 된 믿는 자들입니다. 그래서 흙에 속한 첫 사람 아담에게는 복을 주신다는 말씀이 없고 남자와 여자, 곧 그들에게 복을 주신다고 하신 것입니다. 신령한 복은 믿는 자들이 하나님의 아들들이 되는 복입니다.

> "1 네가 네 하나님 여호와의 말씀을 삼가 듣고 내가 오늘날 네게 명하는 그 모든 명령을 지켜 행하면 네 하나님 여호와께서 너를 세계 모든 민족 위에 뛰어나게 하실 것이라 2 네가 네 하나님 여호와의 말씀을 순종하면 이 모든 복이 네게 임하며 네게 미치리니 3 성읍에서도 복을 받고 들에서도 복을 받을 것이며 4 네 몸의 소생과 네 토지의 소산과 네 짐승의 새끼와 우양의 새끼가 복을 받을 것이며 5 네 광주리와 떡 반죽 그릇이 복을 받을 것이며 6 **네가 들어와도 복을 받고 나가도 복을 받을 것이니라**" (신28:1-6)

하나님의 모든 명령을 지켜 행하면 들어와도 복을 받고 나가도 복을 받는다고 했습니다. 그러나 첫 사람 아담은 하나님의 법을 지킬 수가 없습니다. 오직 하나님만 하나님의 법을 지킬 수 있습니다. 개가 사람의 법을 지킬 수 없는 것같이 사람도 하나님의 법을 지킬 수 없습니다. 그래서 사람을 하나님이 되게 하셔서 하나님의 법을 지켜 복을 받을 수 있는 존재가 되게 하십니다.

> "34 예수께서 가라사대 너희 율법에 기록한 바 내가 너희를 신이라 하였노라 하지 아니하였느냐 35 성경은 폐하지 못하나니 **하나님의 말씀을 받은 사람들을 신이라 하셨거든**" (요10:34-35)

말씀을 받은 사람들을 신이라 하셨습니다. 말씀이 하나님입니다. 그래서 말씀을 받은 사람들도 하나님이 됩니다. 말씀을 받은 사람들이 되는 하나님은 아버지 하나님이 아닙니다. 아들로서 하나님이 되는 것입니다. 아버지가 하나님이시면 아들이 하나님인 것은 너무나 당연한 일입니다. 오히려 아버지가 하나님이신데 아들이 하나님이 아닌 것이 이상한 것입니다. 태초부터 계신 생명의 말씀이신 그리스도께서 믿는 자 안에 들어오셔서 믿는 자의 생명이 되시므로 믿는 자들이 하나님의 아들들이 되었고 하나님의 아들들이 되었으면 하나님이 된 것입니다. 하나님의 아들들이 된 사람들만 그리스도 안에서 하늘에 속한 모든 신령한 복을 받을 수 있는 자들입니다.

⑦ 생육하고 번성하여 땅에 충만하라

하나님은 죄를 싫어하십니다. 그래서 노아 시대에 죄악이 관영한 세상을 홍수로 멸하신 것입니다. 죄악이 세상에 관영함과 그 마음의 생각의 모든 계획이 항상 악할 뿐임을 보시고 사람 지었음을 한탄하셨다고 했습니다.

> "5 여호와께서 사람의 죄악이 세상에 관영함과 그 마음의 생각의 모든 계획이 항상 악할 뿐임을 보시고 6 땅 위에 사람 지으셨음을 한탄하사 마음에 근심하시고 7 가라사대 나의 창조한 사람을 내가 지면에서 쓸어 버리되 사람으로부터 육축과 기는 것과 공중의 새까지 그리하리니 이는 **내가 그것을 지었음을 한탄함이니라** 하시니라" (창6:5-7)

노아 시대에 땅에 사람이 충만했으나 하나님이 기뻐하시는 사람은 하나도 없었습니다. 오직 노아만 여호와께 은혜를 입어서 구원을 받을 수 있었습니다. 그렇다면 "생육하고 번성하여 땅에 충만하라"라고 말씀하신 사람은 어떤 사람일까요? 죄를 지은 첫 사람 아담이 아니라 새롭게 창조함을 받은 둘째 사람, 곧 하늘에 속한 자의 형상을 입은 사람들입니다. 이 사람들이 "땅에 충만하라"는 하나님의 말씀입니다.

> "14 롯이 아브람을 떠난 후에 여호와께서 아브람에게 이르시되 너는 눈을 들어 너 있는 곳에서 동서남북을 바라보라 15 보이는 땅을 내가 너와 네 자손에게 주리니 영원히 이르리라 16 **내가 네 자손으로 땅의 티끌 같게 하리니** 사람이 땅의 티끌을 능히 셀 수 있을진대 네 자손도 세리라" (창13:14-16) "3 아브람이 또 가로되 주께서 내게 씨를 아니주셨으니 내 집에서 길리운 자가 나의 후사가 될 것이니이다 4 여호와의 말씀이 그에게 임하여 가라사대 그 사람은 너의 후사가 아니라 네 몸에서 날 자가 네 후사가 되리라 하시고 5 **그를 이끌고 밖으로 나가 가라사대 하늘을 우러러 뭇 별을 셀 수 있나 보라 또 그에게 이르시되 네 자손이 이와 같으리라**" (창15:3-5)

아브라함의 자손들이 땅의 티끌과 같고 하늘의 별과 같이 많다고 했습니다. 이제는 누가 아브라함의 자손입니까? 믿음으로 말미암은 자들이 아브라함의 자손입니다. 믿음으로 말미암은 하나님의 아들들이 생육하고 번성하여 땅에 충만하게 되는 것이 바로 하나님이 천지 만물을 창조하신 목적입니다.

⑧ 땅을 정복하라

땅을 정복하라는 말씀은 믿는 자의 육체에서 죄가 하나도 없이 다 사라져 버리는 상태가 되게 하라는 것입니다. 정복의 사전적인 의미는 "남의 나라나 이민족 따위를 정벌하여 복종시킴"이라고 되어 있습니다. 하나님께서 땅을 정복하라고 말씀하신 것은 다른 나라를 침략하여 힘으로 복종시키라는 뜻이 아닙니다. 믿는 자들의 몸에 있는 죄를 하나님의 능력의 말씀으로 다 처리하라는 뜻입니다.

> "10 또 그리스도께서 너희 안에 계시면 몸은 죄로 인하여 죽은 것이나 영은 의를 인하여 산 것이니라 11 예수를 죽은 자 가운데서 살리신 이의 영이 너희 안에 거하시면 그리스도 예수를 죽은 자 가운데서 살리신 이가 너희 안에 거하시는 그의 영으로 말미암아 너희 죽을 몸도 살리시리라 12 그러므로 형제들아 우리가 빚진 자로되 육신에게 져서 육신대로 살 것이 아니니라 13 너희가 육신대로 살면 반드시 죽을 것이로되 **영으로써 몸의 행실을 죽이면 살리니 14 무릇 하나님의 영으로 인도함을 받는 그들은 곧 하나님의 아들이라**" (롬8:10-14)

구원받은 자들의 처음 상태는 영은 의를 인하여 살았으나 몸은 죄로 죽어 있는 상태입니다. 영이 하나님의 의를 인하여 살리심을 받은 사람들은 이제 그 영으로 죽을 몸까지 살리심을 받는다고 했습니다. 몸이 사는 방법은 영으로써 몸의 행실을 죽이는 것입니다. 죄를 짓는 것은 육신대로 사는 것입니다. 육신에게 져서 육신대로 살면 반드시 죽는다고 했는데 영으로써 몸의 행실을 죽이면 산다고 했습니다. 영으로써 몸의 행실을 죽이는 사람들이 하나님의 영으로 인도함을 받는 하나님의 아들입니다. 하나님의 아들이 된 사람만 죄를 이길 수 있습니다.

> "주께서 **땅 위에서 그 말씀을 이루사** 필하시고 끝내시리라 하셨느니라" (롬 9:28)

주께서 말씀을 이루시고 필하시고 끝내시는 땅은 바로 육체가 있는 구원받은 믿는 사람들입니다. 육체가 있는 믿는 사람 속에서 죄가 다 사라져 버리는 것이 땅 위에서 그 말씀을 이루시는 것이며 땅을 정복하라는 명령이 이루어지는 것입니다.

⑨ '다스리게 하자'와 '다스리라'

첫 사람 아담에게는 '다스리게 하자'는 예정을 말씀하셨고 둘째 사람 그리스도는 '다스리라'는 명령을 하셨습니다. 소원은 아담에게 있지만 행하는 능력은 하나님께 있습니다. 첫 사람 아담의 상태로 사는 사람들에게는 '다스리라'는 하나님의 말씀이 절대로 이루어질 수 없습니다. 그리스도로 존재가 바뀐 사람들이 다스릴 수 있는 존재가 되는 것입니다.

> "26 이기는 자와 끝까지 내 일을 지키는 그에게 만국을 다스리는 권세를 주리니 27 **그가 철장을 가지고 저희를 다스려** 질그릇 깨뜨리는 것과 같이 하리라 나도 내 아버지께 받은 것이 그러하니라" (계2:26-27)

이기는 자가 받는 권세가 철장으로 만국을 다스리는 권세입니다. 이 철장 권세는 아버지가 아들에게 주시는 권세입니다.

"7 내가 영을 전하노라 여호와께서 내게 이르시되 너는 내 아들이라 오늘 날 내가 너를 낳았도다 8 내게 구하라 내가 열방을 유업으로 주리니 네 소유가 땅 끝까지 이르리로다 9 네가 **철장으로 저희를 깨뜨림이여** 질그릇같이 부수리라 하시도다" (시2:7-9)

하나님 아버지의 생명을 받아서 하나님의 아들들이 된 사람들이 받는 권세가 철장 권세입니다. 철장 권세로 만국을 다스리는 자들은 이기는 자들이고 하나님의 아들들이 된 자들이고 그리스도로 말미암아 그리스도가 된 자들입니다.

4.
여호와 하나님을 대행(代行)하는 천사들이 나타난 구약 성경의 기록

구약 성경에 여호와 하나님을 본 사람들이 있지만 사실은 여호와 하나님을 본 것이 아닙니다. 여호와 하나님을 대행(代行)하는 천사를 본 것입니다. 여기서 대행(代行)이라는 단어를 사용하는 것이 적절한 것인지 고민이 되었지만 달리 표현할 말이 없어서 부득이하게 사용하는 것이므로 단어의 뜻을 오해하지 않았으면 합니다. 사람이 사람을 대신하여 행하는 것으로 쓰는 대행(代行)과 하나님이 천사를 사용하여 쓰시는 대행(代行)은 많은 차이가 있습니다. 사람이 사람을 대행하면 대행하는 사람이 누구 대신 왔는지 말해야 하고 상대방(相對方)도 대신 보낸 사람이 누구인지 확인을 해야 하지만 천사가 하나님을 대행하는 일은 하나님께서 천사의 모든 의지와 능력을 하나님의 것으로 사용하시기 때문에 천사를 본 자들이 하나님을 본 것으로 알게 됩니다. 기록된 성경을 통해서 확인해 보겠습니다.

"18 모세가 가로되 원컨대 주의 영광을 내게 보이소서 19 여호와께서 가라사대 내가 나의 모든 선한 형상을 네 앞으로 지나게 하고 여호와의 이름을

> 네 앞에 반포하리라 나는 은혜 줄 자에게 은혜를 주고 긍휼히 여길 자에게 긍휼을 베푸느니라 20 또 가라사대 **네가 내 얼굴을 보지 못하리니 나를 보고 살 자가 없음이니라** 21 여호와께서 가라사대 보라 내 곁에 한 곳이 있으니 너는 그 반석 위에 섰으라 22 내 영광이 지날 때에 내가 너를 반석 틈에 두고 내가 지나도록 내 손으로 너를 덮었다가 23 손을 거두리니 **네가 내 등을 볼 것이요 얼굴은 보지 못하리라**"(출33:18-23)

모세가 여호와께 "주의 영광을 내게 보이소서"라고 했는데 여호와께서 모세에게 "네가 내 얼굴을 보지 못하리니 나를 보고 살 자가 없음이니라"라고 말씀하셨습니다. 여호와 하나님의 형상이 없어서 보지 못하는 것이 아닙니다. 죄가 있는 사람은 여호와 하나님을 볼 수가 없습니다. 모세 같은 선지자라도 하나님을 보고 살 수가 없다고 했습니다. 모세뿐만 아니라 그 누구라도 하나님을 보고 살 자가 없습니다. 사람은 다 죄인이기 때문입니다.(롬3:10-12)

1) 아브라함에게 나타난 여호와의 사자

여호와께서 아브라함의 믿음을 시험하시고자 아브라함에게 이삭을 번제로 드리라고 말씀하신 사건을 보면 여호와의 사자가 아브라함을 불러 말을 하는데 그 내용은 사자의 말이 아니라 여호와의 말씀으로 기록이 되어 있습니다.

> "1 그 일 후에 하나님이 아브라함을 시험하시려고 그를 부르시되 아브라함

아 하시니 그가 가로되 내가 여기 있나이다 2 여호와께서 가라사대 네 아들 네 사랑하는 독자 이삭을 데리고 모리아 땅으로 가서 내가 네게 지시하는 한 산 거기서 그를 번제로 드리라 3 아브라함이 아침에 일찌기 일어나 나귀에 안장을 지우고 두 사환과 그 아들 이삭을 데리고 번제에 쓸 나무를 쪼개어 가지고 떠나 하나님의 자기에게 지시하시는 곳으로 가더니 4 제 삼일에 아브라함이 눈을 들어 그곳을 멀리 바라본지라 5 이에 아브라함이 사환에게 이르되 너희는 나귀와 함께 여기서 기다리라 내가 아이와 함께 저기 가서 경배하고 너희에게로 돌아오리라 하고 6 아브라함이 이에 번제 나무를 취하여 그 아들 이삭에게 지우고 자기는 불과 칼을 손에 들고 두 사람이 동행하더니 7 이삭이 그 아비 아브라함에게 말하여 가로되 내 아버지여 하니 그가 가로되 내 아들아 내가 여기 있노라 이삭이 가로되 불과 나무는 있거니와 번제할 어린 양은 어디 있나이까 8 아브라함이 가로되 아들아 번제할 어린 양은 하나님이 자기를 위하여 친히 준비하시리라 하고 두 사람이 함께 나아가서 9 하나님이 그에게 지시하신 곳에 이른지라 이에 아브라함이 그곳에 단을 쌓고 나무를 벌여 놓고 그 아들 이삭을 결박하여 단 나무 위에 놓고 10 손을 내밀어 칼을 잡고 그 아들을 잡으려 하더니 11 여호와의 사자가 하늘에서부터 그를 불러 가라사대 아브라함아 아브라함아 하시는지라 아브라함이 가로되 내가 여기 있나이다 하매 12 사자가 가라사대 **그 아이에게 네 손을 대지 말라 아무 일도 그에게 하지 말라 네가 네 아들 네 독자라도 내게 아끼지 아니하였으니 내가 이제야 네가 하나님을 경외하는 줄을 아노라** 13 아브라함이 눈을 들어 살펴본즉 한 수양이 뒤에 있는데 뿔이 수풀에 걸렸는지라 아브라함이 가서 그 수양을 가져다가 아들을 대신하여 번제로 드렸더라 14 아브라함이 그 땅 이름을 여호와이레라 하였으므로 오늘까지 사람들이 이르기를 여호와의 산에서 준비되리라 하더라" (창22:1-14)

이삭을 바치라고 말씀하신 분은 여호와 하나님이신데 여호와의 사자가 하늘에서부터 아브라함을 불러 말하되 "그 아이에게 네 손을 대지 말라 아무 일도 그에게 하지 말라 네가 네 아들 네 독자라도 내게 아끼지 아니하였으니 내가 이제야 네가 하나님을 경외하는 줄을 아노라"라고 말을 합니다. 여호와의 사자가 아브라함에게 네 아들 네 독자라도 내게 아끼지 않았다고 말을 했는데 그렇다면 아브라함이 독자 이삭을 여호와의 사자에게 바쳤을까요? 말을 한 존재가 여호와의 사자라고 성경이 분명하게 기록하고 있으므로 그대로 하자면 아브라함이 이삭을 여호와의 사자에게 바친 꼴이 되어버릴 것입니다. 그러나 여호와께서 직접 오셔서 말씀하신 것이 아니라 천사를 통해서 말씀하신다는 것을 알고 이 말씀을 본다면 이 말씀의 내용은 여호와의 사자가 한 것이 아니라 여호와께서 천사를 통해서 말씀하셨다는 것을 알 수 있습니다.

> "15 여호와의 사자가 하늘에서부터 두 번째 아브라함을 불러 16 가라사대 여호와께서 이르시기를 **내가 나를 가리켜 맹세하노니 네가 이같이 행하여 네 아들 네 독자를 아끼지 아니하였은즉** 17 내가 네게 큰 복을 주고 네 씨로 크게 성하여 하늘의 별과 같고 바닷가의 모래와 같게 하리니 네 씨가 그 대적의 문을 얻으리라 18 또 네 씨로 말미암아 천하 만민이 복을 얻으리니 이는 네가 나의 말을 준행하였음이니라 하셨다 하니라" (창22:15-18)

두 번째 여호와의 사자가 아브라함을 불러 말할 때는 "여호와께서 이르시되"라고 하면서 여호와의 말씀을 여호와의 사자가 아브라함에게 전달하는 것으로 되어 있습니다. 하나의 사건을 기록하면서 왜 이렇게 해놓으셨을까요? 그것은 죄를 지은 사람이 거룩하신 하나님을 직접 볼 수 없다는 사실을 알게 하기 위함입니다. 창세기 18장에도 여호와께서 아브라함에게 나타나신 사건이 기록되어 있는데 여호와께서 천사 둘과 함께 오셔서 아브라함을 만나시고 말씀하신 것이 기록되어 있습니다.

> "1 여호와께서 마므레 상수리 수풀 근처에서 아브라함에게 나타나시니라 오정 즈음에 그가 장막 문에 앉았다가 2 눈을 들어 본즉 사람 셋이 맞은편에 섰는지라 그가 그들을 보자 곧 장막 문에서 달려나가 영접하며 몸을 땅에 굽혀 3 가로되 내 주여 내가 주께 은혜를 입었사오면 원컨대 종을 떠나 지나가지 마옵시고 4 물을 조금 가져오게 하사 당신들의 발을 씻으시고 나무 아래서 쉬소서 5 내가 떡을 조금 가져오리니 당신들의 마음을 쾌활케 하신 후에 지나가소서 당신들이 종에게 오셨음이니이다 그들이 가로되 네 말대로 그리하라" (창18:1-5)

여기는 여호와께서 아브라함에게 직접 나타나신 것으로 기록하고 있는데 여기도 마찬가지로 천사가 나타나서 여호와를 대행한 것입니다. 세 천사 중 둘은 소돔과 고모라를 멸하시려고 보낸 천사이고 한 천사는 여호와를 대행하는 천사입니다. 여기서 아브라함과 대화하는 천사의 모든 의지와 능력을 여호와 하나님께서 사용하셔서 아브라함에게 말씀하시는 것이므로 아브라함의 입장에서는 천사의 말을 들었지만 여호와의 말씀을 직접 듣는 것과 다를 것이 없습니다. 여호와 하나님께서는 절대로 직접 사람들에게 나타나지 않습니다. 죄가 있는 사람이 여호와 하나님을 보고 살 수가 없기 때문입니다.

2) 모세에게 나타난 여호와의 사자

모세가 치던 양 무리를 이끌고 하나님의 산 호렙에 이르렀을 때에 여호와의 사자가 떨기나무 불꽃 가운데서 나타났습니다.

"1 모세가 그 장인 미디안 제사장 이드로의 양 무리를 치더니 그 무리를 광야 서편으로 인도하여 하나님의 산 호렙에 이르매 2 여호와의 사자가 떨기나무 불꽃 가운데서 그에게 나타나시니라 그가 보니 떨기나무에 불이 붙었으나 사라지지 아니하는지라 3 이에 가로되 내가 돌이켜 가서 이 큰 광경을 보리라 떨기나무가 어찌하여 타지 아니하는고 하는 동시에 4 여호와께서 그가 보려고 돌이켜 오는 것을 보신지라 **하나님이 떨기나무 가운데서 그를 불러 가라사대** 모세야 모세야 하시매 그가 가로되 내가 여기 있나이다 5 하나님이 가라사대 이리로 가까이 하지 말라 너의 선 곳은 거룩한 땅이니 네 발에서 신을 벗으라 6 또 이르시되 나는 네 조상의 하나님이니 아브라함의 하나님, 이삭의 하나님, 야곱의 하나님이니라 모세가 하나님 뵈옵기를 두려워하여 얼굴을 가리우매 7 여호와께서 가라사대 내가 애굽에 있는 내 백성의 고통을 정녕히 보고 그들이 그 간역자로 인하여 부르짖음을 듣고 그 우고를 알고 8 내가 내려와서 그들을 애굽인의 손에서 건져내고 그들을 그 땅에서 인도하여 아름답고 광대한 땅, 젖과 꿀이 흐르는 땅 곧 가나안 족속, 헷 족속, 아모리 족속, 브리스 족속, 히위 족속, 여부스 족속의 지방에 이르려 하노라 9 이제 이스라엘 자손의 부르짖음이 내게 달하고 애굽 사람이 그들을 괴롭게 하는 학대도 내가 보았으니 10 이제 내가 너를 바로에게 보내어 너로 내 백성 이스라엘 자손을 애굽에서 인도하여 내게 하리라"(출3:1-10)

떨기나무 불꽃 가운데서 나타난 존재는 여호와의 사자라고 했습니다. 그런데 말씀하시는 분은 여호와이십니다. 여호와께서 나타나셨다는 말씀이 없는데 말씀은 여호와께서 하십니다. 여호와의 사자가 여호와의 말씀을 모세에게 전달한 것도 아닙니다. 여기도 모세에게 말하는 천사의 모든 의지와 능력을 여호와 하나님이 사용하셔서 모세에게 말씀하신 것입니다.

"1 모세가 구스 여자를 취하였더니 그 구스 여자를 취하였으므로 미리암과 아론이 모세를 비방하니라 2 그들이 이르되 여호와께서 모세와만 말씀하셨느냐 우리와도 말씀하지 아니하셨느냐 하매 여호와께서 이 말을 들으셨더라 3 이 사람 모세는 온유함이 지면의 모든 사람보다 승하더라 4 여호와께서 갑자기 모세와 아론과 미리암에게 이르시되 너희 삼 인은 회막으로 나아오라 하시니 그 삼 인이 나아가매 5 여호와께서 구름 기둥 가운데로서 강림하사 장막 문에 서시고 아론과 미리암을 부르시는지라 그 두 사람이 나아가매 6 이르시되 내 말을 들으라 너희 중에 선지자가 있으면 나 여호와가 이상으로 나를 그에게 알리기도 하고 꿈으로 그와 말하기도 하거니와 7 내 종 모세와는 그렇지 아니하니 그는 나의 온 집에 충성됨이라 8 **그와는 내가 대면하여 명백히 말하고 은밀한 말로 아니하며 그는 또 여호와의 형상을 보겠거늘** 너희가 어찌하여 내 종 모세 비방하기를 두려워 아니하느냐" (민12:1-8)

모세가 구스 여자를 취한 일로 미리암과 아론이 모세를 비방하였는데 여호와께서 구름 가운데로 강림하사 장막 문에 서시고 두 사람을 부르사 말씀하신 일이 민수기 12장에 기록되어 있습니다. 출애굽기 33장에서 모세에게 말씀하신 여호와께서는 "네가 내 얼굴을 보지 못하리니 나를 보고 살 자가 없음이니라"라고 말씀하셨는데 민수기 12장에서 미리암과 아론에게 말씀하신 여호와께서는 "내가 내 종 모세와는 대면하여 명백히 말하고 은밀한 말로 아니하며 또 그는 내 형상을 보겠다"라고 말씀하셨습니다. 똑같이 여호와께서 말씀하셨는데 출애굽기에는 보지 못한다고 말씀하시고 민수기에는 본다고 말씀하셨습니다. 세상의 이치대로 하자면 두 말씀 중 하나는 틀린 말씀이어야 합니다. 그러나 하나님의 말씀은 오류가 없는 정확하고 분명한 말씀입니다. 출애굽기에 나타난 존재는 천사인데 말씀하시는 분은 여호와이십니다. 민수기에도 나타난 존재는 천사인데 말씀하시는 분은 여호와이십니다. 여호와께서는 천사의 모든 의지와 능력을 자기의 뜻대로 사용하셔서 말씀하시기 때문에 듣는 사람들이 여호와의 말씀으로 듣게 됩니다.

> "15 기약이 이르면 하나님이 그의 나타나심을 보이시리니 하나님은 복되시고 홀로 한 분이신 능하신 자이며 만왕의 왕이시며 만주의 주시요 16 오직 그에게만 죽지 아니함이 있고 가까이 가지 못할 빛에 거하시고 아무 사람도 보지 못하였고 또 볼 수 없는 자시니 그에게 존귀와 영원한 능력을 돌릴지어다 아멘" (딤전6:15-16)

하나님은 가까이 가지 못할 빛에 거하시고 아무 사람도 보지 못하였고 또 볼 수 없는 분이십니다. 마치 사람이 태양을 제대로 쳐다볼 수 없는 것같이 죄가 있는 사람은 빛 되신 하나님을 볼 수가 없습니다. 하나님을 보고 살 자가 없기 때문입니다.

3) 보김에 나타난 여호와의 사자

여호와의 사자가 보김에 나타나 이스라엘 백성들에게 말을 했는데 그 내용은 여호와께서 말씀하신 것입니다.

"1 여호와의 사자가 길갈에서부터 보김에 이르러 가로되 내가 너희로 애굽에서 나오게 하고 인도하여 너희 열조에게 맹세한 땅으로 이끌어 왔으며 또 내가 이르기를 내가 너희에게 세운 언약을 영원히 어기지 아니하리니 2 너희는 이 땅 거민과 언약을 세우지 말며 그들의 단을 헐라 하였거늘 너희가 내 목소리를 청종치 아니하였도다 그리함은 어찜이뇨 3 그러므로 내가 또 말하기를 내가 그들을 너희 앞에서 쫓아내지 아니하리니 그들이 너희 옆구리에 가시가 될 것이며 그들의 신들이 너희에게 올무가 되리라 하였노라 4 여호와의 사자가 이스라엘 모든 자손에게 이 말씀을 이르매 백성이 소리를 높여 운지라 5 그러므로 그 곳을 이름하여 보김이라 하니라 무리가 거기서 여호와께 제사를 드렸더라" (삿2:1-5)

여호와께서 나타나셨다는 말씀은 없고 여호와의 사자가 나타났는데 그 말의 내용은 "내가 너희로 애굽에서 나오게 하고 인도하여 너희 열조에게 맹세한 땅으로 이끌어 왔으며 또 내가 이르기를 내가 너희에게 세운 언약을 영원히 어기지 아니하리니 너희는 이 땅 거민과 언약을 세우지 말며 그들의 단을 헐라 하였거늘 너희가 내 목소리를 청종치 아니하였도다 그리함은 어찜이뇨 그러므로 내가 또 말하기를 내가 그들을 너희 앞에서 쫓아내지 아니하리니 그들이 너희 옆구리에 가시가 될 것이며 그들의 신들이 너희에게 올무가 되리라"라고 했습니다. 이스라엘을 애굽에서 인도하여 나오게 하고 가나안 땅으로 인도하여 내신 분은 여호와이십니다. 여호와의 사자가 나타났는데 말씀은 여호와께서 하십니다.

4) 기드온에게 나타난 여호와의 사자

여호와께서 기드온을 불러 쓰시려고 여호와의 사자를 기드온에게 보내셨는데 여호와의 사자를 통해서 여호와께서 말씀하십니다.

"11 여호와의 사자가 아비에셀 사람 요아스에게 속한 오브라에 이르러 상수리나무 아래 앉으니라 마침 요아스의 아들 기드온이 미디안 사람에게 알리지 아니하려 하여 밀을 포도주 틀에서 타작하더니 12 여호와의 사자가 기드온에게 나타나 이르되 큰 용사여 여호와께서 너와 함께 계시도다 13 기드온이 그에게 대답하되 나의 주여 여호와께서 우리와 함께 계시면 어찌하여 이 모든 일이 우리에게 미쳤나이까 또 우리 열조가 일찍 우리에게 이르기를 여호와께서 우리를 애굽에서 나오게 하신 것이 아니냐 한 그 모든 이적이 어디 있나이까 이제 여호와께서 우리를 버리사 미디안의 손에 붙이셨나이다 14 여호와께서 그를 돌아보아 가라사대 너는 이 네 힘을 의지하고 가서 이스라엘을 미디안의 손에서 구원하라 내가 너를 보낸 것이 아니냐 15 기드온이 그에게 대답하되 주여 내가 무엇으로 이스라엘을 구원하리이까 보소서 나의 집은 므낫세 중에 극히 약하고 나는 내 아비 집에서 제일 작은 자니이다 16 여호와께서 그에게 이르시되 내가 반드시 너와 함께 하리니 네가 미디안 사람 치기를 한 사람을 치듯 하리라 17 기드온이 그에게 대답하되 내가 주께 은혜를 얻었사오면 나와 말씀하신 이가 주 되시는 표징을 내게 보이소서 18 내가 예물을 가지고 다시 주께로 와서 그것을 주 앞에 드리기까지 이곳을 떠나지 마시기를 원하나이다 그가 가로되 내가 너 돌아오기를 기다리리라" (삿6:11-18)

여호와의 사자가 기드온에게 나타나서 처음에는 "큰 용사여 여호와께서 너와 함께 계시도다"라고 여호와의 사자로서 말을 합니다. 그런데 기드온이 여호와의 사자에게 대답하되 "나의 주여 여호와께서 우리와 함께 계시면 어찌하여 이 모든 일이 우리에게 미쳤나이까 또 우리 열조가 일찍 우리에게 이르기를 여호와께서 우리를 애굽에서 나오게 하신 것이 아니냐 한 그 모든 이적이 어디 있나이까 이제 여호와께서 우리를 버리사 미디안의 손에 붙이셨나이다"라고 하자 여호와의 사자가 아니라 여호와께서 기드온에게 대답하십니다. 여호와께서 기드온에게 "너는 이 네 힘을 의지하고 가서 이스라엘을 미디안의 손에서 구원하라"라고 말씀하셨습니다. 그리고 이어지는 대화는 여호와의 사자와 기드온의 대화가 아니라 여호와께서 계속 기드온에게 말씀하고 계십니다.

"19 기드온이 가서 염소 새끼 하나를 준비하고 가루 한 에바로 무교전병을 만들고 고기를 소쿠리에 담고 국을 양푼에 담아서 상수리나무 아래 그에게로 가져다가 드리매 20 하나님의 사자가 그에게 이르되 고기와 무교전병을 가져 이 반석 위에 두고 그 위에 국을 쏟으라 기드온이 그대로 하니 21 여호와의 사자가 손에 잡은 지팡이 끝을 내밀어 고기와 무교전병에 대매 불이 반석에서 나와 고기와 무교전병을 살랐고 여호와의 사자는 떠나서 보이지 아니한지라 22 기드온이 그가 여호와의 사자인 줄 알고 가로되 슬프도소이다 주 여호와여 내가 여호와의 사자를 대면하여 보았나이다 23 여호와께서

> 그에게 이르시되 너는 안심하라 두려워 말라 죽지 아니하리라 하시니라 24 기드온이 여호와를 위하여 거기서 단을 쌓고 이름을 여호와살롬이라 하였더라 그것이 오늘까지 아비에셀 사람에게 속한 오브라에 있더라" (삿6:19-24)

기드온이 여호와께 "나와 말씀하신 이가 주 되시는 표징을 내게 보이소서 내가 예물을 가지고 다시 주께로 와서 그것을 주 앞에 드리기까지 이곳을 떠나지 마시기를 원하나이다"라고 했을 때 여호와께서 기드온에게 "내가 너 돌아오기를 기다리리라"라고 말씀하셨습니다. 그런데 기드온이 예물을 가지고 다시 돌아왔을 때 기다리는 존재는 여호와가 아니라 하나님의 사자라고 했습니다. 그리고 그 예물을 여호와께서 받으셨다는 표징을 보이고 여호와의 사자가 떠났다고 기록하고 있습니다. 그리고 다시 기드온이 "슬프도소이다 주 여호와여 내가 여호와의 사자를 대면하여 보았나이다"라고 하자 여호와께서 기드온에게 "너는 안심하라 두려워 말라 죽지 아니하리라"라고 말씀하십니다. 하나님의 어떻게 일하시고 말씀하시는지를 모르고 성경을 보면 말씀의 함정에 빠질 수가 있습니다. 그러나 원칙이 바로 세워지면 말씀이 쉽게 이해가 됩니다. 여호와께서는 절대로 죄가 있는 사람들에게 나타나지 않으십니다. 죄가 있는 사람은 여호와를 보고 살 수가 없기 때문입니다.

5) 삼손의 아버지 마노아에게 나타난 여호와의 사자

여호와의 사자가 마노아의 아내에게 나타나서 "네가 잉태하여 아들을 낳을 것인데 이 아이는 죽는 날까지 하나님께 바치운 나실인이 될 것이라"라고 말하였는데 그 자리에 없었던 마노아가 여호와께 기도하여 하나님의 사람을 다시 보내줄 것을 구하므로 하나님의 사자가 다시 임하였습니다.

"1 이스라엘 자손이 다시 여호와의 목전에 악을 행하였으므로 여호와께서 그들을 사십 년 동안 블레셋 사람의 손에 붙이시니라 2 소라 땅에 단 지파의 가족 중 마노아라 이름하는 자가 있더라 그 아내가 잉태하지 못하므로 생산치 못하더니 3 여호와의 사자가 그 여인에게 나타나시고 그에게 이르시되 보라 네가 본래 잉태하지 못하므로 생산치 못하였으나 이제 잉태하여 아들을 낳으리니 4 그러므로 너는 삼가서 포도주와 독주를 마시지 말지며 무릇 부정한 것을 먹지 말지니라 5 보라 네가 잉태하여 아들을 낳으리니 그 머리에 삭도를 대지 말라 이 아이는 태에서 나옴으로부터 하나님께 바치운 나실인이 됨이라 그가 블레셋 사람의 손에서 이스라엘을 구원하기 시작하리라 6 이에 그 여인이 가서 그 남편에게 고하여 가로되 하나님의 사람이 내게 임하였는데 그 용모가 하나님의 사자의 용모 같아서 심히 두려우므로 어디서부터 온 것을 내가 묻지 못하였고 그도 자기 이름을 내게 이르지 아니하였으며 7 그가 내게 이르기를 보라 네가 잉태하여 아들을 낳으리니 포도주와 독주를 마시지 말며 무릇 부정한 것을 먹지 말라 이 아이는 태에서 나옴으로부터 죽을 날까지 하나님께 바치운 나실인이 됨이라 하더이다 8 마노아가 여호와께 기도하여 가로되 주여 구하옵나니 주의 보내셨던 하나님의 사람을 우리에게 다시 임하게 하사 그로 우리가 그 낳을 아이에게 어떻게 행할 것을 우리에게 가르치게 하소서 9 하나님이 마노아의 목소리를 들으시니라 여인이 밭에 앉았을 때에 하나님의 사자가 다시 그에게 임하셨으나 그 남편 마노아는 함께 있지 아니한지라 10 여인이 급히 달려

가서 그 남편에게 고하여 가로되 보소서 전일에 내게 임하였던 사람이 또 내게 나타났나이다 11 마노아가 일어나 아내를 따라가서 그 사람에게 이르러 그에게 묻되 당신이 이 여인에게 말씀하신 사람이니이까 가라사대 그로라 12 마노아가 가로되 당신의 말씀대로 되기를 원하나이다 이 아이를 어떻게 기르오며 우리가 그에게 어떻게 행하오리이까 13 여호와의 사자가 마노아에게 이르시되 내가 여인에게 말한 것들을 그가 다 삼가서 14 포도나무의 소산을 먹지 말며 포도주와 독주를 마시지 말며 무릇 부정한 것을 먹지 말아서 내가 그에게 명한 것은 다 지킬 것이니라 15 마노아가 여호와의 사자에게 말씀하되 구하옵나니 당신은 우리에게 머물러서 우리가 당신을 위하여 염소 새끼 하나를 준비하게 하소서 16 여호와의 사자가 마노아에게 이르시되 네가 비록 나를 머물리나 내가 너의 식물을 먹지 아니하리라 번제를 준비하려거든 마땅히 여호와께 드릴지니라 하니 이는 마노아가 여호와의 사자인 줄 알지 못함을 인함이었더라 17 마노아가 또 여호와의 사자에게 말씀하되 당신의 이름이 무엇이니이까 당신의 말씀이 이룰 때에 우리가 당신을 존숭하리이다 18 여호와의 사자가 그에게 이르시되 어찌하여 이를 묻느냐 내 이름은 기묘니라 19 이에 마노아가 염소새끼 하나와 소제물을 취하여 반석 위에서 여호와께 드리매 사자가 이적을 행한지라 마노아와 그 아내가 본즉 20 불꽃이 단에서부터 하늘로 올라가는 동시에 여호와의 사자가 단 불꽃 가운데로 좇아 올라간지라 마노아와 그 아내가 이것을 보고 얼굴을 땅에 대고 엎드리니라" (삿13:1-20)

마노아가 여호와의 사자로 나타난 사람에게 아이를 어떻게 기르며 아이에게 어떻게 행할 것에 대한 가르침을 받고 그를 위하여 염소새끼를 준비하여 대접하고자 할 때 여호와의 사자가 "네가 비록 나를 머물리나 내가 너의 식물을 먹지 아니하리라 번제를 준비하려거든 마땅히 여호와께 드릴지니라"라고 했는데 이는 마노아가 여호와의 사자인 줄 알지 못했기 때문이라고 했습니다. 마노아가 다시 여호와의 사자에게 이름을 물었는데 여호와의 사자가 마노아에게 "**어찌하여 이를 묻느냐 내 이름은 기묘니라**"라고 대답하고 이적을 행하여 여호와의 사자였음을 보였습니다. 여호와의 사자가 내 이름이 '기묘'라고 대답한 것에 주목해야 합니다. 기묘자는 전능한 하나님이시오, 영존하시는 아버지이십니다.

> "이는 한 아기가 우리에게 났고 한 아들을 우리에게 주신 바 되었는데 그 어깨에는 정사를 메었고 **그 이름은 기묘자라, 모사라, 전능하신 하나님이라, 영존하시는 아버지라, 평강의 왕이라** 할 것임이라" (사9:6)

성경 전체를 통틀어서 '기묘자'라 말씀하신 곳이 이사야 9장 6절 딱 한 구절 기록되어 있습니다. 우리에게 주신 아기가, 한 아들이 바로 기묘자라, 모사라, 전능하신 하나님이라, 영존하시는 아버지라, 평강의 왕이라고 했습니다. 천사를 기묘라고 말씀한 곳이 한 구절도 없습니다. 그래서 삼손의 아버지 마노아에게 나타난 여호와의 사자가 기묘라고 한 것은 여호와의 사자를 본 것이 곧 하나님을 본 것과 같다는 것을 말씀해 주는 것입니다.

> "21 여호와의 사자가 마노아와 그 아내에게 다시 나타나지 아니하니 마노아가 이에 그가 여호와의 사자인 줄 알고 22 그 아내에게 이르되 우리가 하나님을 보았으니 반드시 죽으리로다 23 그 아내가 그에게 이르되 여호와께서 우리를 죽이려 하셨더면 우리 손에서 번제와 소제를 받지 아니하셨

을 것이요 이 모든 일을 보이지 아니하셨을 것이며 이제 이런 말씀도 우리에게 이르지 아니하셨으리이다 하였더라 24 여인이 아들을 낳으매 이름을 삼손이라 하니라 아이가 자라매 여호와께서 그에게 복을 주시더니 25 소라와 에스다올 사이 마하네단에서 여호와의 신이 비로소 그에게 감동하시니라" (삿13:21-25)

여호와의 사자가 행한 이적을 보고 마노아가 비로소 그가 여호와의 사자인 줄 알았는데 정작 그 아내에게 말하기를 "우리가 하나님을 보았으니 반드시 죽으리로다"라고 했습니다. 마노아가 여호와의 사자를 본 것이 곧 하나님을 본 것과 다를 바 없다는 것을 알았다는 뜻입니다. 이스라엘 사람들은 하나님을 보고 살 자가 없다는 것을 하나님의 말씀으로 알고 있었으므로 마노아가 이 말을 한 것입니다.

5.
부활 후에 나타나신 예수님은 초림(初臨) 예수가 아니라 천사가 나타나서 보인 것입니다

부활 후에 예수님을 다시는 볼 수 없는 이유는 예수님이 아버지 안으로 가셨기 때문입니다. 아버지 안으로 가신 예수님은 이제 다시는 아버지 밖으로 나오실 일이 없습니다. 아들로서 모든 일을 다 이루셨기 때문입니다.

> "내가 **아버지께로 나와서** 세상에 왔고 다시 세상을 떠나 **아버지께로 가노라** 하시니" (요16:28)
>
> "예수께서 신 포도주를 받으신 후 가라사대 **다 이루었다** 하시고 머리를 숙이시고 영혼이 돌아가시니라" (요19:30)
>
> "그 날에는 내가 아버지 안에, 너희가 내 안에, 내가 너희 안에 있는 것을 너희가 알리라" (요14:20)

아버지께로 나와서 세상에 오신 예수님이 다시 세상을 떠나 아버지께로 간다고 하셨습니다. 그리고 아버지께로 갈 때 아버지 오른쪽이 아니라 아버지 안으로 가신다고 했습니다. 아버지 안으로 가신 예수님은 다시는 볼 수 없다고 예수님이 말씀하셨습니다.

> "의에 대하여라 함은 **내가 아버지께로 가니** 너희가 다시 나를 보지 못함이요" (요16:10)
>
> "조금 있으면 너희가 **나를 보지 못하겠고** 또 조금 있으면 **나를 보리라** 하신대" (요16:16)

아버지께로 가신 예수님은 다시는 볼 수 없는데 또 볼 수 있습니다. 이것은 사람의 말장난이 아닙니다. 거짓이 없으신 하나님의 말씀입니다. 하나님의 말씀대로 다시는 볼 수 없는 예수가 있고 또 조금 있으면 보는 예수가 있습니다. 다시는 볼 수 없는 예수는 아버지 안으로 가신 초림(初臨) 예수입니다. "다 이루었다" 말씀하시고 아버지 안으로 가신 예수님은 이제 영원히 아버지 안에 계시므로 다시는 볼 수 없습니다. 그러나 믿는 자 안으로 두 번째 오시는 그리스도는 세상은 볼 수 없지만 믿는 자는 볼 수 있습니다. 여기서 본다는 말은 육체의 눈으로 본다는 말이 아닙니다. 믿는 자 안에 빛으로 오시는 예수를 본다는 뜻입니다.

> "18 내가 너희를 고아와 같이 버려두지 아니하고 너희에게로 오리라 19 조금 있으면 세상은 다시 나를 보지 못할 터이로되 **너희는 나를 보리니 이는 내가 살았고 너희도 살겠음이라**" (요14:18-19)

믿는 각 사람에게 들어오시려고 예수님께서 십자가에서 죽으시고 아버지 안으로 가셨는데 그때 많은 열매가 맺어졌습니다.

> "내가 진실로 진실로 너희에게 이르노니 한 알의 밀이 땅에 떨어져 죽지 아니하면 한 알 그대로 있고 **죽으면 많은 열매를 맺느니라**" (요12:24)

초림 예수는 한 분이지만 아버지 안으로 가셔서 많은 열매가 맺어진 그리스도는 셀 수 없이 많습니다. 다시는 볼 수 없는 예수는 아버지 안으로 가신 초림 예수님이시고 조금 있으면 보는 그리스도는 많은 열매가 맺어진 그리스도입니다. 많은 열매가 맺어진 그리스도께서 믿는 각 사람의 안에 빛으로 들어오십니다.

> "나는 **빛으로 세상에 왔나니** 무릇 나를 믿는 자로 어두움에 거하지 않게 하려 함이로라" (요12:46)
>
> "9 예수께서 대답하시되 낮이 열두 시가 아니냐 사람이 낮에 다니면 이 세상의 빛을 보므로 실족하지 아니하고 10 밤에 다니면 **빛이 그 사람 안에 없는 고로 실족하느니라**" (요11:9-10)

두 번째 오시는 그리스도는 믿는 각 사람의 안에 빛으로 오십니다. 빛 되신 그리스도께서 안에 없는 자들은 빛이 안에 없으므로 밤이요, 또 빛이 없으므로 실족한다고 했습니다.

> "8 너희가 전에는 어두움이더니 **이제는 주 안에서 빛이라** 빛의 자녀들처럼 행하라 9 빛의 열매는 모든 착함과 의로움과 진실함에 있느니라 10 주께 기쁘시게 할 것이 무엇인가 시험하여 보라 11 너희는 열매 없는 어두움의 일에 참예하지 말고 도리어 책망하라 12 저희의 은밀히 행하는 것들은 말하기도 부끄러움이라 13 그러나 책망을 받는 모든 것이 빛으로 나타나나

> 니 나타나지는 것마다 빛이니라 14 그러므로 이르시기를 잠자는 자여 깨어서 죽은 자들 가운데서 일어나라 **그리스도께서 네게 비춰시리라** 하셨느니라" (엡5:8-14)

우리가 전에는 어두움이었으나 이제는 주 안에서 빛이 되었습니다. 빛 되신 그리스도께서 믿는 자 안에 들어오셔서 빛이 되시고 빛을 비춰주셔서 어두움이 물러가게 하십니다.

1) 부활 후에 마리아와 제자들에게 나타나신 예수님은 천사를 보내신 것입니다

예수님의 부활 후에 가장 먼저 예수님을 본 사람은 막달라 마리아입니다.

> "9 예수께서 안식 후 첫날 이른 아침에 살아나신 후 전에 일곱 귀신을 쫓아내어 주신 막달라 마리아에게 먼저 보이시니 10 마리아가 가서 예수와 함께하던 사람들의 슬퍼하며 울고 있는 중에 이 일을 고하매 11 그들은 예수의 살으셨다는 것과 마리아에게 보이셨다는 것을 듣고도 믿지 아니하니라 12 그 후에 저희 중 두 사람이 걸어서 시골로 갈 때에 **예수께서 다른 모양으로 저희에게 나타나시니** 13 두 사람이 가서 남은 제자들에게 고하였으되 역시 믿지 아니하니라" (막16:9-13)

마리아가 제자들에게 가서 예수님이 살아나셔서 마리아에게 보이셨다는 것을 말했으나 제자들이 듣고도 믿지 않았다고 했습니다. 또 제자들 중 두 사람이 시골로 가다가 예수님을 만났는데 예수님이 저희에게 다른 모양으로 나타나셨습니다. 이 두 사람이 남은 제자들에게 가서 이 사실을 고하였으나 제자들이 역시 믿지 않았다고 했습니다. 왜 제자들은 예수님이 살아나셨다는 말을 듣고도 믿지 않았을까요? 예수님이 마리아와 제자들에게 나타나실 때 세상에 오셨을 때 모습 그대로 나타나셨다면 예수님을 본 사람이나 그 말을 전해 들은 사람들도 다 믿었을 것입니다. 그러나 예수님은 본래 사람이셨을 때의 모습이 아닌 다른 모습으로 나타나셨습니다. 아마도 예수님이 살아나셨다는 말을 들은 제자들은 예수님을 본 사람들에게 물었을 것입니다. 예수님이 어떻게 돌아가셨는지 잘 알고 있으므로 예수님의 상태를 먼저 물었을 것입니다. 머리에 가시관을 쓰시고 채찍에 맞으시고 십자가에 못 박히셨으므로 보이는 예수님의 모습이 어떤가를 먼저 물었을 것입니다. 그런데 예수님을 본 사람들이 말하기를 예수님이 살아나셨는데 우리가 알고 있는 그 모습이 아니고 다른 사람으로 나타나셨는데 그분이 예수님이라고 한다면 전해 들은 사람들이 이것을 믿지 못하는 것은 어찌 보면 당연하다고 할 것입니다.

> "11 마리아는 무덤 밖에 서서 울고 있더니 울면서 구푸려 무덤 속을 들여다보니 12 흰 옷 입은 두 천사가 예수의 시체 뉘었던 곳에 하나는 머리 편에, 하나는 발 편에 앉았더라 13 천사들이 가로되 여자여 어찌하여 우느냐 가로되 사람이 내 주를 가져다가 어디 두었는지 내가 알지 못함이니이다 14 이 말을 하고 뒤로 돌이켜 예수의 서신 것을 보나 예수신 줄 알지 못하더라 15 예수께서 가라사대 여자여 어찌하여 울며 누구를 찾느냐 하시니

> 마리아는 그가 동산지기인 줄로 알고 가로되 주여 당신이 옮겨 갔거든 어디 두었는지 내게 이르소서 그리하면 내가 가져가리이다 16 예수께서 마리아야 하시거늘 마리아가 돌이켜 히브리 말로 랍오니여 하니(이는 선생님이라) 17 예수께서 이르시되 나를 만지지 말라 내가 아직 아버지께로 올라가지 못하였노라 너는 내 형제들에게 가서 이르되 내가 내 아버지 곧 너희 아버지, 내 하나님 곧 너희 하나님께로 올라간다 하라 하신대 18 막달라 마리아가 가서 제자들에게 내가 주를 보았다 하고 또 주께서 자기에게 이렇게 말씀하셨다 이르니라"(요20:11-18)

막달라 마리아가 예수님을 만난 일이 요한복음에도 기록되어 있는데 요한복음에는 마리아가 예수님을 동산지기인 줄로 알았다고 기록하고 있습니다. 예수님이 마리아의 이름을 불러주셨을 때 마리아가 예수님이신 줄 알았다고 했습니다. 같은 사건을 기록한 것이므로 마가복음과 요한복음을 비교해 보면 예수님이 다른 모양으로 나타나셨기 때문에 마리아가 예수님을 바로 알아보지 못하였으나 마리아의 이름을 불러주었을 때 비로소 예수님이신 줄을 알았습니다. 하나님께서 사람을 부르시면 그 음성을 듣는 사람들은 그분이 하나님이신 것을 바로 깨달아 알 수 있습니다. 비록 예수님이 다른 모양으로 나타나셨어도 마리아는 예수님이 자기의 이름을 부르시는 것을 듣고 예수님이신 줄 깨달아 안 것입니다.

> "19 이 날 곧 안식 후 첫날 저녁 때에 제자들이 유대인들을 두려워하여 모인 곳에 문들을 닫았더니 예수께서 오사 가운데 서서 가라사대 너희에게 평강이 있을지어다 20 이 말씀을 하시고 손과 옆구리를 보이시니 제자들이 주를 보고 기뻐하더라"(요20:19-20)

"26 여드레를 지나서 제자들이 다시 집 안에 있을 때에 도마도 함께 있고 문들이 닫혔는데 예수께서 오사 가운데 서서 가라사대 너희에게 평강이 있을지어다 하시고 27 도마에게 이르시되 네 손가락을 이리 내밀어 내 손을 보고 네 손을 내밀어 내 옆구리에 넣어 보라 그리하고 믿음 없는 자가 되지 말고 믿는 자가 되라 28 도마가 대답하여 가로되 나의 주시며 나의 하나님이시니이다 29 예수께서 가라사대 **너는 나를 본 고로 믿느냐 보지 못하고 믿는 자들은 복되도다 하시니라**" (요20:26-29)

안식 후 첫날 저녁때에 제자들이 모인 곳에 문이 닫혀 있었는데 예수님이 나타나셔서 "너희에게 평강이 있을지어다"라고 말씀하셨는데 그 자리에 없었던 도마가 "내가 그 손의 못 자국을 보면 내 손가락을 그 옆구리에 넣어보지 않고는 믿지 아니하겠노라"라고 하자 예수님이 다시 여드레 후에 도마도 함께 있을 때 나타나셔서 도마에게 이르시되 "네 손가락을 이리 내밀어 내 손을 보고 네 손을 내밀어 내 옆구리에 넣어보라 그리하고 믿음 없는 자가 되지 말고 믿는 자가 되라"라고 말씀하셨습니다. 이 말씀을 근거로 많은 사람들이 예수님이 육체로 부활하셨다고 믿고 신앙생활을 합니다. 성경을 볼 때 주의하고 유념할 것은 한 구절에 매여서 전체를 보지 못하면 하나님의 경륜을 깨달아 알 수 없게 된다는 것입니다. 앞에 내용에서도 여러 번 언급했는데 만약 예수님이 육체로 부활하시면 하나님의 아들은 하나도 나올 수 없고 구원받은 자도 하나도 나올 수 없습니다. 왜냐하면 그리스도가 믿는 자 안에 들어오시는 것이 구원이고, 하나님의 아들이 될 수 있는 유일한 길이기 때문입니다. 그렇다면 제자들에게 나타나서 손에 못 자국과 옆구리에 창 자국을 보여준 것은 누구일까요? 바로 천사가 나타나서 예수님을 대행한 것입니다. 이 말씀이 조금의 의심도 없이 믿어지기 위해서는 반드시 먼저 알아야 할 것이 있습니다. 성경대로 부활하신 예수님이 아버지 안으로 가셨고 아버지 안으로 가신 예수님은 다시는 볼 수 없다는 것을 믿어야 합니다. 이 사실이 믿어지지 않는다면 예수님이 부활 후에 천사를 보내서 나타내셨다는 사실도 역시 믿을 수 없습니다. 첫 단추가 잘못 채워지면 나머지 단추도 다 잘못 채워지게 되어 있습니다. 지금까지 이러한 사실이 감춰져서 봉함되었기 때문에 아무도 알 수가 없었지만 이제는 봉함된 말씀이 열렸습니다. 부활하신 예수님이 아버지 안에 계시면 이제 예수님은 아버지로 계십니다. 그래서 구약의 여호와 하나님이 죄가 있는 사람들에게 나타나지 않으신 것같이 아버지도 사람들에게 직접 나타내지 않으십니다. 하나님을 보고 살 자가 없다고 했습니다. 그래서 천사를 보내시고 천사를 통해서 보이시고 말씀하신 것입니다.

"1 그 후에 예수께서 디베랴 바다에서 또 제자들에게 자기를 나타내셨으니 나타내신 일이 이러하니라 2 시몬 베드로와 디두모라 하는 도마와 갈릴리 가나 사람 나다나엘과 세베대의 아들들과 또 다른 제자 둘이 함께 있더니 3 시몬 베드로가 나는 물고기 잡으러 가노라 하매 저희가 우리도 함께 가겠다 하고 나가서 배에 올랐으나 이 밤에 아무것도 잡지 못하였더니 4 날이 새어갈 때에 예수께서 바닷가에 서셨으나 제자들이 예수신 줄 알지 못하는지라 5 예수께서 이르시되 얘들아 너희에게 고기가 있느냐 대답하되 없나이다 6 가라사대 그물을 배 오른편에 던지라 그리하면 얻으리라 하신대 이에 던졌더니 고기가 많아 그물을 들 수 없더라 7 예수의 사랑하시는 그 제자가 베드로에게 이르되 주시라 하니 시몬 베드로가 벗고 있다가 주라 하는 말을 듣고 겉옷을 두른 후에 바다로 뛰어내리더라 8 다른 제자들은 육지에서 상거가 불과 한 오십 간쯤 되므로 작은 배를 타고 고기 든 그 물을 끌고 와서 9 육지에 올라 보니 숯불이 있는데 그 위에 생선이 놓였고 떡도 있더라 10 예수께서 가라사대 지금 잡은 생선을 좀 가져오라 하신대 11 시몬 베드로가 올라가서 그물을 육지에 끌어올리니 가득히 찬 큰 고기가 일백쉰세 마리라 이같이 많으나 그물이 찢어지지 아니하였더라 12 예수께서 가라사대 와서 조반을 먹으라 하시니 제자들이 주신 줄 아는 고로 당신이 누구냐 감히 묻는 자가 없더라 13 예수께서 가셔서 떡을 가져다가 저희에게 주시고 생선도 그와 같이 하시니라 14 이것은 **예수께서 죽은 자 가운데서 살아나신 후에 세 번째로 제자들에게 나타나신 것이라**" (요21:1-14)

예수님이 디베랴 바다에서 제자들에게 세 번째 나타나셨는데 예수님을 먼저 알아본 사람이 없습니다. 이미 두 번이나 예수님을 보았는데 왜 제자들은 예수님을 먼저 알아볼 수 없었을까요? 이것은 마가복음 16장에 있는 말씀처럼 예수님이 나타나실 때마다 다른 모양으로 나타나셨기 때문입니다. 왜 예수님은 한 모양으로 나타나지 않으시고 나타나실 때마다 다른 모양으로 나타나셨을까요? 그 이유는 믿는 각 사람이 다 주 예수님으로 말미암아 주 예수가 되면 겉으로 보이는 모습은 다 제각각이어도 속에 있는 생명은 아버지가 주신 생명, 곧 그리스도이므로 믿는 자들이 다 예수님과 똑같이 되는 것을 말씀하고 있기 때문입니다. 이제 모든 믿는 자들이 하나님의 친아들 주 예수들이 되는 것이 하나님의 일이라는 것을 알게 하기 위해서 예수님이 나타나실 때마다 다른 모양으로 나타나신 것입니다. 그리고 천사를 보내어 제자들에게 육체가 있는 모습으로 보이신 것도 믿는 자들이 육체가 있을 때 예수님과 똑같이 되어야 한다는 것을 알게 하기 위함입니다. 예수님의 부활은 절대 육체의 부활이 아닙니다. 그리고 부활하신 예수님을 다시는 볼 수 없습니다. 그런데 천사를 보내어 볼 수 있는 예수님과 육체의 부활을 보이셨습니다. 이제 보이는 예수가 믿는 자들이요, 육체가 있을 때 부활하는 자들도 믿는 자들임을 알고 믿어야 합니다. 이 모든 것이 다 믿는 자들에게 이루어지는 일이라는 것을 알고 믿어야 합니다.

2) 예수 그리스도께서 천사를 보내어 사도 요한에게 계시하셨습니다

요한계시록은 사도 요한이 기록한 예수 그리스도의 계시입니다. 하나님이 속히 될 일을 그 종들에게 보이시려고 천사를 보내어 요한에게 지시하신 것입니다.

"1 **예수 그리스도의 계시라** 이는 하나님이 그에게 주사 반드시 속히 될 일을 그 종들에게 보이시려고 **그 천사를 그 종 요한에게 보내어 지시하신 것이라** 2 요한은 하나님의 말씀과 예수 그리스도의 증거 곧 자기의 본 것을 다 증거하였느니라 3 이 예언의 말씀을 읽는 자와 듣는 자들과 그 가운데 기록한 것을 지키는 자들이 복이 있나니 때가 가까움이라"(계1:1-3)

요한계시록 전체는 부활하신 예수님이 요한에게 천사를 보내어 말씀하신 것입니다. 요한계시록에 있는 어떤 말씀도 예수님이 직접 나타나 말씀하신 것이 아니라 천사를 통하여 말씀하신 것입니다.

"**주 하나님이 가라사대** 나는 알파와 오메가라 이제도 있고 전에도 있었고

| **장차 올 자요 전능한 자라 하시더라"** (계1:8)

주 하나님이 말씀하시는데 "나는 알파와 오메가라 이제도 있고 전에도 있었고 장차 올 자요 전능한 자라"라고 말씀하십니다. 믿는 사람들은 누구나 장차 오실 분이 예수 그리스도라는 것을 알고 있습니다. 여기서 말씀하시는 주 하나님이 바로 부활하신 예수 그리스도이십니다. 그런데 부활하신 예수님이 직접 나타나신 것이 아니라 천사를 보내셨습니다. 그러나 요한에게는 이 말씀이 천사의 말이 아니라 예수님의 말씀으로 들리게 되어 있습니다. 천사의 모든 의지와 능력을 예수님이 사용하셔서 요한에게 말씀하시기 때문입니다.

> "17 내가 볼 때에 그 발 앞에 엎드러져 죽은 자같이 되매 그가 오른손을 내게 얹고 가라사대 두려워 말라 나는 처음이요 나중이니 18 **곧 산 자라 내가 전에 죽었었노라** 볼지어다 이제 세세토록 살아 있어 사망과 음부의 열쇠를 가졌노니 19 그러므로 네 본 것과 이제 있는 일과 장차 될 일을 기록하라" (계1:17-19)

요한에게 오른손을 얹고 말씀하시는 분이 "두려워 말라 나는 처음이요 나중이니 곧 산 자라 내가 전에 죽었었노라 볼지어다 이제 세세토록 살아 있어 사망과 음부의 열쇠를 가졌노니 그러므로 네 본 것과 이제 있는 일과 장차 될 일을 기록하라"라고 말씀하셨는데 전에 죽었다가 살아나신 분은 예수 그리스도입니다. 그래서 말씀하는 분이 부활하신 예수님이신데 예수님이 직접 나타나신 것이 아니라 천사를 보내어 말씀하신 것입니다.

"6 또 그가 내게 말하기를 이 말은 신실하고 참된지라 **주 곧 선지자들의 영의 하나님이 그의 종들에게 결코 속히 될 일을 보이시려고 그의 천사를 보내셨도다** 7 보라 내가 속히 오리니 이 책의 예언의 말씀을 지키는 자가 복이 있으리라 하더라 8 이것들을 보고 들은 자는 나 요한이니 내가 듣고 볼 때에 이 일을 내게 보이던 천사의 발 앞에 경배하려고 엎드렸더니 9 저가 내게 말하기를 나는 너와 네 형제 선지자들과 또 이 책의 말을 지키는 자들과 함께 된 종이니 그리하지 말고 **오직 하나님께 경배하라** 하더라 10 또 내게 말하되 이 책의 예언의 말씀을 인봉하지 말라 때가 가까우니라 11 불의를 하는 자는 그대로 불의를 하고 더러운 자는 그대로 더럽고 의로운 자는 그대로 의를 행하고 거룩한 자는 그대로 거룩되게 하라 12 **보라 내가 속히 오리니 내가 줄 상이 내게 있어 각 사람에게 그의 일한 대로 갚아 주리라** 13 나는 알파와 오메가요 처음과 나중이요 시작과 끝이라 14 그 두루마기를 빠는 자들은 복이 있으니 이는 저희가 생명나무에 나아가며 문들을 통하여 성에 들어갈 권세를 얻으려 함이로다 15 개들과 술객들과 행음자들과 살인자들과 우상 숭배자들과 및 거짓말을 좋아하며 지어내는 자마다 성 밖에 있으리라" (계22:6-15)

요한계시록 마지막 장인 22장에서 다시 한번 요한에게 천사를 보내어 말씀하셨다는 것을 기록하고 있습니다. 그런데 말씀의 내용은 천사의 말이 아니라 예수님의 말씀입니다. "보라 내가 속히 오리니 이 책의 예언의 말씀을 지키는 자가 복이 있으리라"라고 말씀하셨는데 이 말씀은 부활하신 예수님이 하신 말씀입니다. 그리고 천사의 전해준 말을 보고 들었던 요한이 천사의 발 앞에 경배하려고 했는데 천사가 요한에게 "나는 너와 네 형제 선지자들과 또 이 책의 말을 지키는 자들과 함께 된 종이니 그리하지 말고 오직 하나님께 경배하라"라고 했습니다. 왜 요한은 하나님의 말씀을 전해준 천사에게 경배하려고 했을까요? 요한에게 나타난 존재는 천사이지만 천사를 통하여 말씀하시는 분은 부활하신 예수님이십니다. 그래서 요한은 천사가 하나님의 말씀을 전하여 준다는 것을 알고 있으면서도 자기도 모르게 천사에게 경배하려고 한 것입니다. 사실 요한이 경배하려고 엎드린 대상은 천사가 아닙니다. 천사가 말을 하지만 주님이 말씀하시는 것으로 요한에게는 들리기 때문에 자기도 모르게 천사에게 경배하려고 한 것입니다. 그리고 다시 천사를 통해서 하나님이 말씀하십니다. "보라 내가 속히 오리니 내가 줄 상이 내게 있어 각 사람에게 그의 일한 대로 갚아 주리라"라고 말씀하셨는데 이 말씀의 내용은 예수님의 말씀이지만 말하는 존재는 천사입니다. 이러한 부분을 알지 못하고 성경을 보면 말씀의 함정에 빠지게 되어 있습니다. 그래서 원칙을 세우는 것이 매우 중요합니다. 아버지께로 가신 예수님은 다시는 볼 수 없고 아버지는 죄가 있는 사람들에게 절대로 나타나지 않으십니다. 부활하신 예수님은 아버지로 계시기 때문에 절대로 사람들에게 나타나지 않으시고 나타나 보인 존재는 천사인데 천사가 나타나도 그 천사의 의지와 모든 능력을 아버지께서 사용하시므로 천사의 말을 듣는 자들은 그 말을 하나님 아버지의 말씀으로 듣게 됩니다.

제7장

그리스도는 믿는 자의 몸으로 부활하십니다

1.
자기 몸을 버리신 하나님의 아들을 믿어야 구원받을 수 있습니다

예수님은 십자가에서 자기의 몸을 버리셨습니다. 여기서 예수님이 몸을 버렸다는 것은 십자가에 못 박혀 죽었다는 것을 뜻하는 것이 아닙니다. 예수님이 세상에 오실 때에 입었던 육체를 버리셨다는 뜻입니다.

> "내가 **그리스도와 함께 십자가에 못 박혔나니** 그런즉 이제는 내가 산 것이 아니요 오직 내 안에 그리스도께서 사신 것이라 이제 내가 육체 가운데 사는 것은 나를 사랑하사 나를 위하여 **자기 몸을 버리신 하나님의 아들을 믿는 믿음 안에서 사는 것이라**" (갈2:20)

믿는 자 안에 그리스도께서 사시려면 믿는 자 안으로 그리스도가 들어오셔야 합니다. 그리스도는 믿는 자 안에 들어오시려고 곧 믿는 자 안에 사시려고 자기의 몸을 버리셨습니다. 만약 예수님의 육체가 죽었다가 그 죽은 육체가 다시 살아났다면 그리스도는 절대로 믿는 자 안으로 들어오실 수 없습니다. 대부분의 기독교인들이 십자가에 달리신 예수님의 육체가 죽었다가 그 육체가 다시 살아나셨다고 믿고 있으므로 공중에 구름을 타고 오시는 예수님을 기다리고 있습니다. 육체가 죽었다가 육체가 다시 살아나신 예수님이 하나님 아버지 보좌 오른쪽에 앉아 계시다가 장차 오시는 것이 예수 그리스도의 재림이라고 믿고 있습니다. 이렇게 믿는 사람들은 한 사람도 구원을 받을 수 없습니다. 이렇게 믿으면 그리스도가 믿는 자 안으로 들어오실 수가 없습니다. 이렇게 믿는 자들이 구원을 받을 수 없는 이유는 그리스도가 믿는 자 안으로 두 번째 오시는 것이 구원이기 때문입니다. 그리스도가 믿는 자 안으로 들어오시기 위해서는 과정을 거치셔야 하는데 먼저 십자가에서 자기의 몸과 육체를 버리셨습니다. 이때 십자가에서 예수님의 영혼과 육체가 다 죽었습니다. 그리고 아버지께서 예수님의 육체는 그대로 두시고 영을 살리셨습니다. 영으로 살리심을 받은 그리스도가 아버지 안으로 가셨는데 아버지 안으로 가신 그리스도가 많은 열매를 맺었고 열매가 맺어진 그리스도가 믿는 각 사람 안으로 들어오시는 것입니다.

> "26 이 비밀은 만세와 만대로부터 옴으로 감취었던 것인데 이제는 그의 성도들에게 나타났고 27 하나님이 그들로 하여금 이 비밀의 영광이 이방인 가운데 어떻게 풍성한 것을 알게 하려 하심이라 **이 비밀은 너희 안에 계신 그리스도시니 곧 영광의 소망이니라**" (골1:26-27)

만세와 만대로부터 옴으로 감춰왔던 비밀이 이제 성도들에게 나타났는데 이 비밀은 믿는 자 안에 그리스도가 계시는 것입니다. 어떻게 그리스도가 믿는 자 안으로 들어오십니까? 십자가에서 육체가 죽었다가 그 육체가 다시 살아나셨다면 그리스도는 믿는 자 안으로 절대 들어오실 수가 없습니다. 육체로는 죽임을 당하시고 영으로 살리심을 받아야 믿는 자 안으로 들어오실 수 있습니다.

"그리스도께서도 한 번 죄를 위하여 죽으사 의인으로서 불의한 자를 대신하셨으니 이는 우리를 하나님 앞으로 인도하려 하심이라 **육체로는 죽임을 당하시고 영으로는 살리심을 받으셨으니**" (벧전3:18)

"믿음으로 말미암아 **그리스도께서 너희 마음에 계시게 하옵시고** 너희가 사랑 가운데서 뿌리가 박히고 터가 굳어져서" (엡3:17)

믿음은 그리스도께서 믿는 자 안에 계시는 것입니다. 그리스도께서 자기 안에 계시지 않는 자들이 교회를 다닌다고 해서 그 사람이 믿는 사람이 되는 것은 아닙니다. 다시 말해서 예수 그리스도가 하늘에 올라가서 하나님 아버지 우편에 계시다가 장차 오신다고 믿는 교인들은 믿음을 가진 자들이 아니라는 말입니다. 교회를 다녀서 믿는 자들이 되는 것이 아니라 그리스도께서 안에 계셔야 믿는 자들입니다.

"너희가 믿음에 있는가 너희 자신을 시험하고 너희 자신을 확증하라 **예수 그리스도께서 너희 안에 계신 줄을 너희가 스스로 알지 못하느냐** 그렇지 않으면 너희가 버리운 자니라" (고후13:5)

예수 그리스도께서 자기 안에 계신 줄을 스스로 알지 못하는 자들은 버린 자라고 했습니다. 교회를 다녀도 자기 안에 그리스도가 계신 것을 스스로 알지 못하는 자들은 버리운 자입니다. 버리운 자는 구원받지 못한 자입니다. 구원을 받으려면 자기 몸을 버리신 하나님의 아들을 믿어야 합니다. 그래야 그리스도께서 믿는 자 안으로 들어오실 수가 있습니다. 그리스도가 믿는 자 안으로 들어오시는 것이 구원입니다.

2.
그리스도가 믿는 자의 몸을 얻으시려고 두 번째 믿는 자 안으로 오십니다

그리스도가 두 번째 오시는 것이 재림(再臨)입니다. 그리스도의 재림은 믿는 자 안에서 이루어집니다. 그리스도의 재림을 기다리는 자들은 구원을 받지 못하였고 그리스도의 재림이 이루어진 자들은 구원을 받은 것입니다. 그리스도가 구원을 이루시려고 믿는 자 안으로 두 번째 오시기 때문입니다.

> "이와 같이 그리스도도 많은 사람의 죄를 담당하시려고 단번에 드리신 바 되셨고 **구원에 이르게 하기 위하여** 죄와 상관 없이 **자기를 바라는 자들에게 두 번째 나타나시리라**"(히9:28)

초림(初臨) 예수님은 모든 사람의 죄를 위하여(요일2:2) 십자가에 달리셨지만 재림(再臨) 그리스도는 많은 사람의 죄를 담당하시려고 자기를 바라는 자들에게 두 번째 나타나신다고 했습니다. 자기를 바라는 자들에게 두 번째 나타나시는 목적이 구원에 이르게 하기 위함이라고 했습니다. 그리스도가 두 번째 나타나신다고 하니까 사람 밖으로 오셔서 나타나신다고 생각할 수가 있는데 사람 밖으로 오시는 것이 아니라 믿는 자 안에 오셔서 믿는 자의 생명이 되셔서 믿는 자의 몸에 나타나시는 것입니다.

> "1 그러므로 너희가 그리스도와 함께 다시 살리심을 받았으면 위엣 것을 찾으라 거기는 그리스도께서 하나님 우편에 앉아 계시느니라 2 위엣 것을 생각하고 땅엣 것을 생각지 말라 3 이는 너희가 죽었고 너희 생명이 그리스도와 함께 하나님 안에 감취었음이니라 4 우리 생명이신 그리스도께서 나타나실 그 때에 너희도 그와 함께 영광 중에 나타나리라" (골3:1-4)

믿는 자들은 그리스도와 함께 다시 살리심을 받은 자들입니다. 어떻게 그리스도와 함께 다시 살리심을 받았습니까? 그리스도와 함께 죽고 함께 사는 믿음으로 살리심을 받았습니다. 그리스도와 함께 죽고 함께 살았다는 믿음을 가진 자들에게 그리스도가 믿는 자의 생명이 되셨습니다. 그리스도가 믿는 자의 생명이 되셨다면 이제 믿는 자들은 '그리스도'라는 생명으로 사는 자들입니다. '그리스도'라는 생명으로 산다는 것은 믿는 자의 몸을 통해서 그리스도가 나타나시는 것을 말합니다. 이것이 골로새서 3장 4절에 "우리 생명이신 그리스도께서 나타나실 그 때에 너희도 그와 함께 영광 중에 나타나리라"라고 말씀하신 것입니다. 골로새서 1장 27절에 믿는 자 안에 계신 그리스도는 영광(榮光)의 소망(所望)이라고 했습니다. 영광(榮光)의 소망(所望)은 영광(榮光)이 나타나기를 바란다는 뜻입니다. 믿는 자 안에 들어오신 그리스도는 영광(榮光)의 소망(所望)이고 믿는 자의 몸에 사시는 그리스도는 영광(榮光)입니다.

> "11 모든 일을 그 마음의 원대로 역사하시는 자의 뜻을 따라 우리가 예정을 입어 그 안에서 기업이 되었으니 12 이는 그리스도 안에서 전부터 바라던 **우리로 그의 영광의 찬송이 되게 하려 하심이라**" (엡1:11-12)
>
> "9 내가 기도하노라 너희 사랑을 지식과 모든 총명으로 점점 더 풍성하게 하사 10 너희로 지극히 선한 것을 분별하며 또 진실하여 허물 없이 그리스도의 날까지 이르고 11 예수 그리스도로 말미암아 **의의 열매가 가득하여 하나님의 영광과 찬송이 되게 하시기를 구하노라**" (빌1:9-11)

우리가 예정을 입어 그리스도 안에서 기업(基業)이 되면 하나님의 영광과 찬송이 되는 것입니다. 믿는 자들이 하나님의 영광과 찬송이 된다는 것은 의의 열매가 가득하여 그리스도의 날까지 이르는 자들이 된다는 것입니다. 의의 열매는 믿는 자의 몸에서 맺어집니다. 믿는 자의 몸을 통해서 하나님의 의가 충만하고 풍성하게 나타나는 것이 의의 열매가 가득한 것입니다.

> "7 우리가 이 **보배를 질그릇에 가졌으니** 이는 능력의 심히 큰 것이 하나님께 있고 우리에게 있지 아니함을 알게 하려 함이라 8 우리가 사방으로 우겨쌈을 당하여도 싸이지 아니하며 답답한 일을 당하여도 낙심하지 아니하며 9 핍박을 받아도 버린 바 되지 아니하며 거꾸러뜨림을 당하여도 망하지 아니하고 10 우리가 항상 예수 죽인 것을 몸에 짊어짐은 예수의 생명도 우리 몸에 나타나게 하려 함이라 11 우리 산 자가 항상 예수를 위하여 죽음에 넘기움은 **예수의 생명이 또한 우리 죽을 육체에 나타나게** 하려 함이니라" (고후4:7-11)

믿는 자가 보배를 질그릇에 가졌다는 것은 보배이신 그리스도께서 믿는 자 안에 계신다는 것을 말합니다. 이런 사람은 어떤 환경에서도 영향을 받지 않고 능히 죄를 이길 수 있는 능력을 가진 사람입니다. 보배이신 그리스도가 믿는 자의 능력이 되시면 예수의 생명이 믿는 자의 몸에 나타나고 또한 죽을 육체에 나타나게 되어 있습니다. 예수의 생명이 믿는 자의 몸에 나타나고 죽을 육체에 나타나려면 그리스도가 두 번째 믿는 자 안으로 오셔서 믿는 자의 몸을 얻으셔야 합니다. 그래야 믿는 자의 몸이 그리스도의 몸이 됩니다.

> "너희는 **그리스도의 몸이요** 지체의 각 부분이라" (고전12:27)

그리스도는 십자가에서 자기의 몸을 버리셨으므로 믿는 자의 몸을 얻으시려고 두 번째 오실 때에는 반드시 믿는 자 안으로 오십니다.

3.
그리스도께서 믿는 자의 영에 들어오시면 영의 구원, 몸에 사시면 몸의 구원입니다

믿는 자들이 처음 구원을 받았을 때는 그리스도가 믿는 자의 영에만 계십니다. 이것이 믿음으로 말미암아 믿는 자들이 선물로 받는 구원입니다. 이것을 하나님의 은혜로 받는 구원이라고 합니다.

> "너희가 그 은혜를 인하여 **믿음으로 말미암아 구원을 얻었나니** 이것이 너희에게서 난 것이 아니요 하나님의 선물이라" (엡2:8)
>
> "9 만일 너희 속에 하나님의 영이 거하시면 너희가 육신에 있지 아니하고 영에 있나니 누구든지 **그리스도의 영이 없으면 그리스도의 사람이 아니라** 10 또 그리스도께서 너희 안에 계시면 몸은 죄로 인하여 죽은 것이나 **영은 의를 인하여 산 것이니라**" (롬8:9-10)

누구든지 그리스도의 영이 없으면 그리스도의 사람이 아니라고 했습니다. 그리스도께서 영으로 믿는 자들 안에 오신다는 말씀입니다. 그리스도께서 안에 계시면 몸은 죄로 인하여 죽은 것이나 영은 의를 인하여 살았다고 했습니다. 그리스도가 믿는 자 안에 오시면 영은 살았는데 몸은 여전히 죄로 인하여 죽어 있는 상태라는 것을 말씀하고 있습니다. 그리스도가 영에만 계시고 몸에는 아직 계시지 않기 때문입니다. 이 상태에 있는 사람은 영의 구원은 받았으나 몸의 구원은 아직 받지 못한 상태입니다. 그렇다면 몸의 구원은 어떻게 받을 수 있습니까? 그리스도가 믿는 자의 영에 들어오셔서 믿는 자의 영이 산 것같이 그리스도가 믿는 자의 몸에 사시면 믿는 자의 몸이 살게 됩니다. 그리스도가 몸에 사시는 것은 거저 주시는 선물이 아닙니다. 몸의 구원은 상급입니다. 일을 한 사람만 받을 수 있다는 뜻입니다. 그래서 믿는 자들을 새 언약의 일꾼이라고 하셨습니다.

"저가 또 우리로 **새 언약의 일군 되기에** 만족케 하셨으니 의문으로 하지 아니하고 오직 영으로 함이니 의문은 죽이는 것이요 영은 살리는 것임이니라" (고후3:6)

새 언약의 일꾼 된 사람들이 어떤 일을 해야 할까요? 새 언약의 일꾼들은 영으로 일하는 사람들입니다. 의문(儀文)으로 하지 아니하고 영(靈)으로 함이니 의문(儀文)은 죽이는 것이요, 영(靈)은 살리는 것이라고 했습니다. 의문(儀文)으로 한다는 것은 첫 사람 아담이 하나님의 말씀을 지키려고 하는 것을 말합니다. 개가 사람의 법을 지킬 수 없는 것처럼 사람도 하나님의 법을 지킬 수 없습니다. 만약 개가 사람이 될 수 있다면 개도 사람의 법을 지킬 수 있을 것입니다. 그러나 개가 사람이 되는 방법이 없으므로 개는 절대로 사람의 법을 지킬 수 없습니다. 개는 사람이 될 수 없지만 사람은 하나님이 될 수 있습니다. 그래서 사람은 하나님이 되어서 하나님의 법을 지킬 수 있습니다.

"34 예수께서 가라사대 너희 율법에 기록한 바 내가 너희를 신이라 하였노라 하지 아니하였느냐 35 성경은 폐하지 못하나니 **하나님의 말씀을 받은 사람들을 신이라 하셨거든**" (요10:34-35)

말씀을 받은 사람들이 신이 된다고 했습니다. 신은 곧 하나님입니다. 말씀이 하나님입니다. 말씀이 하나님이기 때문에 말씀을 받은 사람들도 하나님입니다. 그리스도가 하나님이시므로 그리스도가 생명이 된 사람도 하나님입니다. 새 언약의 일꾼이 된 사람들이 의문(儀文)으로 하지 않고 영(靈)으로 한다는 것은 그리스도의 영으로 일을 한다는 뜻입니다.

"11 예수를 죽은 자 가운데서 살리신 이의 영이 너희 안에 거하시면 그리스도 예수를 죽은 자 가운데서 살리신 이가 너희 안에 거하시는 **그의 영으로 말미암아 너희 죽을 몸도 살리시리라** 12 그러므로 형제들아 우리가 빚진 자로되 육신에게 져서 육신대로 살 것이 아니니라 13 너희가 육신대로 살면 반드시 죽을 것이로되 영으로써 몸의 행실을 죽이면 살리니 14 무릇 **하나님의 영으로 인도함을 받는 그들은 곧 하나님의 아들이라**" (롬8:11-14)

그리스도 예수를 죽은 자 가운데서 살리신 이의 영이 믿는 자 안에 거하시면 그의 영으로 믿는 자의 죽을 몸도 살리신다고 했습니다. 영이 어떻게 죽을 몸을 살립니까? 영으로써 몸의 행실을 죽이면 산다고 했습니다. 여기서 말하는 몸의 행실은 구원받은 뒤에도 여전히 육신대로 사는 것을 말합니다. 이 몸의 행실을 처리하는 방법은 하나밖에 없습니다. 옛 생명이 나올 때마다 몸의 행실을 십자가에 못 박아 죽이는 것입니다. 그래서 새 언약의 일꾼이 된 사람들은 각자 자기 십자가를 지고 예수님을 좇아야 한다고 했습니다.

> "23 또 무리에게 이르시되 **아무든지 나를 따라오려거든 자기를 부인하고 날마다 제 십자가를 지고 나를 좇을 것이니라** 24 누구든지 제 목숨을 구원코자 하면 잃을 것이요 누구든지 나를 위하여 제 목숨을 잃으면 구원하리라" (눅9:23-24)
>
> "24 이에 예수께서 제자들에게 이르시되 **아무든지 나를 따라오려거든 자기를 부인하고 자기 십자가를 지고 나를 좇을 것이니라** 25 누구든지 제 목숨을 구원코자 하면 잃을 것이요 누구든지 나를 위하여 제 목숨을 잃으면 찾으리라 26 사람이 만일 온 천하를 얻고도 제 목숨을 잃으면 무엇이 유익하리요 사람이 무엇을 주고 제 목숨을 바꾸겠느냐" (마16:24-26)

사람마다 각자 자기의 십자가가 있습니다. 예수님만 십자가에 못 박혀 죽었다고 믿으면 구원을 받을 수 없습니다. 나도 내 십자가를 지고 예수님을 좇아가야 합니다. 십자가를 지는 이유는 옛사람이 죽어야 하기 때문입니다. 옛사람이 죽지 않으면 새사람이 될 수 없습니다.

> "3 무릇 그리스도 예수와 합하여 세례를 받은 우리는 그의 죽으심과 합하여 세례받은 줄을 알지 못하느뇨 4 그러므로 **우리가 그의 죽으심과 합하여 세례를 받음으로 그와 함께 장사되었나니** 이는 아버지의 영광으로 말미암아 그리스도를 죽은 자 가운데서 살리심과 같이 우리로 또한 새 생명 가운데서 행하게 하려 함이니라 5 만일 우리가 그의 죽으심을 본받아 연합한 자가 되었으면 또한 그의 부활을 본받아 연합한 자가 되리라 6 우리가 알거니와 우리 옛 사람이 예수와 함께 십자가에 못 박힌 것은 죄의 몸이 멸하

여 다시는 우리가 죄에게 종노릇 하지 아니하려 함이니 7 이는 **죽은 자가 죄에서 벗어나 의롭다 하심을 얻었음이니라**" (롬6:3-7)

새 생명을 받은 사람이 새사람입니다. 옛사람이 그리스도와 함께 죽어야 새 생명을 받을 수 있습니다. 그래서 십자가는 구원을 얻는 자들에게 하나님의 능력이 됩니다. 옛사람이 죽고 새 생명을 받아 새사람이 될 수 있는 유일한 방법이 십자가입니다.

"십자가의 도가 멸망하는 자들에게는 미련한 것이요 **구원을 얻는 우리에게는 하나님의 능력이라**" (고전1:18)

믿는 자들이 새롭게 되기 위해서는 날마다 자기 십자가를 지고 주님을 좇아가야 합니다. 그래야 믿는 자의 몸과 죽을 육체에 예수의 생명이 나타납니다. 예수의 생명이 몸에 나타나고 죽을 육체에 나타난 사람이 몸의 구원을 받은 사람입니다. 예수의 생명이 나타나는 몸이 그리스도의 몸입니다. 그리스도의 몸이 된 사람이 몸의 구원을 받은 사람입니다.

"10 우리가 항상 예수 죽인 것을 몸에 짊어짐은 **예수의 생명도 우리 몸에 나타나게** 하려 함이라 11 우리 산 자가 항상 예수를 위하여 죽음에 넘기움은 **예수의 생명이 또한 우리 죽을 육체에 나타나게** 하려 함이니라" (고후 4:10-11)

"19 이것이 너희 간구와 예수 그리스도의 성령의 도우심으로 내 구원에 이르게 할 줄 아는 고로 20 나의 간절한 기대와 소망을 따라 아무 일에든지 부끄럽지 아니하고 오직 전과 같이 이제도 온전히 담대하여 살든지 죽든지

내 몸에서 그리스도가 존귀히 되게 하려 하나니 21 이는 내게 사는 것이 그리스도니 죽는 것도 유익함이니라" (빌1:19-21)

그리스도가 믿는 자의 몸에서 존귀하게 되는 것이 믿는 자의 몸의 구원입니다. 그리스도가 영에 들어오시면 영이 구원을 받고 몸에 사시면 몸이 구원을 받습니다. 그래서 사도 바울이 예수 그리스도의 성령의 도우심으로 내 구원에 이른다고 말씀한 것입니다. 이르는 구원은 선물로 받는 구원을 말하는 것이 아닙니다. 새 언약의 일꾼이 되어서 일을 함으로 받는 상급의 구원입니다.

4.
그리스도는
믿는 자의 몸으로 부활하십니다

그리스도는 십자가에서 자기 몸을 버리셨으므로 그리스도가 부활하시려면 몸이 필요합니다. 사도 바울이 전한 복음의 핵심은 예수와 몸의 부활을 전하는 것이었습니다.

> "어떤 에비구레오와 스도이고 철학자들도 바울과 쟁론할새 혹은 이르되 이 말장이가 무슨 말을 하고자 하느뇨 하고 혹은 이르되 이방 신들을 전하는 사람인가보다 하니 이는 바울이 **예수와 또 몸의 부활 전함을** 인함이러라"
> (행17:18)

예수의 몸의 부활을 전하는 것이 아니라 예수와 또 몸의 부활을 전했다고 했습니다. 예수의 몸의 부활은 예수님이 자기의 몸으로 부활하신 것을 말하는 것이고 예수와 또 몸의 부활을 전했다는 것은 예수님이 십자가에서 자기의 몸을 버리셨기 때문에 부활하기 위해서는 믿는 자의 몸이 필요하다고 전하는 것입니다. 바울이 기록한 말씀들을 살펴보면 그리스도가 믿는 자의 몸으로 부활하신다는 것을 잘 알 수 있습니다.

"내가 그리스도와 함께 십자가에 못 박혔나니 그런즉 이제는 내가 산 것이 아니요 오직 내 안에 그리스도께서 사신 것이라 이제 내가 육체 가운데 사는 것은 나를 사랑하사 나를 위하여 **자기 몸을 버리신 하나님의 아들을 믿는 믿음 안에서 사는 것이라**" (갈2:20)

"20 나의 간절한 기대와 소망을 따라 아무 일에든지 부끄럽지 아니하고 오직 전과 같이 이제도 온전히 담대하여 살든지 죽든지 **내 몸에서 그리스도가 존귀히 되게 하려 하나니** 21 이는 내게 사는 것이 그리스도니 죽는 것도 유익함이니라" (빌1:20-21)

"너희는 **그리스도의 몸이요** 지체의 각 부분이라" (고전12:27)

십자가에서 자기 몸을 버리신 그리스도가 믿는 자 안에 들어오셔서 믿는 자의 몸을 얻으면 믿는 자의 몸이 그리스도의 몸이 됩니다.

"12 그리스도께서 죽은 자 가운데서 다시 살아나셨다 전파되었거늘 너희 중에서 어떤 이들은 어찌하여 죽은 자 가운데서 부활이 없다 하느냐 13 만일 죽은 자의 부활이 없으면 그리스도도 다시 살지 못하셨으리라 14 그리스도께서 만일 다시 살지 못하셨으면 우리의 전파하는 것도 헛것이요 또 너희 믿음도 헛것이며 15 또 우리가 하나님의 거짓 증인으로 발견되리니 우리가 하나님이 그리스도를 다시 살리셨다고 증거하였음이라 만일 죽은 자가 다시 사는 것이 없으면 하나님이 그리스도를 다시 살리시지 아니하셨으리라 16 만일 죽은 자가 다시 사는 것이 없으면 그리스도도 다시 사신 것이 없었을 터이요 17 **그리스도께서 다시 사신 것이 없으면 너희의 믿음도 헛되고 너희가 여전히 죄 가운데 있을 것이요**" (고전15:12-17)

그리스도께서 죽은 자 가운데서 다시 살아나신 것이 부활입니다. 그리스도께서 죽은 자 가운데서 다시 살아나셨다는 말씀을 잘못 알고 있는 사람들이 너무 많습니다. 아담으로부터 시작해서 예수님 때까지 모든 사람들이 다 죽었는데 그중에 그리스도만이 다시 살아나셨다고 하는 것을 그리스도께서 죽은 자 가운데서 다시 사신 것이라고 믿고 있습니다. 만약 그렇다면 지금까지 부활하신 분은 예수님 한 분뿐이고 구원받은 사람은 한 사람도 없다는 뜻이 됩니다. 그리스도께서 죽은 자 가운데서 다시 사셨다는 것은 하나님 아버지의 생명이 없는 사람 속에 그리스도가 들어가셔서 그 사람의 몸을 얻어 다시 사셨다는 뜻입니다. 그래서 사도 바울은 "그리스도께서 다시 사신 것이 없으면 너희의 믿음도 헛되고 너희가 여전히 죄 가운데 있을 것이라"라고 말씀한 것입니다. 우리의 믿음이 참된 믿음이 되고 우리가 죄에서 벗어나려면 그리스도께서 죽은 자 가운데서 다시 사셔야 한다고 했습니다. 육체가 살아 있어도 하나님 아버지의 생명이 없는 자들은 다 죽은 자입니다. 성경에서 말씀하고 있는 사람이 죽는 이유는 병이 들거나 사고가 나서 죽는 것이 아니라 죄와 허물 때문에 죽는 것입니다.

> "1 너희의 허물과 죄로 죽었던 너희를 살리셨도다 2 그 때에 너희가 그 가운데서 행하여 이 세상 풍속을 좇고 공중의 권세 잡은 자를 따랐으니 곧 지금 불순종의 아들들 가운데서 역사하는 영이라 3 전에는 우리도 다 그 가운데서 우리 육체의 욕심을 따라 지내며 육체와 마음의 원하는 것을 하여 다른 이들과 같이 본질상 진노의 자녀이었더니 4 긍휼에 풍성하신 하나님이 우리를 사랑하신 그 큰 사랑을 인하여 5 허물로 죽은 **우리를 그리스도와 함께 살리셨고** (너희가 은혜로 구원을 얻은 것이라)" (엡2:1-5)

허물과 죄로 죽었던 우리를 그리스도와 함께 살리셨다고 했습니다. 육체가 죽은 자를 다시 살리신 것이 아니라 허물과 죄로 죽었던 자들을 그리스도와 함께 살리셨습니다. 그리스도와 함께 살리심을 받은 자들이 그리스도와 함께 부활한 것입니다.

> "3 무릇 그리스도 예수와 합하여 세례를 받은 우리는 그의 죽으심과 합하여 세례받은 줄을 알지 못하느뇨 4 그러므로 **우리가 그의 죽으심과 합하여 세례를 받음으로 그와 함께 장사되었나니** 이는 아버지의 영광으로 말미암아 그리스도를 죽은 자 가운데서 살리심과 같이 우리로 또한 새 생명 가운데서 행하게 하려 함이니라 5 만일 우리가 그의 죽으심을 본받아 연합한 자가 되었으면 또한 그의 부활을 본받아 연합한 자가 되리라 6 우리가 알거니와 우리 옛 사람이 예수와 함께 십자가에 못 박힌 것은 죄의 몸이 멸하여 다시는 우리가 죄에게 종노릇 하지 아니하려 함이니 7 이는 **죽은 자가 죄에서 벗어나 의롭다 하심을 얻었음이니라** 8 만일 **우리가 그리스도와 함께 죽었으면 또한 그와 함께 살 줄을 믿노니** 9 이는 그리스도께서 죽은 자 가운데서 사셨으매 다시 죽지 아니하시고 사망이 다시 그를 주장하지 못할 줄을 앎이로라" (롬6:3-9)

그리스도와 함께 죽은 자들이 그리스도와 함께 산다고 했습니다. 그리스도의 죽으심을 본받아 연합한 자가 되었으면 또한 그의 부활을 본받아 연합한 자가 된다고 했습니다. 죽은 자가 죄에서 벗어나 의롭다 하심을 얻었다고 했습니다. 여기서 죽은 자는 그리스도와 함께 죽은 자를 말합니다. 그리고 그리스도께서 죽은 자 가운데서 사셨으매 사망이 다시는 그를 주장하지 못한다고 했는데 구원받은 사람도 사망에서 생명으로 옮겼다고 했습니다.

> "내가 진실로 진실로 너희에게 이르노니 내 말을 듣고 또 나 보내신 이를 믿는 자는 영생을 얻었고 심판에 이르지 아니하나니 **사망에서 생명으로 옮겼느니라**" (요5:24)

영생을 얻은 자가 구원받은 자입니다. 하나님 아버지의 생명이 영생입니다. 하나님 아버지의 생명인 영생을 얻은 자가 구원받은 하나님의 아들입니다. 하나님의 아들 그리스도가 참 하나님이시오, 영생(요일5:20)이십니다. 믿는 자가 영생을 얻었다는 말씀은 영생이신 그리스도께서 믿는 자 안에 들어오신 것을 말씀하는 것입니다. 그리스도가 믿는 자 안에 들어와서 믿는 자의 생명이 되시면 믿는 자들이 사망에서 생명으로 옮긴 것입니다.

> "3 찬송하리로다 우리 주 예수 그리스도의 아버지 하나님이 그 많으신 긍휼대로 **예수 그리스도의 죽은 자 가운데서 부활하심으로 말미암아 우리를 거듭나게 하사** 산 소망이 있게 하시며 4 썩지 않고 더럽지 않고 쇠하지 아니하는 기업을 잇게 하시나니 곧 너희를 위하여 하늘에 간직하신 것이라" (벧전1:3-4)

예수 그리스도의 죽은 자 가운데서 부활하심으로 우리를 거듭나게 하신다고 했습니다. 예수 그리스도의 죽은 자 가운데서 부활하심과 우리의 거듭남 사이에 인과관계가 있다는 뜻입니다. 예수 그리스도의 죽은 자 가운데서 부활하심이 원인이 되어서 우리가 거듭날 수 있다는 것입니다. 바꿔 말하자면 예수 그리스도의 죽은 자 가운데서 부활하심이 없다면 우리가 거듭날 수 없다는 뜻이기도 합니다.

> "너희가 거듭난 것이 썩어질 씨로 된 것이 아니요 썩지 아니할 씨로 된 것이니 **하나님의 살아 있고 항상 있는 말씀으로 되었느니라**"(벧전1:23)
> "3 예수께서 대답하여 가라사대 진실로 진실로 네게 이르노니 사람이 거듭나지 아니하면 하나님 나라를 볼 수 없느니라 4 니고데모가 가로되 사람이 늙으면 어떻게 날 수 있삽나이까 두 번째 모태에 들어갔다가 날 수 있삽나이까 5 예수께서 대답하시되 진실로 진실로 네게 이르노니 사람이 **물과 성령으로 나지 아니하면 하나님 나라에 들어갈 수 없느니라**"(요3:3-5)

우리가 거듭난 것이 하나님의 살아 있고 항상 있는 말씀으로 되었다고 했습니다. 또 물과 성령으로 나지 아니하면 하나님 나라에 들어갈 수 없다고 했습니다. 하나님의 살아 있고 항상 있는 말씀으로 거듭나는 것이나 물과 성령으로 거듭나는 것이나 예수 그리스도의 죽은 자 가운데서 부활하심으로 거듭나는 것은 같아야 합니다. 만약 이 세 가지가 다르다면 거듭나고 또 세 번 나고 네 번 난다는 말씀도 있어야 합니다. 부활(復活)하는 것과 거듭나는 것이 다르지 않습니다. 다시 사는 것이 부활(復活)이고 다시 태어나는 것이 거듭남입니다. 믿는 나의 옛사람이 죽고 그리스도로 존재가 바뀌어서 다시 사는 것이 부활(復活)입니다. 옛사람은 그리스도와 함께 십자가에서 죽고 새사람으로 태어나는 것이 거듭남입니다. 그리스도는 십자가에서 자기 몸을 버리셨으므로 믿는 자 안에 들어오셔서 믿는 자의 몸을 얻어서 믿는 자의 몸으로 부활하십니다. 이것이 믿는 자의 부활이요, 그리스도의 몸의 부활(復活)입니다.

제8장

믿는 자들을 통해서 하나님의 모든 말씀이 이루어집니다

1.
하나님이 지으신 천지가 사람입니다

태초에 하나님이 천지를 창조하셨습니다. 이 말씀은 하늘과 땅과 그곳에 존재하는 모든 것을 하나님께서 창조하셨다는 뜻이기도 하면서 사람에 대한 말씀이기도 합니다.

> "태초에 하나님이 **천지를 창조하시니라**" (창1:1)

하나님이 창조하신 하늘과 땅이 영적으로는 사람을 뜻한다는 것을 기록된 말씀을 통해서 확인하겠습니다.

1) 사람이 하늘(heaven)입니다

① 하나님이 계시는 하늘(heaven)

성경에서 말씀하고 있는 하늘(heaven)은 물질계에 있는 장소를 지칭하는 것이 아닙니다. 하나님이 계시는 상태를 하늘(heaven)이라고 합니다.

> "9 올라가셨다 하였은즉 땅 아랫곳으로 내리셨던 것이 아니면 무엇이냐
> "What does 'he ascended' mean except that he also descended to the lower, earthly regions?
> 10 내리셨던 그가 곧 **모든 하늘** 위에 오르신 자니 이는 만물을 충만케 하려 하심이니라"
> He who descended is the very one who ascended higher than **all the heavens**, in order to fill the whole universe" (엡4:9-10niv)

땅으로 내리셨던 그리스도께서 모든 하늘 위에 오르셨다고 말씀하고 있습니다. 그리스도가 오르신 하늘을 단수가 아니라 복수로 말씀하고 있습니다. 그리스도가 오르신 하늘이 어떤 하늘일까요? 땅으로 내리셨던 그리스도가 아버지께로 가셨다가 다시 믿는 자들 안으로 들어오셨습니다. 믿는 자들 안에 들어오신 그리스도가 하나님이시므로 그리스도가 계시는 믿는 자들 안이 하늘이 되는 것입니다. 그래서 하늘은 하나가 아니라서 모든 하늘이라고 말씀하신 것이고 구원받은 사람들이 '하늘들'이 되는 것입니다.

> "46 다윗이 하나님 앞에서 은혜를 받아 야곱의 집을 위하여 하나님의 처소를 준비케 하여 달라 하더니
> "Who enjoyed God's favor and asked that he might provide a dwelling place for the God of Jacob.
> 47 솔로몬이 그를 위하여 집을 지었느니라
> But it was Solomon who built the house for him.
> 48 그러나 지극히 높으신 이는 손으로 지은 곳에 계시지 아니하시나니 선

> 지자의 말한바
>
> However, the Most High does not live in houses made by men. As the prophet says
>
> 49 주께서 가라사대 **하늘은 나의 보좌요** 땅은 나의 발등상이니 너희가 나를 위하여 무슨 집을 짓겠으며 나의 안식할 처소가 어디뇨
>
> '**Heaven is my throne**, and the earth is my footstool. What kind of house will you build for me? says the Lord. Or where will my resting place be?
>
> 50 이 모든 것이 다 내 손으로 지은 것이 아니냐 함과 같으니라"
>
> Has not my hand made all these things?'" (행7:46-50niv)

다윗이 성전 건축을 예비하고 그 아들 솔로몬이 하나님을 위하여 전을 건축하였는데 하나님께서는 "사람의 손으로 지은 곳에 계시지 않는다"라고 했습니다. 그러면 하나님은 어디에 계십니까? 하나님이 지으신 하나님의 집, 바로 사람 안에 계십니다. 사람이 살아 계신 하나님의 성전입니다.

> "우리는 하나님의 동역자들이요 너희는 하나님의 밭이요 **하나님의 집**이니라" (고전3:9)
>
> "하나님의 성전과 우상이 어찌 일치가 되리요 **우리는 살아 계신 하나님의 성전**이라 이와 같이 하나님께서 가라사대 내가 저희 가운데 거하며 두루 행하여 나는 저희 하나님이 되고 저희는 나의 백성이 되리라 하셨느니라" (고후6:16)
>
> "너희가 **하나님의 성전인** 것과 하나님의 성령이 너희 안에 거하시는 것을

알지 못하느뇨" (고전3:16)

하나님의 보좌가 되는 하늘이 사람이요, 하나님이 사시는 하나님의 집이 사람이요, 하나님이 계시는 하나님의 성전이 사람입니다.

② **하나님이 계시지 않는데 스스로 하나님이 된 하늘**(heaven)

타락한 천사 마귀가 처음 있었던 곳이 하늘(heaven)이라고 말씀했는데 스스로 높은 곳에 올라 하나님과 비기려고 오르는 그곳도 하늘(heaven)이라고 했습니다.

> "12 너 아침의 아들 계명성이여 어찌 그리 **하늘에서 떨어졌으며** 너 열국을 엎은 자여 어찌 그리 땅에 찍혔는고
>
> "How you have **fallen from heaven**, O morning star, son of the dawn! You have been cast down to the earth, you who once laid low the nations!
>
> 13 네가 네 마음에 이르기를 **내가 하늘에 올라** 하나님의 뭇별 위에 나의 보좌를 높이리라 내가 북극 집회의 산 위에 좌정하리라
>
> You said in your heart, '**I will ascend to heaven**; I will raise my throne above the stars of God; I will sit enthroned on the mount of assembly, on the utmost heights of the sacred mountain.
>
> 14 가장 높은 구름에 올라 지극히 높은 자와 비기리라 하도다"
>
> I will ascend above the tops of the clouds; I will make myself like the Most High'" (사14:12-14niv)

천사가 타락하기 전에 있었던 하늘(heaven)은 하나님이 계시는 하늘이었습니다. 그러나 마귀가 스스로 자기를 높이고 올라간 하늘(heaven)은 하나님이 계시지 않는 하늘(heaven)입니다.

> "1 온 땅의 구음이 하나이요 언어가 하나이었더라
> "Now the whole world had one language and a common speech.
> 2 이에 그들이 동방으로 옮기다가 시날 평지를 만나 거기 거하고
> As men moved eastward, they found a plain in Shinar and settled there.
> 3 서로 말하되 자, 벽돌을 만들어 견고히 굽자 하고 이에 벽돌로 돌을 대신하며 역청으로 진흙을 대신하고
> They said to each other, 'Come, let's make bricks and bake them thoroughly' They used brick instead of stone, and tar for mortar.
> 4 또 말하되 자, 성과 대를 쌓아 대 꼭대기를 **하늘에 닿게 하여** 우리 이름을 내고 온 지면에 흩어짐을 면하자 하였더니
> Then they said, 'Come, let us build ourselves a city, with a tower that reaches **to the heavens**, so that we may make a name for ourselves and not be scattered over the face of the whole earth'
> 5 여호와께서 인생들의 쌓는 성과 대를 보시려고 강림하셨더라"
> But the LORD came down to see the city and the tower that the men were building" (창11:1-5niv)

노아 홍수 이후에 사람들이 다시 땅에 편만(遍滿)하게 되어서 그들이 동방으로 옮기다가 시날 평지를 만나서 성과 대를 쌓아 그 꼭대기를 하

늘(heaven)에 닿게 하여 우리 이름을 내고 온 지면에 흩어짐을 면하자 하고 탑을 쌓았습니다. 인생들이 벽돌과 진흙으로 탑을 아무리 높게 쌓는다 한들 어떻게 하나님 계시는 하늘(heaven)에 닿을 수 있겠습니까? 여기서 인생들이 성과 대를 높이 쌓아 하늘(heaven)에 닿게 한다는 것은 그들이 하나님을 버리고 스스로 높아져서 마귀와 같이 스스로 사는 존재가 되려고 한 것을 말씀한 것입니다.

> "11 어느 나라가 그 신을 신 아닌 것과 바꾼 일이 있느냐 그러나 나의 백성은 그 영광을 무익한 것과 바꾸었도다
>
> "Has a nation ever changed its gods? (Yet they are not gods at all) But my people have exchanged their Glory for worthless idols.
>
> 12 너 하늘아 이 일을 인하여 놀랄찌어다 심히 떨찌어다 두려워할찌어다 여호와의 말이니라
>
> Be appalled at this, O heavens, and shudder with great horror, declares the LORD.
>
> 13 내 백성이 두 가지 악을 행하였나니 곧 생수의 근원되는 나를 버린 것과 스스로 웅덩이를 판 것인데 그것은 물을 저축지 못할 터진 웅덩이니라"
>
> My people have committed two sins: They have forsaken me, the spring of living water, and have dug their own cisterns, broken cisterns that cannot hold water" (렘2:11-13niv)

하나님의 백성이 행한 두 가지 악이 있는데 첫째는 생수의 근원되시는 하나님을 버린 것과 둘째는 스스로 살고자 하여 웅덩이를 판 것이라고 했습니다. 이렇게 하나님을 떠나 범죄한 백성들에게 "너 하늘아 이

일을 인하여 놀랄찌어다 심히 떨찌어다 두려워할찌어다"라고 말씀하셨습니다. 사람이 하나님을 버리고 스스로 살고자 했으므로 그들에 대하여 하나님이 하늘(heaven)이라고 칭하시면서 "놀라고 두려워하며 심히 떨지어다"라고 하셨습니다. 피조물은 절대로 스스로 살 수 없습니다. 창조주이신 하나님의 뜻대로 살아야 하고 하나님이 공급해 주시는 것으로 살아야 합니다. 그것이 피조물의 본분(本分)입니다. 하늘(heaven)이 다 같은 하늘(heaven)이 아닙니다. 사람 속에 하나님이 계신 상태를 하늘(heaven)이라고 했지만 스스로 높아져서 스스로 살고자 하는 존재도 하늘(heaven)이라고 했습니다.

2) 땅이 사람입니다

하나님께서 첫 사람 아담을 흙으로 지으셨습니다. 그리고 흙으로 지으심을 받은 모든 사람은 다시 흙으로 돌아가게 되어 있습니다.

> "여호와 하나님이 **흙으로 사람을 지으시고** 생기를 그 코에 불어 넣으시니 사람이 생령이 된지라" (창2:7)
> "17 아담에게 이르시되 네가 네 아내의 말을 듣고 내가 너더러 먹지 말라 한 나무 실과를 먹었은즉 땅은 너로 인하여 저주를 받고 너는 종신토록 수고하여야 그 소산을 먹으리라 18 **땅이 네게 가시덤불과 엉겅퀴를 낼 것이라** 너의 먹을 것은 밭의 채소인즉 19 네가 얼굴에 땀이 흘러야 식물을 먹고 필경은 흙으로 돌아가리니 그 속에서 네가 취함을 입었음이라 **너는 흙이니 흙으로 돌아갈 것이니라** 하시니라" (창3:17-19)

첫 사람 아담이 하나님이 주신 계명을 범하였으므로 땅이 저주를 받아서 아담에게 가시덤불과 엉겅퀴를 낼 것이라고 하나님께서 말씀하셨습니다. 혹자들은 원래 하나님이 지으신 만물 중에는 가시덤불과 엉겅퀴가 없었으나 아담이 죄를 지으므로 이런 것들이 생겨났다고 합니다. 땅이 아담에게 가시덤불과 엉겅퀴를 낼 것이라고 말씀하신 것은 죄를 지은 사람의 육체에서 서로 찌르고 상처를 주는 것들이 나올 것이라는 예표(豫表)입니다. 여기서 조금만 주의를 기울여 생각해 보면 땅이 사람을 뜻한다는 것을 쉽게 알 수 있습니다. 죄를 범한 것은 사람인데 왜 땅이 저주를 받겠습니까? 땅이 저주를 받았다는 것은 흙에서 취한 사람이 죄를 지었으므로 저주를 받았다는 뜻입니다.

"7 땅이 그 위에 자주 내리는 비를 흡수하여 밭 가는 자들의 쓰기에 합당한 채소를 내면 하나님께 복을 받고 8 만일 **가시와 엉겅퀴를 내면 버림을 당하고 저주함에 가까와 그 마지막은 불사름이 되리라**" (히6:7-8)

하나님께 복을 받는 땅과 버림을 당하고 저주를 받아 그 마지막이 불사름이 되는 땅이 있습니다. 상식적으로 이 땅이 사람이 농사를 짓는 땅이겠습니까? 하나님의 밭이 되어서 열매를 맺거나 혹 가시와 엉겅퀴를 내므로 저주를 받는 사람이겠습니까?

"우리는 하나님의 동역자들이요 너희는 **하나님의 밭이요** 하나님의 집이니라" (고전3:9)

"3 예수께서 비유로 여러 가지를 저희에게 말씀하여 가라사대 씨를 뿌리는 자가 뿌리러 나가서 4 뿌릴새 더러는 길가에 떨어지매 새들이 와서 먹어 버렸고 5 더러는 흙이 얇은 돌밭에 떨어지매 흙이 깊지 아니하므로 곧 싹이 나오나 6 해가 돋은 후에 타져서 뿌리가 없으므로 말랐고 7 더러는 가시떨기 위에 떨어지매 가시가 자라서 기운을 막았고 8 더러는 좋은 땅에 떨어지매 혹 백 배, 혹 육십 배, 혹 삼십 배의 결실을 하였느니라" (마13:3-8)
"18 그런즉 씨 뿌리는 비유를 들으라 19 아무나 천국 말씀을 듣고 깨닫지 못할 때는 악한 자가 와서 그 마음에 뿌리운 것을 빼앗나니 이는 곧 길가에 뿌리운 자요 20 돌밭에 뿌리웠다는 것은 말씀을 듣고 즉시 기쁨으로 받되 21 그 속에 뿌리가 없어 잠시 견디다가 말씀을 인하여 환난이나 핍박이 일어나는 때에는 곧 넘어지는 자요 22 가시떨기에 뿌리웠다는 것은 말씀을 들으나 세상의 염려와 재리의 유혹에 말씀이 막혀 결실치 못하는 자요 23 좋은 땅에 뿌리웠다는 것은 말씀을 듣고 깨닫는 자니 결실하여 혹 백 배, 혹 육십 배, 혹 삼십 배가 되느니라 하시더라" (마13:18-23)

예수님이 말씀하신 씨 뿌리는 비유는 사람 속에 하나님의 말씀이 하나님의 씨로 뿌려져서 열매를 맺는 것을 비유로 말씀하고 있습니다. 누가 보더라도 사람에 대한 말씀입니다.

"다시는 너를 버리운 자라 칭하지 아니하며 다시는 네 땅을 황무지라 칭하지 아니하고 오직 너를 헵시바라 하며 **네 땅을 뿔라라** 하리니 이는 여호와께서 너를 기뻐하실 것이며 **네 땅이 결혼한 바가 될 것임이라**" (사62:4)
"19 내가 네게 장가들어 영원히 살되 의와 공변됨과 은총과 긍휼히 여김으로 네게 장가들며 20 진실함으로 네게 장가들리니 네가 여호와를 알리라"
(호2:19-20)

여호와께서 땅을 기뻐하시며 땅이 결혼한다고 말씀하십니다. 도대체 어떤 땅이 하나님과 결혼을 하겠습니까? 여호와 하나님과 결혼하는 땅은 사람입니다.

> "주께서 **땅 위에서** 그 말씀을 이루사 필하시고 끝내시리라 하셨느니라" (롬 9:28)

하나님의 말씀이 이루어지는 땅이 바로 사람입니다. 육체가 있는 사람이 하나님의 말씀이 이루어지는 땅입니다.

3) 새 하늘과 새 땅이 사람입니다

새 하늘과 새 땅에는 처음 하늘과 처음 땅이 없어졌고 바다도 다시 있지 않다고 했습니다.

> "또 내가 **새 하늘과 새 땅**을 보니 처음 하늘과 처음 땅이 없어졌고 바다도 다시 있지 않더라" (계21:1)

많은 기독교인들이 하늘과 땅이 무엇을 뜻하는 것인지 몰라서 새 하늘과 새 땅이 이 지구 위에 새롭게 창조된다고 말합니다. 기존에 있던 하늘과 땅에 있는 모든 것들이 다 사라지고 하나님께서 새롭게 다시 새 하늘과 새 땅을 창조하신다고 합니다. 절대로 그런 일은 없습니다. 하나님이 새롭게 창조하시는 것은 사람입니다.

> **"주의 영을 보내어 저희를 창조하사 지면을 새롭게 하시나이다"** (시104:30)
> **"이 일이 장래 세대를 위하여 기록되리니 창조함을 받을 백성이 여호와를 찬송하리로다"** (시102:18)

주의 영을 보내어 저희를 창조하사 지면을 새롭게 하시고 창조함을 받을 백성이 여호와를 찬송한다고 했습니다. 창조함을 백성이 있다고 말씀하십니다. 주의 영을 보내어 사람을 새롭게 창조하신다는 말씀입니다.

> "24 내가 너희를 열국 중에서 취하여 내고 열국 중에서 모아 데리고 고토에 들어가서 25 맑은 물로 너희에게 뿌려서 너희로 정결케 하되 곧 너희 모든 더러운 것에서와 모든 우상을 섬김에서 너희를 정결케 할 것이며 26 또 **새 영을 너희 속에 두고 새 마음을 너희에게 주되** 너희 육신에서 굳은 마음을 제하고 부드러운 마음을 줄 것이며 27 또 내 신을 너희 속에 두어 너희로 내 율례를 행하게 하리니 너희가 내 규례를 지켜 행할지라" (겔 36:24-27)

사람을 새롭게 창조하신다는 것은 육신에서 굳은 마음을 제하고 새 마음을 주시며 하나님의 신을 사람에게 주어 하나님의 법을 지키게 하시는 것입니다.

> "33 나 여호와가 말하노라 그러나 그 날 후에 내가 이스라엘 집에 세울 언약은 이러하니 곧 **내가 나의 법을 그들의 속에 두며 그 마음에 기록하여** 나는 그들의 하나님이 되고 그들은 내 백성이 될 것이라 34 그들이 다시는

> 각기 이웃과 형제를 가리켜 이르기를 너는 여호와를 알라 하지 아니하리니 **이는 작은 자로부터 큰 자까지 다 나를 앎이니라** 내가 그들의 죄악을 사하고 다시는 그 죄를 기억지 아니하리라 여호와의 말이니라"(렘31:33-34)

하나님의 법을 사람 속에 두며 사람의 마음에 기록하여 사람이 하나님의 법을 지키게 되는 것이 새 언약입니다. 새 언약이 이루어진 사람이 새 하늘과 새 땅이 된 사람입니다. 새 언약이 이루어진 사람이 새롭게 창조함을 받은 백성입니다.

> "17 보라 **내가 새 하늘과 새 땅을 창조하나니** 이전 것은 기억되거나 마음에 생각나지 아니할 것이라 18 너희는 나의 창조하는 것을 인하여 영원히 기뻐하며 즐거워할지니라 보라 내가 예루살렘으로 즐거움을 창조하며 그 백성으로 기쁨을 삼고"(사65:17-18)

처음 하늘과 처음 땅은 옛사람입니다. 새 하늘과 새 땅은 새사람입니다. 첫 사람 아담이 새 생명을 받아서 새사람이신 그리스도로 존재가 바뀌어 새 삶을 사는 것이 바로 새 창조가 이루어진 것입니다. 그리스도로 존재가 바뀐 사람이 새 하늘과 새 땅이 된 사람입니다.

2.
사람이 만유(萬有)이고
사람이 만물(萬物)입니다

하나님은 한 분이신데 한 분 하나님이 만유의 아버지이시고 만유 위에 계시고 만유를 통일하시고 만유 가운데 계십니다.

> "5 주도 하나이요 믿음도 하나이요 세례도 하나이요 6 **하나님도 하나이시니 곧 만유의 아버지시라** 만유 위에 계시고 만유를 통일하시고 만유 가운데 계시도다" (엡4:5-6)
>
> "우리는 **한 아버지를 가지지 아니하였느냐** 한 하나님의 지으신 바가 아니냐 어찌하여 우리 각 사람이 자기 형제에게 궤사를 행하여 우리 열조의 언약을 욕되게 하느냐" (말2:10)

구약에서 하나님을 아버지로 말씀하실 때는 하나님이 천지 만물을 창조하신 창조주로서 아버지가 되시는 것을 말씀합니다. 그러나 신약에서 하나님이 아버지라고 말씀하신 것은 믿는 자들에게 생명을 주셔서 하나님의 아들들을 얻으셨으므로 아버지이십니다. 그래서 하나님이 만유의 아버지이시므로 만유가 바로 하나님의 아들들이 된 사람입니다.

"20 또 주께서 너희를 위하여 예정하신 그리스도 곧 예수를 보내시리니 21 하나님이 영원 전부터 거룩한 선지자의 입을 의탁하여 말씀하신 바 만유를 회복하실 때까지는 하늘이 마땅히 그를 받아 두리라" (행3:20-21)

만유를 회복하실 때까지 하늘이 마땅히 그리스도를 받아둔다고 말씀하셨는데 그리스도가 회복하시는 만유는 무엇이며 그를 받아두는 하늘은 무엇입니까? 그리스도가 회복하시는 만유가 사람이며 그를 받아두는 하늘도 사람입니다.

"27 만물을 저의 발아래 두셨다 하셨으니 만물을 아래 둔다 말씀하실 때에 만물을 저의 아래 두신 이가 그 중에 들지 아니한 것이 분명하도다 28 만물을 저에게 복종하게 하신 때에는 아들 자신도 그 때에 만물을 자기에게 복종케 하신 이에게 복종케 되리니 이는 **하나님이 만유의 주로서 만유 안에 계시려** 하심이라" (고전15:27-28)

"9 너희가 서로 거짓말을 말라 옛사람과 그 행위를 벗어 버리고 10 새 사람을 입었으니 이는 자기를 창조하신 자의 형상을 좇아 지식에까지 새롭게 하심을 받는 자니라 11 거기는 헬라인과 유대인이나 할례당과 무할례당이나 야인이나 스구디아인이나 종이나 자유인이 분별이 있을 수 없나니 **오직 그리스도는 만유시요 만유 안에 계시니라**" (골3:9-11)

하나님이 만유의 주로서 만유 안에 계시려 하시고 또한 그리스도가 만유이시며 만유 안에 계신다고 했습니다. 하나님은 안 계신 곳이 없이 어디나 계시는 분이 아닙니다. 하나님에 대하여 모르는 사람들이 하나님은 무소부재(無所不在)이신 분이라고 합니다. 하나님은 어디에나 계신 분이 아닙니다. 하나님은 거룩한 곳에만 계십니다. 하나님은 그 성전에만 계십니다.

> "여호와께서 **그 성전에 계시니** 여호와의 보좌는 하늘에 있음이여 그 눈이 인생을 통촉하시고 그 안목이 저희를 감찰하시도다" (시11:4)
> "오직 여호와는 **그 성전에 계시니** 온 천하는 그 앞에서 잠잠할지니라" (합 2:20)

이제는 사람이 성전입니다. 하나님은 성전이 된 사람 안에만 계십니다.

> "내리셨던 그가 곧 모든 하늘 위에 오르신 자니 이는 **만물을 충만케** 하려 하심이니라" (엡4:10)
> "22 또 만물을 그 발 아래 복종하게 하시고 그를 만물 위에 교회의 머리로 주셨느니라 23 교회는 그의 몸이니 **만물 안에서 만물을 충만케** 하시는 자의 충만이니라" (엡1:22-23)

모든 하늘 위에 오르신 그리스도께서 만물을 충만케 하시는데 만물 안에서 만물을 충만케 하십니다. 그리스도께서 충만케 하시는 만물이 바로 사람입니다.

> "17 믿음으로 말미암아 **그리스도께서 너희 마음에 계시게 하옵시고** 너희가 사랑 가운데서 뿌리가 박히고 터가 굳어져서 18 능히 모든 성도와 함께 지식에 넘치는 그리스도의 사랑을 알아 19 그 넓이와 길이와 높이와 깊이가 어떠함을 깨달아 **하나님의 모든 충만하신 것으로 너희에게 충만하게 하**

| **시기를 구하노라**" (엡3:17-19)

믿는 자들 마음에 그리스도가 계셔서 믿는 자들을 하나님의 모든 충만하신 것으로 충만하게 하신다고 했습니다. 그러므로 만물이 사람입니다. 만유가 사람입니다.

3.
믿는 자들을 통해서
하나님의 모든 말씀이 이루어집니다

구약은 예표(豫表)요, 모형(模型)이요, 그림자라고 했습니다.

"1 이제 하는 말의 중요한 것은 이러한 대제사장이 우리에게 있는 것이라 그가 하늘에서 위엄의 보좌 우편에 앉으셨으니 2 성소와 참 장막에 부리는 자라 이 장막은 주께서 베푸신 것이요 사람이 한 것이 아니니라 3 대제사장마다 예물과 제사 드림을 위하여 세운 자니 이러므로 저도 무슨 드릴 것이 있어야 할지니라 4 예수께서 만일 땅에 계셨더면 제사장이 되지 아니하셨을 것이니 이는 율법을 좇아 예물을 드리는 제사장이 있음이라 5 **저희가 섬기는 것은 하늘에 있는 것의 모형과 그림자라** 모세가 장막을 지으려 할 때에 지시하심을 얻음과 같으니 가라사대 삼가 모든 것을 산에서 네게 보이던 본을 좇아 지으라 하셨느니라 6 그러나 이제 그가 더 아름다운 직분을 얻으셨으니 **이는 더 좋은 약속으로 세우신 더 좋은 언약의 중보시라** 7 저 첫 언약이 무흠하였더면 둘째 것을 요구할 일이 없었으려니 8 저희를 허물하여 일렀으되 주께서 가라사대 볼지어다 날이 이르리니 **내가 이스라엘 집과 유다 집으로 새 언약을 세우리라** 9 또 주께서 가라사대 내가 저희 열조들의 손을 잡고 애굽 땅에서 인도하여 내던 날에 저희와 세운 언약과 같지 아니하도다 저희는 내 언약 안에 머물러 있지 아니하므로 내가 저희를 돌아보지 아니하였노라 10 또 주께서 가라사대 **그날 후에 내가 이스라엘 집으로 세울 언약이 이것이니 내 법을 저희 생각에 두고 저희 마음에 이것을 기록하리라** 나는 저희에게 하나님이 되고 저희는 내게 백성이 되리라 11 또 각각 자기 나라 사람과 각각 자기 형제를 가르쳐 이르기를 주를 알라 하지 아니할 것은 저희가 작은 자로부터 큰 자까지 다 나를 앎이니라 12 내가 저희 불의를 긍휼히 여기고 저희 죄를 다시 기억하지 아니하리라 하셨느니라 13 새 언약이라 말씀하셨으매 첫 것은 낡아지게 하신 것이니 낡아지고 쇠하는 것은 없어져 가는 것이니라" (히8:1-13)

여호와 하나님께서 모세에게 명하여 "모든 것을 산에서 네게 보이던 본을 좇아 지으라"라고 하신 말씀을 좇아 모세가 장막을 지었는데 이것은 하늘에 있는 모형(模型)과 그림자라고 했습니다. 이것은 또한 첫 언약으로 말미암은 것인데 첫 언약이 무흠(無欠)하였다면 둘째 것을 요구할 일이 없었을 것이라고 했습니다. 첫 언약으로는 하나님의 뜻이 이루어질 수가 없으므로 새 언약을 세우시고 믿는 자들을 통해서 하나님의 말씀이 이루어지게 하십니다.

"**1 율법은 장차 오는 좋은 일의 그림자요 참 형상이 아니므로** 해마다 늘 드리는 바 같은 제사로는 나아오는 자들을 언제든지 온전케 할 수 없느니라 2 그렇지 아니하면 섬기는 자들이 단번에 정결케 되어 다시 죄를 깨닫는 일이 없으리니 어찌 드리는 일을 그치지 아니하였으리요 3 그러나 이 제사들은 해마다 죄를 생각하게 하는 것이 있나니 4 **이는 황소와 염소의 피가**

능히 죄를 없이 하지 못함이라** 5 그러므로 세상에 임하실 때에 가라사대 하나님이 제사와 예물을 원치 아니하시고 오직 나를 위하여 한 몸을 예비하셨도다 6 전체로 번제함과 속죄제는 기뻐하지 아니하시나니 7 이에 내가 말하기를 하나님이여 보시옵소서 두루마리 책에 나를 가리켜 기록한 것과 같이 하나님의 뜻을 행하러 왔나이다 하시니라 8 위에 말씀하시기를 제사와 예물과 전체로 번제함과 속죄제는 원치도 아니하고 기뻐하지도 아니하신다 하셨고 (이는 다 율법을 따라 드리는 것이라) 9 그 후에 말씀하시기를 보시옵소서 내가 하나님의 뜻을 행하러 왔나이다 하셨으니 그 첫 것을 폐하심은 둘째 것을 세우려 하심이니라 10 이 뜻을 좇아 **예수 그리스도의 몸을 단번에 드리심으로 말미암아 우리가 거룩함을 얻었노라**" (히10:1-10)

율법을 따라 드리는 제사는 나아오는 자들을 언제든지 온전케 할 수 없는데 이는 장차 오는 좋은 일의 그림자요, 참 형상이 아니기 때문입니다. 그래서 새 언약을 이루시기 위해 예수 그리스도의 몸을 단번에 드리심으로 우리가 거룩함을 얻었습니다. 우리가 얻은 거룩함이(고전1:30) 그리스도입니다. 우리가 거룩함을 얻으려면 반드시 먼저 첫 것이 폐하여지고 둘째 것이 세워져야 합니다. 폐하는 첫 것은 첫 사람 아담이고 세워지는 둘째 것은 그리스도입니다.

"45 기록된 바 **첫 사람 아담은 산 영이 되었다** 함과 같이 마지막 아담은 **살려 주는 영이 되었나니** 46 그러나 먼저는 신령한 자가 아니요 육 있는 자요 그 다음에 신령한 자니라 47 첫 사람은 땅에서 났으니 흙에 속한 자이거니와 둘째 사람은 하늘에서 나셨느니라 48 무릇 흙에 속한 자는 저 흙에 속한 자들과 같고 무릇 하늘에 속한 자는 저 하늘에 속한 자들과 같으니

> **49 우리가 흙에 속한 자의 형상을 입은 것같이 또한 하늘에 속한 자의 형상을 입으리라"** (고전15:45-49)

우리가 흙에 속한 자의 형상을 입은 것같이 하늘에 속한 자의 형상을 입는다고 했습니다. 언제 하늘에 속한 자의 형상을 입어야 합니까? 사람이 육체를 입고 사는 동안에 하늘에 속한 자의 형상을 입어야 합니다. 첫 사람은 땅에서 난 흙에 속한 자입니다. 둘째 사람이 하늘에 속한 신령한 자입니다.

> "나의 자녀들아 **너희 속에 그리스도의 형상이 이루기까지** 다시 너희를 위하여 해산하는 수고를 하노니" (갈4:19)

믿는 자 속에서 그리스도의 형상이 이루어져야 합니다. 그리스도가 믿는 자 속에 들어오셔야 믿는 자 속에서 그리스도의 형상이 이루어질 수 있습니다. 그래서 그리스도가 믿는 자 안에 들어오시지 않으면 하나님의 말씀이 하나도 이루어지지 않습니다. 성경 어디를 봐도 그리스도는 믿는 자 안에 계셔야 합니다. 그리스도가 속에 계시지 않는 자들은 구원받지 못한 자들입니다.

> "26 이 비밀은 만세와 만대로부터 옴으로 감취었던 것인데 이제는 그의 성도들에게 나타났고 27 하나님이 그들로 하여금 이 비밀의 영광이 이방인 가운데 어떻게 풍성한 것을 알게 하려 하심이라 **이 비밀은 너희 안에 계신 그리스도시니** 곧 영광의 소망이니라" (골1:26-27)
>
> "17 믿음으로 말미암아 **그리스도께서 너희 마음에 계시게 하옵시고** 너희

가 사랑 가운데서 뿌리가 박히고 터가 굳어져서 18 능히 모든 성도와 함께 지식에 넘치는 그리스도의 사랑을 알아 19 그 넓이와 길이와 높이와 깊이가 어떠함을 깨달아 **하나님의 모든 충만하신 것으로 너희에게 충만하게 하시기를 구하노라**" (엡3:17-19)

"30 너희는 하나님께로부터 나서 그리스도 예수 안에 있고 **예수는 하나님께로서 나와서 우리에게 지혜와 의로움과 거룩함과 구속함이 되셨으니** 31 기록된 바 자랑하는 자는 주 안에서 자랑하라 함과 같게 하려 함이니라" (고전1:30-31)

"너희가 믿음에 있는가 너희 자신을 시험하고 너희 자신을 확증하라 **예수 그리스도께서 너희 안에 계신 줄을 너희가 스스로 알지 못하느냐** 그렇지 않으면 너희가 버리운 자니라" (고후13:5)

구약의 율법을 따라 드리는 제사에는 반드시 세 가지가 있어야 합니다. 첫째는 하나님께 제사 드릴 수 있는 장소가 있어야 합니다. 둘째는 흠 없고 점 없는 거룩한 제물이 있어야 합니다. 셋째는 제사 의식을 행하는 하나님의 제사장이 있어야 합니다. 율법을 따라 하나님께 제사를 드리는 장소는 성막이었고 제물은 소나 양이나 염소를 드리는 것이었으며 제사장의 직분은 아론의 자손들이 맡아 행하였습니다. 그러나 이것은 모형이요, 장차 오는 좋은 일의 그림자요, 참 형상이 아니라고 했습니다. 그러면 무엇이 실재(實在)이며 참 형상(形狀)입니까? 이제는 이 모든 일이 믿는 사람 안에서 이루어집니다. 이것이 실재(實在)이며 참 형상(形狀)입니다.

1) 믿는 사람이 살아 계신 하나님의 성전입니다

예수님이 유월절에 예루살렘에 있는 성전에 가셔서 짐승들을 내어 쫓으시고 장사하는 자들의 상을 엎으시고 "내 아버지의 집으로 장사하는 집을 만들지 말라"라고 하셨습니다.

> "13 유대인의 유월절이 가까운지라 예수께서 예루살렘으로 올라가셨더니 14 성전 안에서 소와 양과 비둘기 파는 사람들과 돈 바꾸는 사람들의 앉은 것을 보시고 15 노끈으로 채찍을 만드사 양이나 소를 다 성전에서 내어쫓으시고 돈 바꾸는 사람들의 돈을 쏟으시며 상을 엎으시고 16 비둘기 파는 사람들에게 이르시되 이것을 여기서 가져가라 **내 아버지의 집으로 장사하는 집을 만들지 말라** 하시니 17 제자들이 성경 말씀에 주의 전을 사모하는 열심이 나를 삼키리라 한 것을 기억하더라 18 이에 유대인들이 대답하여 예수께 말하기를 네가 이런 일을 행하니 무슨 표적을 우리에게 보이겠느뇨 19 예수께서 대답하여 가라사대 **너희가 이 성전을 헐라 내가 사흘 동안에 일으키리라** 20 유대인들이 가로되 이 성전은 사십육 년 동안에 지었거늘 네가 삼 일 동안에 일으키겠느뇨 하더라 21 그러나 **예수는 성전된 자기 육체를 가리켜 말씀하신 것이라**" (요2:13-21)

성전이 예루살렘에 하나밖에 없으므로 모든 이스라엘 사람들은 유월절을 지키기 위해서 예루살렘으로 다 모이게 되어 있었습니다. 하나님께 드리는 제사는 반드시 성전에서 드려야 하기 때문입니다. 그러나 이제는 건물이 성전이 아닙니다. 예수님이 오셔서 사람으로서 최초로 성전이 되셨습니다. 그리스도께서 믿는 자 안에 들어오시므로 믿는 자들도 성전이 되었습니다. 이제는 성전이 믿는 자 안에 있으므로 하나님께 제사를 드리려고 성전을 찾아서 예루살렘에 갈 필요가 없습니다.

> "16 **너희가 하나님의 성전인 것과 하나님의 성령이 너희 안에 거하시는 것을 알지 못하느뇨** 17 누구든지 하나님의 성전을 더럽히면 하나님이 그 사람을 멸하시리라 하나님의 성전은 거룩하니 너희도 그러하니라" (고전3:16-17)
> "하나님의 성전과 우상이 어찌 일치가 되리요 **우리는 살아 계신 하나님의 성전이라** 이와 같이 하나님께서 가라사대 내가 저희 가운데 거하며 두루 행하여 나는 저희 하나님이 되고 저희는 나의 백성이 되리라 하셨느니라" (고후6:16)

성전은 하나님께 거룩한 제사를 드리는 곳입니다. 하나님의 성전이 거룩하니 너희도 거룩하라고 말씀하셨습니다. 거룩하게 된 사람이 거룩한 성전이 될 수 있습니다. 하나님의 뜻은 우리의 거룩함이라고 했습니다.

> "3 **하나님의 뜻은 이것이니 너희의 거룩함이라** 곧 음란을 버리고 4 각각 거룩함과 존귀함으로 자기의 아내 취할 줄을 알고 5 하나님을 모르는 이방인과 같이 색욕을 좇지 말고 6 이 일에 분수를 넘어서 형제를 해하지 말라 이는 우리가 너희에게 미리 말하고 증거한 것과 같이 이 모든 일에 주께서 신원하여 주심이니라 7 **하나님이 우리를 부르심은 부정케 하심이 아니요 거룩케 하심이니** 8 그러므로 저버리는 자는 사람을 저버림이 아니요 너희에게 그의 성령을 주신 하나님을 저버림이니라" (살전4:3-8)

하나님의 뜻이 우리의 거룩함이라고 했습니다. 하나님이 우리를 거룩하게 하시려고 부르셨는데 이것을 저버리는 사람은 사람을 저버림이 아니요, 그의 성령을 주신 하나님을 저버리는 것입니다. 거룩하게 되지 않는 자들은 하나님의 뜻을 거역하고 거스르는 자들입니다.

> "15 오직 너희를 부르신 거룩한 자처럼 너희도 모든 행실에 거룩한 자가 되라 16 기록하였으되 내가 거룩하니 너희도 거룩할지어다 하셨느니라"
>
> (벧전1:15-16)

우리를 부르신 하나님이 거룩하시므로 너희도 모든 행실에 거룩한 자가 되라고 했습니다. 거룩하게 된 사람이 거룩한 성전이 될 수 있고 하나님께 거룩한 제사를 드릴 수 있습니다.

2) 믿는 사람의 몸을 하나님이 기뻐하시는 거룩한 산 제사로 드려야 합니다

믿는 사람이 성전이 되었으면 이제 제사를 드리기 위한 제물이 있어야 합니다. 구약에는 짐승을 잡아서 짐승의 피를 가지고 제사를 드렸지만 이제는 피 흘리는 제사가 없습니다.

> "11 제사장마다 매일 서서 섬기며 자주 같은 제사를 드리되 이 제사는 언제든지 죄를 없게 하지 못하거니와 12 **오직 그리스도는 죄를 위하여 한 영원한 제사를 드리시고** 하나님 우편에 앉으사 13 그 후에 자기 원수들로 자기 발등상이 되게 하실 때까지 기다리시나니 14 저가 한 제물로 거룩하게

> 된 자들을 영원히 온전케 하셨느니라 15 또한 성령이 우리에게 증거하시되 16 주께서 가라사대 그날 후로는 저희와 세울 언약이 이것이라 하시고 내 법을 저희 마음에 두고 저희 생각에 기록하리라 하신 후에 17 또 저희 죄와 저희 불법을 내가 다시 기억지 아니하리라 하셨으니 18 **이것을 사하셨은즉 다시 죄를 위하여 제사드릴 것이 없느니라**" (히10:11-18)

그리스도께서 죄를 위하여 영원한 제사를 드리셨으므로 다시는 죄를 위하여 제사 드릴 것이 없다고 했습니다. 그렇다면 아예 제사를 드릴 필요가 없다는 말씀일까요? 그렇지 않습니다. 이제는 피 흘리는 제사가 아닌 산 제사를 드리라고 했습니다.

> "그러므로 형제들아 내가 하나님의 모든 자비하심으로 **너희를 권하노니 너희 몸을 하나님이 기뻐하시는 거룩한 산 제사로 드리라** 이는 너희의 드릴 **영적 예배니라**" (롬12:1)

산 제사는 믿는 자의 몸을 드리는 제사입니다. 믿는 자의 몸을 어떻게 하나님께 드립니까? 하나님께 드리는 제물은 흠이 없고 점이 없어야 합니다. 흠이 없고 점이 없다는 것은 죄가 없다는 것입니다. 죄가 있는 몸은 거룩한 제물이 될 수 없습니다. 죄가 없는 몸은 그리스도의 몸입니다. 우리의 몸이 그리스도의 몸이 되어야 거룩한 산 제사를 드릴 수 있습니다.

> "너희는 **그리스도의 몸이요 지체의 각 부분이라**" (고전12:27)

우리의 몸을 하나님이 기뻐하시는 거룩한 산 제사로 드리는 것이 영적 예배입니다. 우리의 육체가 살아 있을 때 우리의 몸이 그리스도의 몸이 되어야 합니다. 그리스도가 사시는 몸이 그리스도의 몸입니다. 믿는 내가 거룩한 성전이요, 거룩한 제물입니다.

3) 믿는 내가 거룩한 제사장입니다

믿는 내가 성전이 되었고 거룩한 제물도 준비가 되었으면 이제 제사장이 있어야 합니다.

"4 사람에게는 버린 바가 되었으나 하나님께는 택하심을 입은 보배로운 산 돌이신 예수에게 나아와 5 너희도 산 돌 같이 신령한 집으로 세워지고 **예수 그리스도로 말미암아 하나님이 기쁘게 받으실 신령한 제사를 드릴 거룩한 제사장이 될지니라** 6 경에 기록하였으되 보라 내가 택한 보배롭고 요긴한 모퉁이 돌을 시온에 두노니 저를 믿는 자는 부끄러움을 당치 아니하리라 하였으니 7 그러므로 믿는 너희에게는 보배이나 믿지 아니하는 자에게는 건축자들의 버린 그 돌이 모퉁이의 머릿돌이 되고 8 또한 부딪히는 돌과 거치는 반석이 되었다 하니라 저희가 말씀을 순종치 아니하므로 넘어지나니 이는 저희를 이렇게 정하신 것이라 9 **오직 너희는 택하신 족속이요 왕 같은 제사장들이요 거룩한 나라요 그의 소유된 백성이니** 이는 너희를 어두운 데서 불러 내어 그의 기이한 빛에 들어가게 하신 자의 아름다운 덕을 선전하게 하려 하심이라" (벧전2:4-9)

예수 그리스도로 말미암아 하나님이 기쁘게 받으실 신령한 제사를 드릴 거룩한 제사장이 되라고 했습니다. 믿는 자들이 왕 같은 제사장들이요, 거룩한 나라입니다. 믿는 자들이 어떻게 제사장이 됩니까? 구약에는 레위 지파 아론의 자손들이 제사장의 직분을 행하였지만 이제는 믿는 자들이 하나님의 제사장이 됩니다.

> "5 또 충성된 증인으로 죽은 자들 가운데서 먼저 나시고 땅의 임금들의 머리가 되신 예수 그리스도로 말미암아 은혜와 평강이 너희에게 있기를 원하노라 **우리를 사랑하사 그의 피로 우리 죄에서 우리를 해방하시고** 6 그 아버지 하나님을 위하여 **우리를 나라와 제사장으로 삼으신** 그에게 영광과 능력이 세세토록 있기를 원하노라 아멘"(계1:5-6)
> "9 새 노래를 노래하여 가로되 책을 가지시고 그 인봉을 떼기에 합당하시도다 일찍 죽임을 당하사 각 족속과 방언과 백성과 나라 가운데서 **사람들을 피로 사서 하나님께 드리시고** 10 **저희로 우리 하나님 앞에서 나라와 제사장을 삼으셨으니** 저희가 땅에서 왕 노릇 하리로다 하더라"(계5:9-10)

예수 그리스도의 피로 사신 사람들을 하나님 앞에서 나라와 제사장을 삼으셨습니다. 예수 그리스도의 피로 사신 사람들을 제사장으로 삼으신 목적은 하나님께 거룩한 제사를 드리게 하기 위함입니다. 하나님이 제사를 받으시려고 믿는 자들을 제사장으로 삼으셨습니다. 하나님이 하시는 일은 목적이 분명합니다. 따라서 우리가 하나님께 거룩한 제사를 드리는 것은 우리를 하나님의 제사장으로 삼으신 하나님에 대한 당연한 의무입니다. 의무는 행하지 않으면 벌을 받게 되어 있습니다. 세상에서도 의무를 행하지 않으면 벌을 받는 것처럼 하나님 나라에서도 의무를 행하지 않는 자들은 벌을 받습니다. 믿는 내가 하나님의 거룩한 성전이 됩니다. 믿는 나의 몸이 거룩한 제물이 됩니다. 믿는 내가 신령한 제사를 드릴 제사장입니다. 제사를 드리기 위해 필요한 모든 것이 다 준비되어 있습니다. 이제 우리가 할 일은 하나님이 기뻐하시는 거룩한 제사를 드리면 됩니다. 이 모든 일이 이루어지는 사람이 하나님의 말씀이 온전히 이루어진 사람입니다. 말씀이 실재(實在)가 되어서 하나님의 나라가 이루어진 사람입니다. 이 사람이 땅에서 왕 노릇 하는 사람입니다. 이 사람이 셋째 하늘에 들어갈 수 있는 사람입니다.

> "11 불의를 하는 자는 그대로 불의를 하고 더러운 자는 그대로 더럽고 의로운 자는 그대로 의를 행하고 거룩한 자는 그대로 거룩되게 하라 12 **보라 내가 속히 오리니 내가 줄 상이 내게 있어 각 사람에게 그의 일한 대로 갚아 주리라**" (계22:11-12)

각 사람에게 그의 일한 대로 갚아주신다고 했습니다. 이 책을 읽는 모든 분들에게 하나님의 말씀이 실재(實在)가 되고 이루어져서 하나님이 주시는 하늘에 속한 모든 신령한 복을 다 받으시기를 기도합니다.

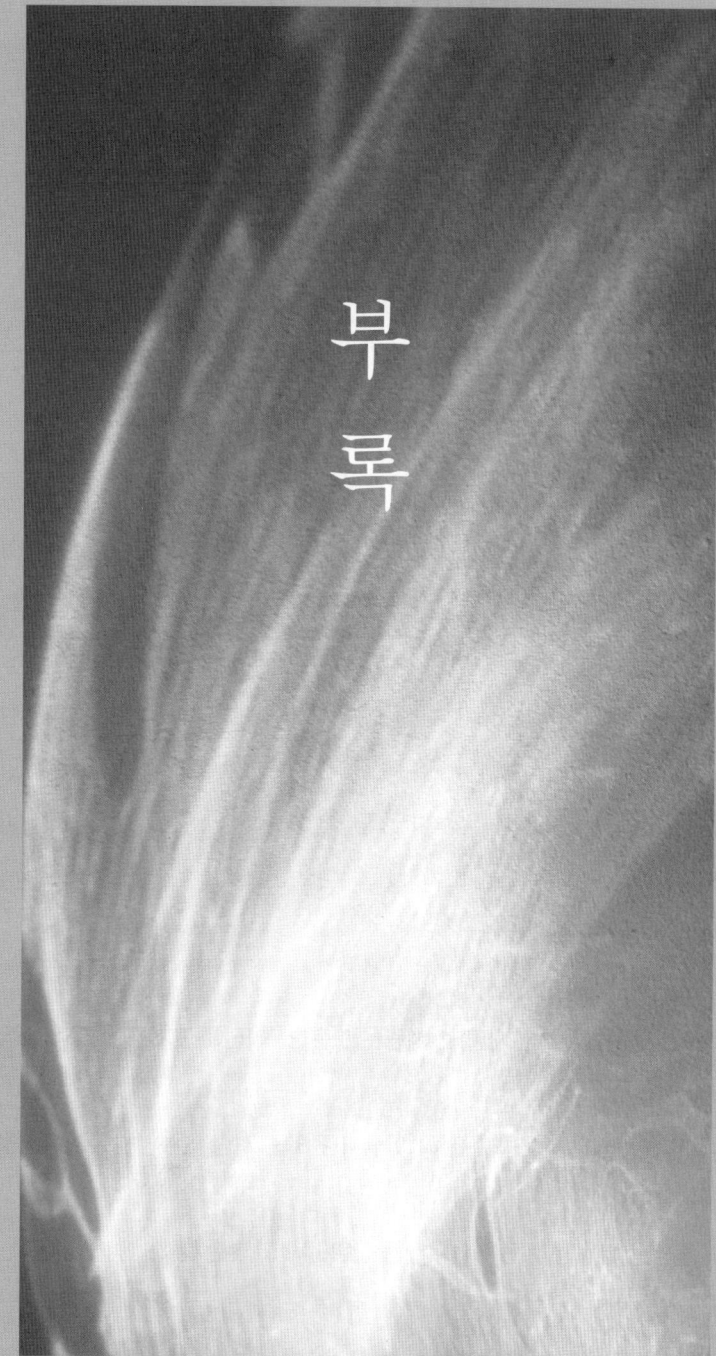

아타나시우스의
삼위일체 신조 44

아타나시우스의 존재론적 삼위일체의 44개 신조대로 하나님을 믿으면 입으로는 하나님이 한 분이라고 말하지만 마음속으로는 성부와 성자와 성령이 각각 존재하시는 세 분 하나님들을 믿게 됩니다. 성경에는 예수 그리스도로 말미암아 영생을 얻는 것이 아버지의 뜻이라고 말씀하고 있는데 아타나시우스의 존재론적 삼위일체의 44개 신조에는 하나님 아버지의 생명을 얻어야 한다는 내용이 단 한 번도 나오지 않습니다. 이 신조대로 하나님을 믿는다면 단 한 사람도 구원을 받을 수가 없고 마귀의 자식이 되어 불과 유황으로 타는 못(곧 둘째 사망)에 들어가서 영원히 살게 됩니다.

1. 누구든지 구원을 받고자 하는 사람은 모든 것 이전에 먼저 이 신앙을 소유해야 한다.
2. 이 모든 신앙의 내용을 온전히 이루지 못하는 사람들은 영원토록 멸망을 받을 것이다.
3. 이 신앙은 다음의 것들이다. 우리는 삼위일체 되신 한 분 하나님을 믿는다.

4. 이 삼위일체는 인격을 혼합한 것도 아니요, 그 본질을 나눈 것도 아니다.
5. 왜냐하면 아버지의 한 인격과 아들의 다른 인격, 또한 성령의 또 다른 인격이 계시기 때문이다.
6. 그러나 성부와 성자와 성령의 머리되심은 모두가 다 하나요, 그 영광도 동일하며, 그 위엄도 함께 영원한 것이다.
7. 성부와 성자와 성령은 그 자체로 존재한다.
8. 성부와 성자와 성령은 결코 창조되지 않았다.
9. 성부와 성자와 성령은 우리의 이해를 초월한 분이시다.
10. 성부와 성자와 성령은 영원한 분이시다.
11. 그러나 세 분이 영원한 분들이 아니며 다만 영원한 한 분만이 계실 따름이다.
12. 창조되지도 않았고 우리의 이해를 초월한 세 분이 있는 것이 아니라 창조되지도 않았고 인간의 이해를 초월한 단 한 분만이 계실 뿐이다.
13. 성부께서 전능하시듯이 성자와 성령도 전능하시다.
14. 그러나 세 분의 전능자가 계신 것이 아니요, 오직 한 분의 전능자가 계실 뿐이다.
15. 성부가 하나님이시듯이 성자도 성령도 하나님이시다.
16. 그럼에도 세 분 하나님이 계신 것이 아니라 한 분 하나님만이 계실 뿐이다.
17. 성부께서 주님이시듯이 성자도 성령도 주님이시다.
18. 그럼에도 주님은 세 분이 아니라 한 분이실 뿐이다.
19. 우리는 이 각각의 세 분이 그 스스로 하나님이시요, 주님이시라는 사실을 기독교의 진리로 받는 바이다.
20. 따라서 세 분 하나님이 계시며 세 분 주님이 계시다는 말은 참 기독교인으로서 금한다.

21. 성부는 그 무엇에서 만들어지거나 창조되거나 유래된 분이 아니다.

22. 성자는 성부에게서 왔으나 지음을 받았거나 유래된 분이 아니다.

23. 성령은 성부와 성자에게서 왔으나 지음을 받았거나 유래되었거나 발생된 분이 아니시다.

24. 따라서 세 분 성부가 아닌 한 성부, 세 분 성자가 아닌 한 성자, 세 분 성령이 아닌 한 성령만이 계실 뿐이다.

25. 이 삼위일체에 있어서 어느 한 분이 앞서거나 뒤에 계신 것이 아니며, 더 위대하거나 덜 위대한 분도 없다.

26. 다만 세 분이 함께 동등하다는 것이다.

27. 따라서 앞에 말한 대로 이 모든 것에서 세 분이면서도 한 분으로 통일을 이루는 삼위일체께서 경배를 받으셔야 할 것이다.

28. 그러므로 구원받을 사람들은 삼위일체에 대하여 생각해야만 한다.

29. 더 나아가 영원한 구원을 얻는 데에는 우리 주 예수 그리스도의 성육에 대하여 올바로 믿어야 한다.

30. 올바른 믿음이란 하나님의 아들이신 우리 주 예수 그리스도께서는 하나님이시요, 동시에 인간이라는 사실을 믿고 고백하는 것이다.

31. 그는 성부의 본체이시며 이 세상이 생겨나기 전에 나신 자요, 동시에 그 어머니의 본질을 갖고 이 세상에 나신 분이시다.

32. 완전한 하나님이시요, 또한 완전한 인간으로서 영혼과 육신을 갖고 계신 분이시다.

33. 하나님 되심에 있어서는 성부와 동등되나 그의 인간되심에 있어서는 성부보다 낮으신 분이시다.

34. 비록 그는 하나님이시며 인간이 되시긴 하나 두 분이 아니요, 한 분 그리스도일 뿐이다.

35. 그리스도는 하나님의 머리 되심이 육신으로 전환된 것이 아니라 인간의 몸을 취한 하나님이신 분이시다.
36. 그리스도는 그 본질이 혼합된 분이 아니라 인격의 통일성으로 하나되신 분이시다.
37. 한 인간이 영혼과 육신을 가졌듯이 한 그리스도께서는 하나님이시요, 동시에 인간이 되신다.
38. 그분은 우리를 위해 고난받으시고 음부에 내려가셨다가 삼일 만에 죽은 자 가운데서 다시 사셨다.
39. 그는 하늘에 오르사 전능하신 하나님, 곧 성부의 오른편에 앉아계시며
40. 거기로서 산 자와 죽은 자를 심판하러 오실 것이다.
41. 그가 오실 때에 만민은 육체로 다시 일으킴을 받으며,
42. 자신들의 행위에 따라 판단을 받을 것이다.
43. 그리고 선한 일을 행한 자는 영생으로 나가고 악을 행한 자는 영원한 불에 들어갈 것이다.
44. 이것이 교회의 참 신앙이며, 이를 신실하게 믿지 않는 자는 구원을 얻지 못하는 것이다.

미석(微石) 주종철 목사의
사람이 하나님이 되는 신조 68

사람이 하나님들이 되게 하는 68개의 신조대로 하나님을 믿으면 예수 그리스도만이 천상천하에 한 분 하나님이시라는 것을 확실하게 알고 믿으므로 예수 그리스도로 말미암아 믿는 자들이 하나님들이 되어서 하나님의 말씀대로 믿는 자들 속에 하나님의 나라가 이루어지고 육체를 입고 사는 동안 하나님의 모든 말씀을 이루어 드리는 하나님의 후사가 되어 하나님이 약속하신 유업을 다 받아 누리는 거룩한 하나님의 아들들이 다 될 수 있습니다.

1. 하나님은 한 분이십니다.(신6:4, 엡4:5-6)
2. 아버지가 하나님이시기 때문에 하나님은 한 분이시고 그 생명도 하나입니다.(고전8:6)
3. 여호와 하나님은 사람의 형체를 하고 계십니다.(창1:26-27)
4. 여호와 하나님 아버지 속에 있는 생명을 하나님이라고 합니다.
5. 여호와 하나님 아버지는 한 분이시지만 하나님은 많습니다.(시82:1)
6. 하나님은 한 분이시지만 또 하나님이 많은 이유는 하나님의 생명을 분배 받은 존재는 다 하나님이 되기 때문입니다.(요10:34-35)

7. 여호와 아버지가 하나님이십니다.(말2:10)

8. 아들 예수 그리스도가 하나님입니다.(딛2:13)

9. 성령이 하나님입니다.(행5:3-4)

10. 말씀이 하나님입니다.(요1:1)

11. 말씀을 받은 사람들이 하나님들이 됩니다.(요10:35)

12. 하나님이라고 할 때는 아버지와 아들과 성령을 포함한 분을 지칭합니다.

13. 한 분 하나님이 하나님의 아들이 되고 아내가 되고 또 아들들이 되는 것이 기독교입니다.

14. 영원히 배반과 반역이 없는 하나님의 나라를 세우기 위하여 하나님이 하나님의 아들이 되셨습니다.(사9:6)

15. 자기가 자기를 배반하지 않기 때문에 하나님이 하나님의 아들이 되셨습니다.

16. 하나님이 지으신 천사가 하나님을 배반해서 사단 곧 마귀가 되었습니다.(겔28:15)

17. 천사는 하나님의 생명으로 낳지 않았기 때문에 하나님을 배반했습니다.(사14:14)

18. 한 분 하나님 아버지께서 예수 그리스도로 말미암아 생명을 분배하시어 많은 하나님의 아들들을 얻으시는 것이 하나님의 경륜입니다.(엡1:3-5)

19. 일위일체로 계신 한 분 하나님이 많은 아들들을 얻으시기 위하여 '그'로 일하십니다.(사41:4)

20. 한 분 하나님이 아버지와 아들과 성령으로 일하실 때 '그'로서 일하십니다.

21. 처음이요, 마지막이신 분이 일하실 때 '그'로서 일하십니다.(사48:12, 계1:17-18)

22. 예수님이 자신을 '그'라고 할 때는 여호와로 말미암은 여호와가 아닌 여

호와를 말합니다.(요8:24)

23. 많은 하나님의 아들들을 얻으시려고 예수님께서 '그'로서 일하십니다.(요 13:19)

24. 증인과 종들을 택하신 것은 여호와께서 '그'로서 일하심을 깨닫게 하려 함입니다.(사43:10)

25. 여호와도 '그'요, 아들 예수도 '그'요, 성령도 '그'이십니다.(사41:4, 요8:24, 요16:13-14)

26. 예수님이 '그'로서 일하심으로 말미암아 하나님의 아들이 된 자도 '그'입니다.(요일3:2-3)

27. 아버지와 아들과 성령은 영원부터 영원까지 아버지 안에 하나로 계십니다.

28. 예수 그리스도는 아버지의 생명을 받아 하나님의 아들이 되셨습니다.(요 5:26)

29. 예수 그리스도는 하나님의 본체가 직접 오셔서 육신을 입으시고 하나님의 아들이 되셨습니다.(빌2:5-6)

30. 예수님이 육신이 되셨을 때 아버지는 예수님 안에 영체로 계시기 때문에 예수님 한 분 안에서 아버지와 아들로 계십니다.(요14:10-11)

31. 한 분 예수 그리스도 안에서 아버지는 영체로 예수님은 육체로 성령은 생명으로 계십니다.

32. 하나님 아버지 속에 있는 생명이 생각을 통하여 입으로 말씀하시면 이것이 말씀입니다.

33. 말씀하신 것을 이루시기 위해 아버지 속에 있는 생명이 활동을 하시면 이것이 성령입니다.

34. 아버지와 아들은 형체가 있으나 성령과 말씀은 형체가 없습니다.

35. 영체로서 사람의 형체를 하고 계시는 여호와 하나님께서 육체를 입으시

고 육신 안에서 아들이 되신 것은 많은 아들들을 얻기 위한 씨를 만들기 위함입니다.(요12:24)

36. 그리스도는 하나님 아버지의 생명에 사람이신 예수의 생명이 더해진 하나님의 씨입니다.

37. 예수 그리스도는 십자가에서 몸을 버리시고 아버지 속으로 가셨기 때문에 이제는 아버지로 계십니다.(갈2:20, 요14:20)

38. 몸을 영원히 버리신 하나님의 아들 예수 그리스도를 믿어야 사람이 하나님의 아들이 될 수 있습니다.(갈2:20)

39. 초림하신 예수 그리스도는 온 세상의 죄를 짊어지시고 죽으셨습니다.(요1:29, 요일2:2)

40. 영이신 아버지는 죽을 수가 없기 때문에 육체를 입으신 예수 그리스도께서 십자가에서 피를 흘리고 죽으셨습니다.(골1:22)

41. 아버지는 죽을 수 없는 분이기 때문에 예수님께서 십자가에서 죽으실 때 예수님 속에서 나와서 원래 아버지의 보좌로 가시고 예수님은 아버지 속으로 가십니다.(요14:20, 16:28)

42. 사람이 하나님의 씨를 받아 하나님의 아들이 되려면 반드시 그리스도와 함께 죽었다고 믿어야 합니다.(갈2:20)

43. 부활하신 예수님은 하나님 우편으로 가셨는데 권능과 위엄의 우편인 아버지 하나님 속으로 가셨습니다.(마26:64, 히1:3)

44. 예수님이 이기고 예수님의 보좌에 앉으신 것이 아니라 아버지의 보좌에 앉으셨는데 예수님은 그 보좌를 내 보좌라고 하셨습니다.(계3:21)

45. 하늘의 보좌는 하나밖에 없기 때문에 보좌에 앉으신 분이 천상천하에 유일하신 한 분 하나님입니다.(계21:5-7)

46. 몸의 부활을 믿고 전하는 것이 기독교입니다.(행17:18)

47. 예수님은 십자가에서 죽으실 때 영혼과 몸과 육체가 다 죽었습니다.(사 53:12, 골1:22)

48. 아버지께서 십자가에서 죽으신 예수님의 영을 살리셔서 그 영이 아버지 속으로 가셨습니다.(벧전3:18, 롬1:4)

49. 몸을 버리시고 아버지 속으로 가신 예수 그리스도의 영혼이 믿는 사람 속에 들어가 믿는 사람의 몸을 얻는 것이 예수님의 몸의 부활입니다.

50. 그리스도께서 믿는 자의 몸을 얻으면 믿는 자의 몸이 그리스도의 몸이 됩니다.(고전12:27)

51. 성경에서 말하는 죽은 자는 육체는 살아 있으나 속에 산 자이신 하나님이 없는 자들입니다.(마8:21-22, 딤전5:6)

52. 예수께서 죽은 자 가운데서 다시 사셨다는 것은 육체가 죽은 사람들 중에서 예수님만 살아나셨다는 것이 아니라 속에 산 자이신 하나님이 없는 자들 속에서 사셨다는 것입니다.(고전15:20)

53. 그리스도께서 죽은 자 가운데서 다시 살 때 그 죽은 자가 산 자가 되어 하나님의 아들이 되고 이것이 예수 그리스도의 재림이며 구원입니다.(히9:28)

54. 사람은 부활이 아니고 예수 그리스도가 부활입니다.(요11:25)

55. 사람은 반드시 부활이신 예수 그리스도와 연합해야만 부활할 수 있습니다.(롬6:5, 6:8)

56. 예수 그리스도의 부활은 초림하신 예수님 한 분에게만 국한된 것이 아니라 믿는 모든 자들이 예수 그리스도로 말미암아 부활해야 하기 때문에 지금도 계속 이루어지고 있습니다.

57. 예수 그리스도는 죽은 자 가운데서 부활하심으로 말미암아 우리를 거듭나게 하십니다.(벧전1:3)

58. 믿는 자들이 하나님의 살아 있고 항상 있는 말씀으로 거듭납니다.(벧전 1:23)

59. 믿는 자들이 물과 성령으로 거듭나지 아니하면 하나님의 나라를 볼 수 없습니다.(요3:3-5)

60. 그러므로 부활과 말씀과 물과 성령은 하나입니다.

61. 아버지의 생명이신 성령이 사람이신 예수 안에 들어가서 예수님과 하나 된 생명이 그리스도인데 이 그리스도의 영을 믿는 자들에게 주시므로 믿는 자들이 하나님의 아들이 되고 구원을 받습니다.(롬8:9-10)

62. 성령과 하나님의 영은 아버지의 영이고 그리스도의 영과 예수의 영은 아들의 영입니다.

63. 믿는 자가 그리스도의 영을 받아서 하나님의 아들이 되었다면 반드시 성령을 보증으로 믿는 자의 마음에 주시기 때문에 그리스도의 영과 성령은 함께 믿는 자 속으로 오십니다.(행2:38, 고후1:21-22, 요14:23)

64. 예수님과 믿는 자들은 한 아버지에게서 나왔기 때문에 형제가 됩니다.(히 2:11)

65. 예수님은 외아들이 아니라 많은 형제 중에서 맏아들이 되셨습니다.

66. 예수 그리스도가 육체로 부활하셔서 공중으로 재림한다고 믿는 자들은 다 가짜입니다.

67. 예수 그리스도로 말미암아 그리스도 예수가 된 자들이 영원히 배반과 반역이 없는 하나님의 나라를 이룹니다.(눅17:20-21, 계5:9-10)

68. 일위일체로 계신 한 분 하나님이 많은 하나님의 아들들을 얻기 위하여 삼위로 일하심을 믿지 않으면 단 한 사람도 하나님의 아들이 될 수 없습니다.

주 예수님으로 말미암아
믿는 자들이 주 예수들이 되는 집회안내

이 집회에 참석하시면 주 예수님만이 천상천하에 유일하신 한 분 하나님이심을 바로 알게 되므로 믿는 자들이 주 예수님으로 말미암아 하나님의 아들들이 되어 이 땅에서 천국의 기쁨을 누리고 사는 자들이 될 수 있습니다.

† 집회 일정

- 서울 - 목회자 · 평신도 성장반
  - 매월 첫째, 둘째, 넷째 주 월요일부터 수요일까지
  - 매월 다섯째 주가 있는 달은 특별 성장반 집회

- 서울 - 목회자 · 평신도 특별반
  - 매월 셋째 주 월요일부터 수요일까지

  ※ 특별반 집회를 수료하신 분들만 성장반 집회를 참석하실 수 있습니다.

† **집회 시간**

첫째 날 : 오전 10시부터 오후 5시까지
둘째 날 : 오전 10시부터 오후 5시까지
셋째 날 : 오전 10시부터 오후 4시까지

† **장소**

대한예수교 장로회 서울주안교회
서울 구로구 구로중앙로28다길 13
교회(☎) 02-853-0175, 02-862-3053

† **참가대상**

목사, 사모, 전도사, 신학생, 평신도(참가비 전원 무료)

† **신청**

전화로 신청하십시오
홈페이지: http://www.juyea.net
다음카페 ; https://cafe.daum.net/juyeba

YouTube에서 〈주안교회〉를 검색하세요!

사단법인 영원한복음총회
설립목적

본 법인은 신, 구약 성경으로 신앙고백을 같이 하며 하나님의 말씀대로 세상의 빛과 소금으로서 제 역할과 소명을 다하기 위해 교파를 초월하여 모인 목회자들과 동역자들이 사업을 공동으로 연구, 협의, 시행하는 것을 목적으로 한다.

† **사단법인 영원한복음총회 사업내용**

교회의 제 모습을 찾기 위한 초 교파적인 복음전파와 선교사업

목회자의 자질 향상을 위한 신학연구사업

선교를 위한 출판과 홍보사업

그 밖에 법인 목적 달성을 위해 필요한 사업

홈페이지 www.eggassy.org

법인설립허가증

제2021-광주광역시-3호

비영리법인 설립허가증

1. 법인명칭 : 사단법인 영원한복음총회

2. 소 재 지 : 광주광역시 남구 수박등로 70(월산동)

3. 대 표 자
   - 성   명 : 주 성 대
   - 생년월일 : 1969. 02. 24.
   - 주   소 : 광주광역시 남구 수박등로 70(월산동)

4. 사업내용
   - 교회의 제 모습을 찾기 위한 초교파적인 복음전파와 선교사업
   - 목회자의 자질 향상을 위한 신학연구사업
   - 선교를 위한 출판과 홍보사업
   - 그 밖에 법인 목적 달성을 위해 필요한 사업

5. 허가 조건 : 준수사항 참조

「민법」 제32조 및 「문화체육관광부 및 문화재청 소관 비영리법인의 설립 및 감독에 관한 규칙」 제4조에 따라 위와 같이 법인 설립을 허가합니다.

※ 최초허가일: 2021. 4. 15.

2021년 4월 15일

광 주 광 역 시

후원계좌 안내

"성경대로 하나님을 알지 못하면 절대로 구원받을 수 없고 하나님의 아들이 될 수 없습니다. 지금 모든 교회가 아타나시우스의 삼위일체 교리의 영향을 받아서 한 분이신 하나님을 세 분으로 잘못 믿고 있습니다. 이 책은 성경에 있지만 봉함되어 있기 때문에 전해지지 못했던 생명 얻는 길을 모든 기독교인들에게 전하기 위하여 기부금을 재원으로 자비 출판하고 있습니다. 하나님께서 주시는 대로 계속해서 책을 만들어 출판할 계획입니다. 이 뜻에 동참하고자 원하시는 분은 아래의 계좌를 이용해 주시면 감사하겠습니다"

농 협 : 301-0291-5304-11   예금주 : 사단법인 영원한복음총회

그리스도는
믿는 자의

몸으로
부활
하신다

초판 1쇄 발행 2024. 9. 30.

지은이 주종철, 주성대
교 정 이소영
펴낸이 김병호
펴낸곳 주식회사 바른북스

편집진행 김재영
디자인 양헌경

등록 2019년 4월 3일 제2019-000040호
주소 서울시 성동구 연무장5길 9-16, 301호 (성수동2가, 블루스톤타워)
대표전화 070-7857-9719 | **경영지원** 02-3409-9719 | **팩스** 070-7610-9820

•바른북스는 여러분의 다양한 아이디어와 원고 투고를 설레는 마음으로 기다리고 있습니다.
이메일 barunbooks21@naver.com | **원고투고** barunbooks21@naver.com
홈페이지 www.barunbooks.com | **공식 블로그** blog.naver.com/barunbooks7
공식 포스트 post.naver.com/barunbooks7 | **페이스북** facebook.com/barunbooks7

ⓒ 주종철, 주성대, 2024
ISBN 979-11-7263-155-0 03230

•파본이나 잘못된 책은 구입하신 곳에서 교환해드립니다.
•이 책은 저작권법에 따라 보호를 받는 저작물이므로 무단전재 및 복제를 금지하며,
이 책 내용의 전부 및 일부를 이용하려면 반드시 저작권자와 도서출판 바른북스의 서면동의를 받아야 합니다.